O Ano do Galo

Verdades sobre a China

Impresso no Brasil, novembro de 2007
Copyright da obra © 2006 by Guy Sorman
Copyright da edição © 2007 by É Realizações

Os direitos desta edição pertencem a
É Realizações Editora, Livraria e Distribuidora Ltda.
Caixa Postal: 45321 - 04010 970 - São Paulo SP
Telefax: (5511) 5572 5363
e@erealizacoes.com.br - www.erealizacoes.com.br

Editor
Edson Manoel de Oliveira Filho

Revisão
Jessé de Almeida Primo

Capa e projeto gráfico
Mauricio Nisi Gonçalves / Estúdio É

Pré-impressão e impressão
Prol Editora Gráfica

Reservados todos os direitos desta obra.
Proibida toda e qualquer reprodução desta edição
por qualquer meio ou forma, seja ela eletrônica ou mecânica, fotocópia,
gravação ou qualquer outro meio de reprodução,
sem permissão expressa do editor.

Guy Sorman

O Ano do Galo

Verdades sobre a China

Tradução de Margarita Maria Garcia Lamelo

A Ding Zilin, Mãe das vítimas de Tiananmen
e Shi Tao, prisioneiro político.

ÍNDICE

Prefácio 9

Agradecimentos 17

Prólogo. A invenção da China...19

1 – Os resistentes 27

2 – Ervas daninhas 49

3 – Místicos 69

4 – Os humilhados 91

5 – Os explorados...115

6 – O falso desenvolvimento..131

7 – Sombras da democracia 149

8 – O Estado selvagem..165

9 – Fim de Partido 185

10 – Republicanos...213

11 – Uma moral 229

Bibliografia 237

Mapa dos lugares citados 244

Índice dos lugares citados 245

Índice dos nomes..246

PREFÁCIO

Não, o século XXI não será chinês, mesmo se a China estiver fazendo o melhor possível para projetar-se como uma superpotência favorecida por uma imprensa internacional lisonjeadora. A economia chinesa parece estar sendo movida pela força do investimento estrangeiro que é colocado no país e por uma corrente permanente de políticos e homens de negócios que chegam em Pequim, acreditando em tudo o que lêem ou vêem. Que prova maior dessa nova condição conseguida pela China do que o fato de Pequim em 2008 ser a sede dos Jogos Olímpicos de Verão? Embora, no fim das contas, tenhamos a impressão de haver mais barulho do que algum conteúdo. A pujança econômica da qual a China se vangloria é menos um reflexo da realidade do que uma construção ideológica.

Inegavelmente, existem 200 milhões de chineses que, suficientemente afortunados para trabalhar para um mercado global em constante expansão, gozam de um bom padrão de vida de classe média. Mas o resto, um bilhão de pessoas, ainda está entre os povos mais pobres e mais explorados do mundo. Em termos de renda *per capita*, a China continua sendo o último país da tabela, ocupando o centésimo primeiro lugar. O descontentamento do povo está fervendo, especialmente na zona rural onde se inflama, produzindo confrontações sangrentas com os oficiais do partido comunista cuja fome de poder é insaciável. Embora tente cortejar o Ocidente, o partido faz todo o possível para suprimir a liberdade na China, reprimindo a mídia com censura e a oposição política com expulsões ou prisões. E mesmo assim, curiosamente, o Ocidente continua a atribuir maior legitimidade ao partido comunista do que os próprios chineses.

O Ocidente tem uma longa história de má interpretação do que acontece na China. Jesuítas franceses e italianos viajaram pelo país no século XVII e os relatos que nos deixaram capturaram de tal modo a nossa imaginação que continuam a nos influenciar até os dias de hoje. Diziam que os chineses não eram como nós. Desprovidos de religião ou de qualquer noção de liberdade, gravitavam naturalmente em direção ao despotismo esclarecido do filósofo-imperador. Essas falsas concepções atravessaram o tempo. Voltaire escreveu exaltando os mandarins, com a esperança de que a Europa também fosse governada por uma classe esclarecida. Nos anos sessenta e setenta, os intelectuais de esquerda celebraram o heroísmo de Mao Tsé Tung e a elite econômica de hoje está feliz em continuar com a propaganda comunista que prega que a democracia e a liberdade de expressão são desconhecidas do espírito característico do chinês.

Entretanto, é possível penetrar na verdadeira China, contanto que se tenha a paciência e a perseverança necessárias. Desde 1967, tenho visitado a China com freqüência. Passei todo o ano de 2005 e uma parte de 2006 e 2007 viajando pelo interior, explorando suas inúmeras cidades, descobrindo seus lugares mais remotos, onde poucos ocidentais ousam se aventurar. Não pretendo conhecer toda a China, uma tarefa demasiadamente ambiciosa. Simplesmente quis registrar palavras e impressões de alguns homens e mulheres excepcionais da China que sofrem em silêncio, levantando a sua voz sempre que podem para pedir uma nação livre.

Certamente, a China não é mais o estado totalitário que foi durante o governo de Mao. Nunca antes na história da humanidade, toda uma nação esteve sob tão intensa vigilância como no governo de Mao Tsé Tung e seus sucessores imediatos. Os chineses não somente tinham que dizer as mesmas coisas, como também *pensar* da mesma maneira. O partido comunista determinava todos os aspectos da vida privada. Nos anos sessenta, o governo tentou dessensibilizar toda a população com centenas de milhões de chineses que tinham que repetir sem pensar o slogan do dia. Um dos dizeres de Mao tinha que ser utilizado para iniciar qualquer "conversa particular". Uns poucos livros de segunda categoria constituíam o único material de leitura permitido, e oito óperas revolucionárias eram o único entretenimento. Colocados em todas as partes – nas praças, estações de trem, fábricas e escritórios – alto-falantes do Partido tocando música marcial da alvorada até o anoitecer, não permitindo que as pessoas falassem ou pensassem. Um governo brutal prendia e matava seus cidadãos com crueldade. As coisas mudaram desde então, felizmente para melhor. Os sessenta milhões de um partido comunista poderoso continuam onipresentes, porém, seus métodos são mais sutis sem deixar de ser cruéis.

Quando estive na China, pude visitar a província de Henan onde milhares de famílias em vilarejos distantes abandonados morreram de aids sem qualquer tipo de ajuda. Estudantes em Pequim tentaram montar operações de socorro, levando alimentos e remédios aos vilarejos atingidos. Foram presos e acusados de serem inimigos do país. Depois de inicialmente negar a epidemia de aids, o governo passou a dizer que agora está sob controle, o que infelizmente está longe de ser verdade. Em 2006 e 2007, Hu Jia, um ativista pacífico dos direitos humanos, de trinta e quatro anos, foi ilegalmente condenado a prisão domiciliar durante trezentos dias por ter se atrevido a distribuir medicamentos nos vilarejos de Henan atingidos pela aids. Consegui visitar também a cidade de Linyi na província de Shandong. Em 2005, 12.000 mulheres da região foram seqüestradas e esterilizadas à força ou obrigadas a abortar para se adequarem às cotas de planejamento familiar. Chen Guangcheng, um advogado cego autodidata, está definhando numa prisão solitária desde 2006 por ter protestado legalmente contra essa atrocidade. Tais atos de crueldade ocorrem por todo o país, especialmente em zonas rurais onde vivem oitocentos milhões de chineses. Se o regime é tão eficiente como diz ser, por que precisa recorrer a tanta violência, freqüentemente me pergunto.

Evidentemente, do ponto de vista dos membros, o partido comunista é bem sucedido. Tem controlado a China, começou o seu crescimento econômico, conseguiu legitimidade para o país e permitiu que os membros do Partido enchessem seus bolsos. Por que o Partido deveria se arriscar permitindo qualquer tipo de debate político ou democratização? O Partido está de olho em qualquer tentativa de mudança desse sistema perfeito. Rebeliões de camponeses ou trabalhadores são sufocadas brutalmente e *bloggers* políticos são presos e taxados de terroristas e executados. O verdadeiro propósito do planejamento familiar não é tanto limitar o número de crianças, trata-se porém de controlar a população rural. Além disso, é uma fonte fácil de renda para oficiais desonestos dispostos a fechar os olhos para uma transgressão por dinheiro. A corrupção é desenfreada em todos os níveis; pessoas do campo e empresários se entregam a ela da mesma forma. Todo chinês tem que suportar algum tipo de extorsão.

Sempre que encontro um oficial do partido comunista, nunca deixo de falar sobre isso. "Estamos em um período de transição", é a resposta padrão. Transição para quê? Tratados como cidadãos de segunda classe, aqueles que vivem em zonas rurais têm pouca esperança de escapar de sua miséria. Atualmente, a economia não gera mais do que vinte milhões de empregos por ano. Isto significa que serão necessários quarenta anos para restabelecer a dignidade no campo. Escolas e um sistema de saúde poderiam melhorar substancialmente a vida dos aldeões, porém, pouco tem sido feito nessa direção. O governo faz todo o barulho necessário no sentido de acabar com a injustiça e promover o desenvolvimento social, mas suas ações não correspondem a suas palavras. A harmonia social, o novo refrão do partido comunista, não passa de um lema irrelevante. O fato é que na ausência de democracia, o Partido não se mexe para ajudar os três quartos da população que vivem nos vilarejos. A nova classe média urbana vai pressionar para ter democracia assim como os coreanos e taiwaneses fizeram? Parece pouco provável. Os moradores das cidades estão preocupados com os camponeses, temendo que tomem o poder se houver democracia; o regime atual convém à nova oligarquia. Os camponeses se revoltarão? Existem revoltas acontecendo em todos os cantos do país, mas tratam-se de explosões espontâneas esporádicas contra os oficiais corruptos e a falta de coordenação, liderança e de agenda política. Armado com uma força policial especial, o Partido é cruelmente eficiente na repressão de protestos nas zonas rurais e não tem escrúpulos em relação à eliminação física de líderes camponeses.

O renascimento da religião na China, como se diz freqüentemente no Ocidente, agirá como um agente de mudanças. Muitos ativistas pelos direitos humanos chineses são budistas ou cristãos. Estudantes que se converteram às denominações evangélicas em geral se envolvem em atividades humanitárias. Mas imaginar que atos isolados tais como esses trarão como conseqüência profundas mudanças políticas é uma ilusão. Duas coisas podem ameaçar o regime: uma redução na atividade econômica global ou um surto epidêmico incontrolável. A legitimidade do regime está intimamente ligada à taxa de crescimento, que por sua vez está presa ao consumo mundial, principalmente ao consumo nos EUA. Se, por alguma razão, os americanos passarem a consumir menos, isso trará o caos para o partido comunista. A partir desse momento, a nova classe média talvez queira uma mudança de regime, mas isso não necessariamente significa que escolherá a democracia. Uma pandemia mais devastadora ainda do que a SARS de 2003 também pode acontecer, dada a ausência de condições apropriadas para o cuidado com a saúde na China rural associada à migração interna maciça. E sabendo como as coisas funcionam no país, poderia levar vários meses até que as autoridades centrais e a comunidade internacional tivessem conhecimento disso e pudessem intervir.

Nenhuma das situações descritas vão no sentido de sugerir que o Ocidente deva boicotar a China. Na verdade, devemos continuar nos empenhando não somente no comércio mas também nas trocas culturais. O renascimento da China, embora seja imperfeito, é uma coisa boa. Centenas de milhões de pessoas estão se livrando do manto da pobreza; o processo é lento e caótico, mas de qualquer modo ele é melhor do que o totalitarismo e a fome. Importar mercadorias chinesas também ajuda as economias do Ocidente no sentido de nos impulsionar a aumentar nossa produtividade ao mesmo tempo em que oferece aos consumidores ocidentais mercadorias mais baratas. O mercado chinês tornou-se lucrativo para as empresas que fazem negócios lá. Entretanto, existe o outro lado da moeda. Mercadorias chinesas baratas aceleram a destruição de algumas indústrias de baixa tecnologia no Ocidente. Mas não se chama de destruição criativa a força que impulsiona o livre comércio? A China ainda é um país pobre. Sua economia dificilmente pode ser chamada de sofisticada e a possibilidade de alcançar os EUA, Europa ou Japão é remota. Tampouco existe alguma ameaça da China na arena internacional, pelo menos ainda não. Seu exército ainda está atrasado e seu poder diplomático é limitado. Não precisamos ter medo da China, mas precisamos inovar mais para estar à sua frente.

Seria bom que apoiássemos ativistas que agem em prol da democracia e dos direitos humanos na China, como fizemos na antiga União Soviética. Nos anos setenta e oitenta, o Ocidente não deixou de fazer negócios com a União Soviética, mesmo enquanto apoiava os dissidentes. Não há nenhuma razão para tratar a China de forma diferente. Não devemos nos deixar influenciar pelas alegações da liderança comunista segundo a qual a China tem um espírito cultural diferente e que os chineses não estão comprometidos com a liberdade. Isto fará com que a liderança chinesa, que procura desesperadamente ter legitimidade internacional, ouça. Ouvirão: se os consumidores e investidores ocidentais tiverem que deixar a China, isso significará a ruína de sua economia.

O Departamento de Propaganda do partido comunista empregou um exército de consultores de relações públicas e emissários politicamente articulados para opor-se às pessoas que advogam pelos direitos humanos e convencer críticos estrangeiros. Os métodos grosseiros da era maoísta são coisas do passado. Depois de um ano na China (o ano do Galo, 2005 – 2006), quando voltei para Paris e publiquei minhas observações, Gao Yan (pseudônimo), um acadêmico financiado por uma fundação de Shangai foi indicado para cuidar do meu caso. Perguntou-me com certa indignação: "O senhor ousa negar o sucesso da China, a sua estabilidade social, o seu crescimento econômico, o seu renascimento cultural e seu poder moderador internacional?" Enfatizei que a opressão política e religiosa, a censura, a pobreza rural entrincheirada, os excessos do planejamento familiar e a corrupção desenfreada faziam parte da realidade da China contemporânea tanto quanto o seu sucesso econômico. Gao respondeu: "O que o senhor está dizendo é verdade, porém, isso só afeta uma minoria que ainda falta se beneficiar das reformas."

Mas, não há nada que garanta que essa minoria – oitocentos milhões de pessoas – finalmente farão parte da China moderna. Na verdade, como essa minoria de oitocentos milhões não tem voz e não tem poder para determinar o seu destino, é muito mais provável que fique afundada na pobreza enquanto o Partido engorda às suas custas. Gao rapidamente mostrou a falha no meu raciocínio: "O senhor não tem nenhuma confiança na capacidade do Partido em resolver as questões relevantes que o senhor levantou." Devo admitir que nesse ponto ele tem razão.

Eu me nego a aceitar que o Partido seja a China. Visitei várias vezes o país por longos períodos e sempre me deparei com o fato de que os chineses, como nós, desejam a prosperidade e a liberdade. A propensão dos chineses em ter um partido comunista esclarecido é uma invenção ideológica. Com o barulho do Partido, acho que é hora de ouvirmos outras vozes, os humildes, os pobres, os submissos e oprimidos. Dar voz aos que não a têm – isto é o que temos que fazer com toda a humildade.

O livro explora destinos individuais e discute o atual debate sobre a natureza do regime chinês. A tentativa é de refutar a teoria estabelecida pelos acadêmicos orientais e ocidentais segundo a qual a China é uma coisa à parte. A liderança chinesa gostaria que o mundo acreditasse que encontraram uma alternativa para a democracia liberal do ocidente conseguindo o equilíbrio correto entre o livre comércio e o despotismo esclarecido, uma visão compartilhada por aqueles no Ocidente que colocam a eficiência econômica acima da liberdade política. Infelizmente, essa alegação não se sustenta com um exame minucioso.

A economia chinesa só teve êxito quando os princípios básicos do livre comércio foram aplicados: empreendedorismo, concorrência, comércio livre e moeda estável. Cada vez que a China deixou de aderir a esses princípios, ela teve que pagar o preço por isso. O setor público gigantesco está afundando a sua economia e bancos sem solidez estão permitindo maus empréstimos e uma especulação doentia. Na falta do controle da justiça, a corrupção é desenfreada e o pouco respeito pela propriedade intelectual está impedindo a inovação. As chamadas "características chinesas" da economia de mercado não são nem chinesas nem progressivas: são apenas sintomáticas da transição do socialismo para uma economia de mercado.

Parece não haver nada inovador sobre as instituições políticas na China. Embora o partido comunista tenha sessenta milhões de membros, mal pode alegar que representa o povo chinês como um todo. O Partido só recruta pessoas cultas das cidades. Há pouquíssimas mulheres e praticamente não há camponeses ou trabalhadores em seus registros. A tecnocracia culta, a espinha dorsal do Partido, pensa que sabe o que é melhor para o povo e não pensa que é conveniente perguntar a ele o que quer. É talvez por essa razão que inúmeras decisões tomadas pela cúpula sem consulta das bases não deram bons resultados. O Partido prefere grandes gestos políticos e uma retórica retumbante a uma verdadeira implementação. Embora usem vocabulário marxista, os líderes chineses tendem a se identificar cada vez mais com a antiga classe dos mandarins. São tão arrogantes e corruptos quanto os mandarins antes de 1911, quando a revolução republicana acabou com a sua dominação. Com essa situação, é pouco surpreendente que a rebelião seja o único recurso que resta para o povo poder expressar o seu descontentamento. O que é mais preocupante é a questão da sucessão. Até agora, os sucessores de Mao, começando por Deng Xiaoping (apesar de Tiananmen) têm se comportado de forma racional. Porém, não há nada que garanta que o próximo déspota será lúcido. Mesmo que o Partido tenha conseguido propor quatro déspotas relativamente esclarecidos, o processo de escolher um líder é obscuro. Não há nada que diga como o próximo será. Facções destrutivas tornarão o resultado imprevisível. Sem eleições, a China só pode contar com a sua sorte para que a sucessão corra bem.

Até o momento presente, a sorte tem favorecido a China. Se a sua fase de sorte continuar, o status quo será mantido. O Partido tem um maquinário em perfeito funcionamento para lidar com os protestos. Além disso, os chineses detestam a desordem, a sua história fez com que desenvolvessem um medo profundo da revolta civil. A liderança do Partido sabe como manipular esse medo. Porém, a sorte é temporária e o medo também. No fim, o despotismo esclarecido do Partido será substituído pela ditadura militar, pelo caos ou, se formos otimistas, pela democracia liberal. Pessoalmente, penso que não há razão cultural ou de qualquer outra natureza que impeça que a China se torne uma nação livre como qualquer outra.

Beijing, Agosto de 2007
GUY SORMAN

AGRADECIMENTOS

O Ano do Galo é o fruto de uma pesquisa pessoal realizada na China de janeiro de 2005 a janeiro de 2006. Foi precedida por diversas viagens de estudos, a cada ano desde 1977, e por muitas publicações sobre o desenvolvimento econômico da China (*La Nouvelle Richesse des Nations*, publicado em Paris, em 1987, e em Pequim, em 1988) sobre as religiões na China (*Les Vrais Penseurs de notre Temps*, 1989) sobre as reformas econômicas e políticas na China continental e em Taiwan (*Le Capital, Suite et Fins*, 1991) sobre as relações entre a China e seus vizinhos (*Le monde est ma tribu*, 1997).

Entre aqueles que ajudaram no esclarecimento dessa pesquisa, meus agradecimentos dirigem-se particularmente a Claude Martin, François-Marcel Plaisant, Jean-Paul Réau, Gérard Chesnel, Pierre Barroux, Nicolas Chapuis, Paul Jean-Ortiz, Daniel Blaise, Bruno Cabrillac, Christian Thimonier, Wang Hua, Chen Deyan.

Zhao Fusan, Theodore de Barry, Du Weiming, Kristofer Schipper me iniciaram nas religiões da China; Pierre-Étienne Will e Yves Camus me ajudaram a descobrir a sinologia contemporânea.

Numerosas entrevistas com Alain Peyrefitte, na China e na França, contribuíram para a minha reflexão.

Yan Hangsheng, Ouyang Zantong e An Sha me acompanharam durante o ano de 2005.

Marie Holzman e René Viénet me deram assistência na finalização do manuscrito.

GUY SORMAN

PRÓLOGO

A invenção da China

A China despertou, o mundo treme de medo. Treme porque a idéia que temos da China é mais determinante que a sua realidade: não é a primeira vez que isso acontece. Os observadores ocidentais da China freqüentemente têm o dom singular de vê-la como não é. E os dirigentes chineses, desde o Império até o partido comunista, têm o grande talento de enganar os ocidentais. A potência chinesa vai submergir o Ocidente? A realidade é que toda a economia chinesa não pesa mais do que um só país europeu como a Itália ou a França, e a China é uma das nações mais pobres do mundo.

O mundo treme porque idealiza a China muito mais do que a conhece de fato: essa é uma longa história.

Os jesuítas, Jean-Paul Sartre, os patrões

Há quatro séculos, quando os jesuítas da Itália e da França descobriram a China, o que deixaram de ver é surpreendente: baseando-nos em suas narrações que fixaram de forma durável a imagem da China na percepção européia, os chineses não tinham religião e eram governados por um imperador filósofo. Em *Les Lettres édifiantes et curieuses*, best-seller de 1702 e obra de jesuítas franceses, o povo chinês é descrito como uma massa disforme e supersticiosa; porém, os mandarins, adeptos de Confúcio, mostraram-se para nossos viajantes como letrados requintados. Essa China grandiosamente imaginada impressionou tanto os filósofos do século da Luzes, especialmente Leibniz e Voltaire, que desejaram também para a Europa o benefício de um despotismo esclarecido e de uma moral sem Deus; o Ser supremo de Voltaire contém um gene chinês. No seu escritório de Ferney, reluzia um retrato de Confúcio com uma divisa: "Ao Mestre Kong que foi profeta em seu país": a verdadeira China fora suplantada por uma certa idéia da China e a sinologia fundada como uma ideologia.

A verdadeira sociedade chinesa? Ela se encontrava em outro lugar: o povo entregue às extorsões de mandarins nem sempre selecionados através de concursos, às vezes corrompidos. O confucionismo? Muitas vezes vivido como uma ideologia anticlerical, o oposto da devoção popular de Buda e dos imortais taoístas. O imperador? Se as dinastias da China tivessem sido vistas como legítimas, como explicar que vinte e seis se sucederam separadas por tantos golpes de Estado, até a revolução republicana de 1911?

Porém, quem se interessa por essa China autêntica? Até pouco tempo, a maioria dos estudos universitários franceses se voltava mais para a "filosofia confucionista" e os costumes da corte, e pouco para a sociedade contemporânea. Essa preferência pelos mandarins, em consonância com a dos jesuítas e de Voltaire, cede, porém, lentamente. Há apenas uma geração, o chinês é ensinado como qualquer língua viva, com perspectivas diferentes da de tornar-se sinólogo. Economistas, juristas, sociólogos aventuram-se enfim na China, como se fosse um país normal – pois é um país normal! Porém, os seus estudos ainda não substituíram em nossas mentes a China imaginária por chineses concretos; tampouco nenhum sinólogo atingiu o grande público como Alain Peyrefitte entre 1973 e 1994. No entanto, os próprios títulos que Peyrefitte escolheu colocavam a China em outro planeta: *Quand la Chine s'éveillera le monde tremblera, L'Empire immobile, La Tragédie chinoise.*[1] Em momento algum, suas obras tratam do indivíduo chinês: a China para Peyrefitte é um grande todo orgânico, sonolento ou trágico. Em que outra nação ousaríamos projetar dessa forma os nossos sonhos e pesadelos?

Essa primeira "invenção" da China vem de uma inspiração conservadora: a partir dos anos 1970, a segunda será "progressista", porém, não mais realista que a primeira. Os jesuítas que sonhavam com a evangelização universal e com um soberano filósofo, descobriram-nos em Pequim. Os nossos intelectuais proclamados desejavam uma revolução que fosse universal e um guia genial: onde a procurariam se não fosse em Pequim?

Em viagem na China, três séculos depois dos jesuítas fundadores, os escritores Roland Barthes, Philippe Sollers, Jacques Lacan, entre muitos outros de sua tribo, tampouco conseguiram ver algo. Em plena guerra civil, chamada de "Grande revolução cultural", Maria-Antonietta Macciocchi, que era tida como uma autoridade intelectual na Itália e na França, escreveu: "Após

---

[1] Quando a China despertar o mundo tremerá de medo, O império imóvel, A tragédia chinesa.

três anos de desordem, a revolução cultural inaugurará mil anos de felicidade." Novos filósofos como Guy Lardreau e Christian Jambet, viram em Mao uma ressurreição do Cristo, e no *Livro vermelho*, uma reedição dos Evangelhos; a sua abordagem metafórica do maoísmo correspondia simetricamente à interpretação do confucionismo pelos jesuítas, uma viagem de volta do imaginário. Jean-Paul Sartre, sempre sensível à estética da violência, foi evidentemente maoísta sem que fosse necessário ir à China. "Um sábio bobo é mais bobo que um bobo ignorante", dizia Molière.

Nem todos foram vítimas desta segunda "invenção" da China. Nesses mesmos anos 70, o escritor belga, Pierre Ryckmans, conhecido como Simon Leys, e René Viénet, cineasta e autor do filme, *Chinois, encore un effort pour être révolutionnaires!* (uma decodificação em imagens da propaganda maoísta), observavam entre outros indícios que cadáveres amarrados uns aos outros arrastados pelo rio das Pérolas chegavam até a baía de Hong Kong. Tampouco faltavam informações escritas sobre os massacres para quem quisesse consultá-las; porém esses homens conheciam a verdadeira China, o que tornava o seu discurso e denúncia do maoísmo menos convenientes do que as fantasias jesuítas e de esquerda. Em 1971, René Viénet e Chang Hing-ho publicaram em sua coleção, a "Biblioteca asiática", *Les habits neufs du président Mao* de Simon Leys, que se tornou depois um clássico da análise da ditadura maoísta. Como no tempo do gulag soviético e dos campos de morte nazistas, tornava-se impossível ignorar os crimes maoístas no exato momento em que eram cometidos.

Sem dúvida era preciso ser "maoísta" nos anos 1970, como na Europa do século XVIII era obrigatório ser fanático por objetos chineses (moda inocente) e na metade do século XX, companheiro de estrada do stalinismo? Hoje, novamente, sem mudar muito, temos a terceira "invenção" da China.

As delegações de homens de Estado e de negócios que desfilam em Pequim vêem a China melhor do que os jesuítas e intelectuais progressistas de antes? Não sabemos ao certo. O interesse os motiva, assim como o lucro e a razão de Estado, mas esse já não era o caso dos jesuítas? Os interesses não conferem necessariamente mais lucidez. Como os intelectuais progressistas dos anos 1970, esses viajantes, uma geração mais tarde, têm a impressão de que ir à China não é um fato comum, que é melhor não julgar essa nação segundo os mesmos critérios aplicados a qualquer outro país da Ásia, mesmo ao lado, como a Coréia ou o Japão. Uma certa estupefação sempre toma conta das delegações ocidentais que vão a Pequim, um sentimento de estar em outro lugar mantido pelos anfitriões comunistas, especialistas da encenação como foram os imperadores e Mao Tsé-Tung. Ficamos perplexos diante desse abandono do espírito crítico dos oficiais ocidentais na China: esse país não é mais "exótico" do que a África ou a Índia; há cerca de vinte anos, chega a ser menos do que eles. Porém a Grande China de fantasia ainda esconde a verdadeira China.

As delegações presentes, tal como os jesuítas antigamente, têm contato unicamente com a corte e seus mandarins; esses de hoje são somente menos refinados do que aqueles de antes: os dirigentes comunistas são brutais em seus modos de ser e de dirigir o país. Favorecendo os visitantes apressados, a China real é vasta, certas regiões são proibidas, as informações são censuradas, os interlocutores são reticentes ou censurados. Agora é permitido que os chineses se expressem em termos individuais, que critiquem o regime, contanto que essa informação não circule e que as pessoas não se organizem. Toda organização não comercial fora do partido comunista, qualquer que seja o motivo, social, religioso, cultural, é proibida e seus organizadores são freqüentemente jogados na prisão sem julgamento. A China real, a que é habitada por chineses, está nas mãos de um Partido que ainda é totalitário, nas mãos de suas agências de segurança e de seu departamento de propaganda. É de longe a administração mais eficaz do país; os estrangeiros consomem o que ela lhes administra: estatísticas econômicas não verificáveis, eleições manipuladas, epidemias dissimuladas, pretensa paz social, pretensa ausência de qualquer aspiração à democracia...

O que dizem os chineses reais

O que pensam os chineses, os 95% que não pertencem ao partido comunista, o bilhão de chineses que permanece como espíritos livres e camponeses pobres? Em um país autoritário não se pode medir a insatisfação, a oposição, o ódio em relação ao partido. Entretanto, é possível encontrar indivíduos com coragem suficiente para expressar seu desejo de liberdade: é o que fizemos; a pesquisa é instigante, mas não impossível. Outros pesquisadores se dedicam a ela, jornalistas, sociólogos, economistas, e todos chegam à mesma conclusão: os chineses não gostam do partido comunista, a imensa maioria deseja um outro regime menos corrompido, mais justo. A proporção dos que tiram proveito do desenvolvimento econômico é tão baixa que a grande massa dos chineses permanece com um profundo sentimento de injustiça, muito mais forte do que a esperança de progredir.

Passei um ano, o "Ano do Galo" segundo o calendário chinês, ouvindo esses chineses de espírito livre, de janeiro de 2005 a janeiro de 2006: ouvir não é a coisa mais simples? Ao falar comigo, alguns deles se arriscavam, enquanto que eu não corria nenhum risco. Para esses homens e mulheres tomados por um espírito de liberdade – pessoas que privilegiei nesta pesquisa – a cumplicidade dos governos ocidentais com o partido comunista é incompreensível. Freqüentemente me perguntavam, como pudemos esquecer tão rapidamente o massacre de Tiananmen?[2] Os corpos das vítimas nem foram entregues às famílias. Há alguma dúvida de que se o Partido se sentir ameaçado, vai recorrer novamente ao exército? Sabemos que, em todos os lugares da China, revoltas de camponeses e de operários nas fábricas acontecem contra o Partido? Ignoramos que as religiões são reprimidas, que milhares de padres, pastores, adeptos deste ou daquele culto são internados sem julgamento nos "centros de reeducação pelo trabalho"? Somos sensíveis ou não ao abandono sem qualquer cuidado de centenas de milhares de vítimas da aids[3], ao destino de milhões de jovens camponesas condenadas à prostituição com o objetivo de – entre outras coisas – atrair os investidores estrangeiros? Como interpretamos a imigração, todos os anos, de milhões de chineses, desde os mais diplomados até a mão-de-obra mais modesta? Sabemos que, além da corrupção e a anarquia, os assalariados das empresas estrangeiras instaladas na China só recebem cerca de cem euros por mês? Temos conhecimento dos milhões que os executivos do partido roubam dos investidores estrangeiros e dos trabalhadores chineses para investir fora da China, onde freqüentemente já se encontram suas famílias, para enfrentar, por antecipação, um golpe de Estado?

Não seria conveniente esquivar-se dessas interrogações, nem supor que são questões interiores da China, pois o destino desse país depende em grande parte das decisões tomadas no Ocidente: sem investimentos estrangeiros, sem importação de produtos chineses, o desenvolvimento econômico do país seria interrompido; 60% das exportações da China são realizadas por empresas estrangeiras; a sobrevivência do partido comunista depende da relação privilegiada que ele mantém com os centros de decisão ocidentais. Eis aqui a explicação do ardor com que o departamento de Propaganda se aplica para seduzir a opinião pública no Ocidente ou para comprá-la.

---

[2] Milhares de manifestantes que participaram dos protestos na praça de Tiananmen em junho de 1989 contra a corrupção do governo foram violentamente reprimidos pelo exército, resultando em inúmeros mortos e feridos. Vide detalhes no subtítulo *O sobrevivente de Tiananmen*. (N. d T.)
[3] Nos anos 90, as autoridades do partido comunista em Henan incentivaram a venda de sangue e milhares de moradores responderam ao chamado. Sem respeitar padrões básicos de higiene, centenas de milhares de pessoas foram contaminadas. (N.d T.)

É preciso ter medo da China?

A realpolitik do Ocidente em relação à China é evidentemente imoral; seria, no entanto, ao menos útil para os nossos interesses? A "invasão" dos produtos chineses inquieta, porém, essa não é a ameaça mais perigosa que vem da China. Essas importações baratas melhoram nosso nível de vida ao mesmo tempo em que destroem certos empregos, porém, como toda divisão internacional do trabalho, obrigam nossas empresas a tornar-se mais inovadoras. Esse desafio não é inalcançável.

O verdadeiro risco da boa camaradagem mantida com o Partido comunista encontra-se em outro lugar: permitimos que um Estado autoritário edifique um arsenal que pesará muito sobre os vizinhos da China, sobre a Ásia e o resto do mundo. Se ninguém ameaça a China, então por que o Partido procura ter poder militar? Para que servem setecentos aviões de caça e arma nuclear, capazes de atingirem Taiwan, o Japão, a Coréia e os Estados Unidos? E de forma ainda mais imediata, qual é a utilidade de centenas de mísseis de alcance médio voltados para as populações de Taiwan nas montanhas de Fujian e Jiangxi? Pode-se adivinhar a ambição do Partido. É o Partido que é perigoso para os chineses e o resto do mundo, enquanto que os verdadeiros chineses que, como todos os seres humanos, desejam a tranqüilidade, não ameaçam ninguém.

A alternativa existe: apoiar os democratas chineses é possível. O partido comunista, tributário dos investidores estrangeiros, será particularmente vulnerável nestes anos que nos separam dos Jogos Olímpicos em Pequim. O Partido vive na esperança desses Jogos, pois vê neles uma consagração, e teme um acidente que os ameaçaria (revolta popular, epidemia...). Dois precedentes vêm à mente e enfatizam a importância dos Jogos de 2008; em 1936 em Berlim, os Jogos Olímpicos consagraram a ideologia nazista; em 1988 em Seul, os Jogos Olímpicos ao abrir a Coréia para o mundo, inauguraram a sua democratização. Pequim 2008, será Berlim ou Seul? Isso depende dos ocidentais: ficaremos atônitos com a Grande China ou compartilharemos os nossos valores de liberdade com chineses bem reais?

O momento é oportuno para pressionar o partido comunista: que ele deixe de prender os democratas e religiosos na China, que autorize a volta dos exilados políticos, que os direitos humanos inscritos na Constituição chinesa possam ser invocados nos tribunais, que os partidos de oposição sejam autorizados, e a informação livre da tutela da Propaganda. Como propõe o democrata exilado nos Estados Unidos, Hu Ping: "Não pedimos ao Partido que faça isso ou aquilo, nós lhe pedimos que não faça nada." E visto que os dirigentes comunistas são tão seguros de sua popularidade, que a testem no sufrágio universal: não seria inconveniente que os ocidentais lhes pedissem isso, tal como exigiram, por exemplo, na África do Sul no tempo da apartheid: "Um homem, um voto", isso seria inconveniente para a China? Poderíamos dessa maneira, sendo chineses ou não, celebrar os Jogos Olímpicos de 2008 em um país enfim normal.

Os chineses desejam realmente a liberdade?

Se pudessem se expressar, os chineses exigiriam ser livres. Por que se sentiriam satisfeitos em ser oprimidos pelo partido comunista? Seriam amantes da tirania, distintos nesse traço de todas as outras nações? No Ocidente nossos preconceitos, nossos interesses econômicos e diplomáticos se conjugam com a propaganda dos dirigentes comunistas para nos fazer acreditar que a democracia na China seria uma aberração, ou que é muito cedo para pensar nisso, ou ainda que a democracia seria contrária à civilização chinesa. Mas os chineses, que são cidadãos de nosso tempo tanto quanto de seu país, sabem o que é a democracia; sofreram o suficiente com as extorsões do partido comunista o que os faz desejar antes de tudo seu fim.

Não estariam eles gratos ao partido comunista por ter afrouxado seu controle sobre a sociedade? Sim, eles têm sido menos tiranizados desde que lhes foi restituído o direito de viver em família, de escolher seu estilo de vida, e, para uma minoria, de enriquecer. Mas o povo sabe o quanto é controlado pelo Partido, exposto aos seus picos de humor e a suas lutas de facções: no bairro, na aldeia, na empresa, todo indivíduo fica à mercê do pequeno chefe local. Se os chineses pudessem, jogariam esses apparatchiks[4] no lixo da história. Isto não pode ser feito, mas alguns o proclamam, o que exige de sua parte uma coragem incomum.

No Ocidente chamamos esses democratas de "dissidentes". Esse é um termo redutor: esses dissidentes não são marginais, são os porta-vozes da nação chinesa. Desde que a China está sob a custódia do partido comunista, esses arautos da democracia se alternam de geração em geração. Os tambores do partido comunista sempre se esforçaram para encobrir suas vozes, mas nos propomos aqui a escutá-los. Postularemos que constituem o que há de mais honroso na China, talvez sejam o seu futuro.

---

[4] Membro influente do partido comunista, formado e dirigido pelo próprio partido. (N.d T.)

"Uma China normal" – eis o que pedem os democratas chineses. Vamos ouvi-los, pois o que segue, assim o esperamos, não é mais um livro sobre a China. Inclusive, não faz sentido escrever sobre a China em geral: seria o mesmo que escrever acerca do Ocidente em geral. Ao mesmo tempo parece impensável profetizar sobre a China, um conjunto de povos particularmente imprevisíveis que se encontram em uma situação sem precedentes, a cada dia mais volátil. Nos contentaremos, portanto, aqui em ouvir não os chineses, mas *chineses*, indivíduos singulares, escolhidos em função de sua representatividade – acreditamos nós – em relação ao debate presente entre o poder autoritário e aqueles que o contestam, todos personagens de caráter aguerrido, convencidos da retidão de sua causa. Ao invés de um livro sobre a China, o que se propõe aqui é: uma coletânea de encontros, durante o Ano do Galo, com chineses inflexíveis, nem mais nem menos; um ano ouvindo democratas da China, rebeldes contra a tirania, essa atitude me pareceu ser o mínimo a fazer. Ao mesmo tempo, seria uma maneira de não reincidir na fascinação que, às vezes, face aos tiranos, toma conta do Ocidente.

1
Os resistentes

Sob um cartaz *No Smoking*, Wei Jingsheg acende o seu próximo cigarro com o fim do último; aquele que passou dezoito anos em prisões chinesas não será criticado por infringir a lei. Nesse *fast-food* do bairro chinês de Washington, no primeiro dia do Ano do Galo, a dona e os clientes ficam contentes com a sua presença; as pessoas se acotovelam para cumprimentá-lo. "O estado de direito, explica Wei enquanto sorve a sua sopa de ravióli, me dá a liberdade de infringir a lei sem que haja um grande risco." Tirar proveito da lei e da possibilidade de infringi-la, isso é a democracia, segundo Wei. Exilado nos Estados Unidos, ele gosta da democracia também por suas falhas e imperfeições. Ele a deseja para a China porque não a idealiza, não vê nela uma ideologia de substituição ao marxismo, mas, o fim de toda ideologia.

A história pública de Wei, o mais conhecido e constante dos dissidentes chineses, começou no dia 5 de dezembro de 1978; naquela manhã, ele colocou num muro de Pequim um cartaz "com letras pequenas" (escrito à mão), com o título "A quinta modernização". Colocar o cartaz nesse muro, em Xidan, bairro longe do centro de Pequim, fora encorajado pelo novo chefe do Partido, Deng Xiaoping; ele esperava que os peticionários fossem apoiar as suas reformas e livrá-lo das pessoas de esquerda guiadas pela viúva de Mao Tsé-Tung, mas, só isso. Deng preconizava o que se chamava na língua do partido comunista as "quatro modernizações": as da agricultura, indústria, educação e ciência. Wei, operário eletricista de vinte e nove anos – a mesma profissão de Lech Walesa –, achou necessário propor uma quinta, a da política. Até esse dia, o nosso homem nunca havia tomado uma posição política fora do círculo das discussões obrigatórias, todas as sextas-feiras à tarde, em sua unidade de trabalho no zoológico de Pequim. Ele só havia manifestado liberdade de pensamento na sua vida particular. Vivia em concubinagem com uma tibetana nascida em uma família "contra-revolucionária". O concubinato era ilegal, porém, todos os casamentos deviam ser aprovados pelas unidades de trabalho: como Wei e a sua companheira não obtiveram a aprovação, somente a abstinência estaria em conformidade com a lei socialista. Uma moral que naturalmente não se aplicava aos dirigentes do Partido: Mao Tsé-Tung foi notoriamente um maníaco sexual.

O homem que diz a verdade

"O povo, escreve Wei, precisa da democracia. Exigindo-a, ele pede simplesmente que lhe restituam o que lhe pertence. Aquele que ousar lhe negar o direito à democracia não passa de um bandido sem escrúpulos, mais infame que o capitalista que rouba o sangue e o suor do operário." E um pouco mais adiante: "Não precisamos nem de deus nem de imperador, não temos fé em nenhum salvador, queremos ser mestres do nosso destino. A história, acrescentará em um outro cartaz, nos dias seguintes, demonstra que todo poder concedido a um indivíduo deve ser limitado. Toda pessoa que exige a confiança ilimitada do povo é devorada por uma ambição sem limites. Portanto, é essencial escolher aquele em quem confiaremos, e mais importante ainda é vigiá-lo para que execute os votos da maioria. Só confiaremos nos representantes que poderemos escolher, controlar, e que serão responsáveis perante nós."

Esses textos, que no Ocidente pareceriam muito banais, fizeram sensação em Pequim. A multidão se acotovelava diante do muro, alguns liam o texto de Wei em voz alta para que todos pudessem ouvir; muitos choravam de emoção. Depois de trinta anos de propaganda pesada, Wei expressava o que todos pensavam intimamente; ele havia conseguido com um discurso simples, sem jargão marxista ou de qualquer outro tipo. Provocação suprema: ele havia assinado. Ao assinar, explicou-me vinte e cinco anos mais tarde, ele restaurava a dignidade do indivíduo chinês, acabava simbolicamente com a servidão.

O partido comunista deixou passar algumas semanas. Deng Xiaoping triunfou perante seus inimigos e mandou destruir o Muro da democracia. Wei foi preso, acusado de ter "vendido segredos de Estado no exterior"; ele só havia concedido uma entrevista para um jornalista britânico. O seu processo público ocorreu diante de um auditório selecionado, porém, o som pirateado por um jornalista chinês deu a volta ao mundo. Este jornalista, Liu Qing, foi punido com dez anos de trabalhos forçados. Nas fotos da agência de imprensa Xinhua, vê-se Wei com a cabeça raspada, os braços magros, lendo um texto onde repreende os seus juízes. Ele invoca a Constituição chinesa que se refere teoricamente a uma justiça independente; os juízes parecem incomodados, mas, não deixarão de enviá-lo para a prisão por quinze anos.

Em celas sem janela, em camas precárias, campos de trabalho, o laogaï, gulag chinês que Jean-Luc Domenach chamou justamente de "Arquipélago esquecido", Wei sofrerá as piores humilhações, provações sem limites, um horror comparável ao que passaram os prisioneiros de Stalin e dos nazistas. No Ocidente, estamos convencidos do caráter único do holocausto, porém, muitos intelectuais chineses comparam o laogaï aos massacres da revolução cultural em Auschwitz. Não posso deixar de observar no rosto de Wei as cicatrizes do isolamento, das sevícias, da tortura: todos os seus dentes, que foram destruídos pela desnutrição, foram substituídos por uma prótese barata. Em relação ao resto, parece estar em forma, vivo e rosa como os deuses imortais da religião popular chinesa. Os anos de isolamento, as greves de fome, os trabalhos forçados não teriam deixado nenhum vestígio nele? Sim! Ele parece insensível a toda dor física ou moral, incapaz de sofrer, mas também de amar e emocionar-se: fora de seu combate, Wei não vive mais.

Como pôde resistir? Como Nelson Mandela o fez: pela força de uma convicção. Wei repetia a si mesmo na prisão que era mais livre do que seus carcereiros, pois, podia dizer o que ele realmente pensava. "Eu era mais feliz do que eles porque podia viver uma vida verdadeira, e não uma vida ditada pelos outros." Ao final de sua pena em 1994, Wei foi novamente preso; ele "desapareceu" durante dois anos antes de ser enviado para o laogaï por ter "tentado organizar um sindicato". Organizações ocidentais em defesa dos direitos humanos exigiram a libertação de Wei, que havia se tornado o mais célebre dissidente chinês; em 1997, ele foi expulso para os Estados Unidos por "razões de saúde". Em princípio, nenhum dos lados perdia a dignidade, nem o Partido nem Wei.

Aos vinte e nove anos, vivendo na China comunista, que conhecimento tinha ele a respeito da democracia? "Nessa época, explica, eu não havia lido ainda os filósofos ocidentais, nem Montesquieu nem John Locke; mas tinha suficiente informação para reconhecer a superioridade da democracia sobre o comunismo." O jovem Wei, guarda vermelho com dezesseis anos, ao percorrer a China havia descoberto por si mesmo a distância entre o glorioso discurso da revolução e a sórdida realidade, a fome, o medo, os massacres da revolução cultural. "Eu me encontrava, acrescenta, no estado de espírito de todos os chineses de hoje em dia: eles sabem o suficiente para concluir sobre a superioridade da democracia."

Wei Jingsheng não é uma testemunha de uma época dramática, mas já encerrada? É isso que ouvimos na China quando ousamos citar seu nome: o refrão oficial através do qual o Partido tenta livrar-se dele. Wei encarnaria um período que todos preferem esquecer, ou será que ele representa ainda uma ameaça para os comunistas? A verdade encontra-se sem dúvida no meio termo: a China de 2006 não é mais o pesadelo totalitário vivido por Wei, mas continua sendo uma tirania nas mãos do mesmo Partido que ainda se recusa a fazer sua autocrítica. Portanto, o combate de Wei contra o esquecimento, contra as violações cotidianas dos direitos humanos e em favor da preparação de um futuro que finalmente será normal é bastante justificado.

Ao ouvi-lo, percebe-se que Wei Jingsheng conhece a situação da opinião pública muito melhor do que qualquer jornalista ou diplomata vivendo em Pequim, que se desloca segundo os circuitos balizados pelo Partido. As mensagens que recebe pela internet, os telefonemas que se seguem às suas intervenções por rádio através da *Voz da América*, fazem o papel de barômetros: Wei recebe chamados de toda a China porque, como diz, A *voz da América* emite o único discurso credível. É mesmo a mídia que mais se segue? Quando se coloca a questão na China, obtêm-se respostas evasivas como "Fala-se um excelente chinês", ou "A qualidade do som é boa em todo o país". Outros dizem ainda: "Nunca ouço, é a voz de George Bush. Na universidade Sun Yat-sem de Cantão, um professor me diz: "Todos os meus estudantes ouvem esse programa", e um outro afirma: "Nenhum estudante ouve". Portanto, os programas da *Voz da América* são conhecidos e aqueles que os ouvem – a minoria politizada, sem dúvida – sabem, como freqüentemente ouvi em cochichos, que desde seu exílio americano, como anteriormente diante seus juízes, Wei é o homem que diz a verdade.

Essa é exatamente a democracia que desejavam os chineses? Não se contentariam com um déspota um pouco mais esclarecido do que a nomenklatura comunista? Wei refuta esse arranjo; "Certamente a democracia é uma idéia relativamente nova na China; mas na própria Europa ela também é relativamente recente." Além do mais, essa preferência pela democracia não caracteriza uma conversão ideológica, mas a escolha realista dos chineses "em favor de algo que funciona, contra algo que não funciona". Wei, que jamais pertenceu à intelligentsia universitária, recusa qualquer debate teórico acerca da natureza da liberdade na civilização chinesa; os dirigentes comunistas, assim lhe parece, tendem a apropriar-se das tradições e das referências a Confúcio para submetê-las à sua ambição. Podemos fazer com que Confúcio diga qualquer coisa: suas citações escolhidas a dedo servem tanto pata oprimir o povo como para garantir seus direitos. Wei defende o confucionismo: "No tempo do Império, o confucionismo garantia a paz social ao respeitar a autonomia das famílias e clãs; o imperador não se intrometia na vida privada dos chineses. Os maoístas destruíram o confucionismo para em seguida substituí-lo por uma vigilância policial de todos os instantes, não deixando aos indivíduos outra saída a não ser tornar-se robôs a serviço do Partido." Confúcio, recuperado por Wei o democrata? Esse mestre Kong que foi caro a Voltaire se adapta a todas as situações...

Pensamos novamente em Nelson Mandela, Vaclav Havel, naqueles que passaram da prisão para o poder; vem à mente Sun Yat-sen, que em 1911 deixou seu exílio em Londres para tornar-se presidente da primeira República da China. Wei, presidente chinês? "Impossível, rebate ele. Não desejo perpetuar o poder centralizado na China." Contra os tiranos que se justificam pela necessidade de ter um poder central forte, Wei estima que a democracia deveria reconhecer a diversidade dos chineses. "A China, diz ele, é mais diversa do que os Estados Unidos, que tem uma língua comum, mas é menos diversa que a União européia." As instituições da China democrática poderiam, portanto, situar-se a meio caminho entre o modelo americano e a União européia; Hong Kong, Taiwan, Tibet, Xinjiang, a Mongólia -Interior encontrariam seu lugar nessa situação sem dificuldade, enquanto que numa China centralizada, isso é impensável.

Um cenário improvável? Como se passaria da ditadura a uma federação democrática? Wei procura encontrar as fraturas do partido comunista; entre os pragmáticos e os dogmáticos, elas lhe parecem inevitáveis. Ele espera a ruína econômica e o aumento do desemprego. Chegará o dia, conclui, em que os policiais e os militares ficarão fartos de sua impopularidade. Ele conta também com os Estados Unidos: "Não são a única força de democratização no mundo?" Isso não é verdade na China, pelo menos ainda não: o governo americano deixou na mão os dissidentes chineses. Wei, que em sua libertação foi recebido pelo presidente Clinton, não se beneficia mais de nenhum suporte oficial. Mesmo as inumeráveis fundações americanas em favor da liberdade cederam às pressões do partido comunista. Depois de abandonar Wei, a fundação Ford obteve o privilégio de financiar as eleições locais nos vilarejos chineses. A veneração dos Ocidentais pela Grande China os estaria tornando idiotas?

O temor de perder o acesso ao grande mercado chinês acovarda, constata Wei Jingsheng. Uma derivação que lhe parece provisória: "Cedo ou tarde, os americanos descobrirão que o partido comunista mente acerca de tudo:

sobre o respeito à propriedade intelectual, sobre os direitos humanos, sobre Taiwan, sobre seu suporte à Coréia do Norte." O conflito entre os Estados Unidos e a China seria então inelutável? O conflito com o partido comunista, não com a China, corrige Wei. A China já conheceu vinte e seis dinastias, lembra; chegará a vez da democracia; ela se juntará ao clube das nações cujo destino é comum, e o povo chinês terá a vida normal à que aspira. Wei perdoará aqueles que, ao confundir a China e o regime, cederam às pressões e seduções do partido comunista? É necessário imaginar Wei Jingsheng como presidente, ou um outro que se parecerá a ele...

O sobrevivente de Tiananmen

Em Taipei, quando evoco meus encontros com Wei Jingsheng, Wuer Kaixi faz questão de marcar bem suas distinções, ou pelo menos a diferença de percurso: "Wei, diz Wuer Kaixi, é um símbolo que respeito, mas fato é que ele jamais teve a chance de agir. No meu caso, estive no primeiro plano da multidão de manifestantes em Tiananmen; eu "dirigi" a revolução de Tiananmen, fui seu "comandante"." Wuer Kaixi, ao falar de si mesmo, gosta de repetir esse título de comandante que lhe foi dado por jornalistas ocidentais presentes em Pequim.

Para aqueles que se recordam do jovem esguio que, em maio de 1989, "comandou" cinco mil estudantes, interpelou o primeiro-ministro chinês, dialogou com os jornalistas do mundo inteiro, desencadeou uma greve de fome e conduziu involuntariamente essa tropa ao desastre, é necessário um tempo de adaptação antes que essas imagens inesquecíveis coincidam com esse homem bom e contido no qual ele se tornou hoje.

Wuer Kaixi leva uma vida das mais tranqüilas em Taiwan, com sua mulher e filhos. Mas, quando fala, percebo seu talento de orador que galvanizou as multidões e abalou o poder; foi preciso o exército chinês para reduzi-lo ao silêncio. O olhar negro permanece imutável: existe algo de Gengis Khan nesse homem. Chinês culto, Wuer Kaixi não é um han[1], mas um ouïghour[2], nascido numa família muçulmana de Xinjiang. Wuer Kaixi é a transcrição chinesa do nome turco Uerkesh Daolet. Não há como não comparar sua epopéia à de um outro revolucionário que se tornou célebre em circunstâncias parecidas: Daniel Cohn-Bendit, em Paris, em maio de 1968.

---

[1] Maior grupo étnico da China. (N. d T.)
[2] Etnia minoritária que vive principalmente na província de Xinjiang. (N. d. T)

Tanto um quanto outro são outsiders: um judeu alemão e um turco da Ásia, em um outro plano em relação à multidão que, no entanto, os seguiu; seu carisma deriva talvez dessa posição superior que os colocava acima da peleja. Os dois foram oradores irreverentes face ao poder em relação ao qual negavam tanto a majestade quanto a legitimidade. Levantemos a hipótese de que esse distanciamento foi um elemento facilitador, porque vinham de fora; Cohn-Bendit não se encontrava paralisado pelo respeito francês perante o Estado; por sua vez, era mais fácil para Wuer Kaixi do que para um chinês de raízes evitar uma armadilha idêntica, a submissão à autoridade em nome de uma China eterna. O combate pela democracia, confirma Wuer Kaixi, exige livrar-se da ideologia da "sinitude"?; em todos os tempos, os tiranos invocaram "uma certa idéia da China" para proibir a contestação e tolerar, no melhor dos casos, a crítica. Usando o mesmo estratagema, os comunistas tentam se livrar dos democratas não por reivindicarem a liberdade, mas sim porque ao exigi-la não seriam mais chineses autênticos. Na época em que Wuer Kaixi "comandava" a praça Tiananmen, Alain Peyrefitte fez seus leitores franceses perceberem que o líder dos estudantes "não era chinês"; Peyrefitte abraçava aí a ideologia da sinitude e pensava sem dúvida nesse outro "estrangeiro", Cohn-Bendit, com quem tinha se confrontado, enquanto ministro da Educação. Se Wuer Kaixi fosse um verdadeiro chinês, ele não teria se contentado, como todo letrado, em fazer suas críticas ao imperador, até se suicidar para protestar? Mas, Confúcio tem dois mil e quinhentos anos e, desde então, os chineses não pararam de se revoltar.

Como Cohn-Bendit, Wuer Kaixi foi salvo pelo exílio, mas, o paralelismo de seus destinos pára aí. Um seguiu uma carreira política clássica; Wuer Kaixi não. No estreito em Taiwan, ele é perseguido pela saudade; sonha com uma grande China e uma revolução desejável. "A revolução, diz, seria o ideal." Ele se imagina voltando clandestinamente para Pequim, ressurgindo na praça Tiananmen na cara dos policiais; depois, o sonho se dilui em um grande copo e na doçura tropical de Taipei... Na espera da grande noite, Wuer Kaixi defende a memória de Tainanmen. Ele acredita no reconhecimento pelo governo de Pequim do caráter político, portanto, legal, de sua ação daquele momento. Os estudantes não desejavam derrubar o partido comunista, lembra; eles o convidavam para o diálogo e respeito da liberdade de expressão tal como consta na Constituição. Inocência? Havia, no seio do partido comunista, uma tendência liberal encarnada por seu secretário geral, Zhao Ziyang. Era a época das "revoluções de veludo" na Europa do leste e da perestroika na União Soviética; em Pequim, esses estudantes esperavam mais um Gorbatchov chinês do que um golpe de

Estado. Enganavam-se quanto à natureza do Partido chinês, mais totalitário do que jamais foi o Partido soviético.

Na falta de um partido melhor, Wuer Kaixi desejaria pelo menos obter o reconhecimento de Tiananmen como um evento positivo pelos democratas chineses. Esse reconhecimento não é algo adquirido; os democratas na China e no exílio ficam divididos sobre o significado do fato. A insurreição de 1989 acelerou ou atrasou a marcha da China para a liberdade? Uma questão teórica, mas que ocupa os exilados e coloca uns contra outros.

A partir de Tiananmen, defende-se Wuer Kaixi, "os chineses não são mais escravos, nem como eles mesmos se vêem, nem como o mundo os vê". Essa primavera de Pequim também lembrou que o povo, na China, cada vez que ele se reúne, se *mobiliza* sempre em favor da liberdade política: desde 4 de maio de 1919, a primeira manifestação dos estudantes na praça Tiananmen, até abril de 1989, somente os apelos pela democracia reuniram os manifestantes. O apoio do partido comunista, nunca! Quando o Partido convoca os seus membros ao palácio do Povo, perto dessa mesma praça, ao seu redor há dezenas de milhares de policiais e soldados. Teme a população? Em março de 2005, sessenta e cinco mil policiais protegeram a reunião anual da Assembléia nacional popular, o parlamento fantoche do regime.

Quantos mortos em Tiananmen no dia 4 de junho de 1989? O governo chinês sempre negou que houvesse uma única morte "na praça"; mas, três mil manifestantes que tentavam fugir foram metralhados pelo exército nas ruas ao redor. Dezessete anos mais tarde, é proibido falar sobre isso ou fazer qualquer pesquisa sobre o assunto. Uma organização de parentes das vítimas, em Pequim – presidida por Sra. Ding Zilin –, é perseguida pela polícia por tentar fazer uma lista dos desaparecidos. Nem mesmo é permitido evocar os eventos de Tiananmen na literatura. Como a revolução cultural está freqüentemente presente na ficção literária ou cinematográfica – mas não nos livros escolares –, perguntei em Pequim ao romancista Mo Yan, conhecido tanto no Ocidente quanto na China pelo *Sorgo vermelho* e o filme feito a partir dele, o que esperava para falar do massacre de 1989; incomodado, inclinando-se para mim, sussurrou: "Não antes de quinze anos."

Comparado aos milhões de vítimas da guerra civil, do Grande Salto Adiante, da revolução cultural, do laogaï, o massacre de Tiananmen tem pouco peso; Deng Xiaoping, que comandou o fuzilamento, espantou-se com a emoção do Ocidente. A opinião pública na Europa e nos Estados Unidos não fora mais comedida no tempo de Mao Tsé-Tung? Foi antes da televisão. Tiananmen ficará dentro e fora da China como a assinatura indelével do partido comunista: não se pode apagar a marca. Quando a China for democrática, o dia 4 de junho se tornará um dia de comemoração nacional; o Partido teme e cada ano, nessa data, ele reforça as medidas de segurança em Pequim. Quando o dia fatídico se aproxima, no centro da capital, os cordões policiais são mais apertados, os celulares dos intelectuais democratas quebram, os SMS e as comunicações por internet ficam difíceis, e os sites "sensíveis", inaccessíveis. Por mais poderoso que seja, o governo comunista sempre parece temer um punhado de resistentes.

Nossa memória curta

Como pudemos não reconhecê-los? No dia 4 de junho de 1989 – não faz tanto tempo – o mundo ocidental ficou indignado com o massacre dos estudantes. No dia 14 de julho, bicentenário da Revolução francesa, dissidentes que haviam fugido da China abriram o desfile na avenida Champs-Elysées. Para os chineses que a conhecem, essa imagem dos estudantes chineses de Paris abrindo o desfile é tão forte, para nós, quanto a do desconhecido de Pequim que enfrenta com a sua pasta uma fila de tanques numa grande avenida. Parecia evidente, então, na Europa e nos Estados Unidos que não se reeditaria jamais a nossa indiferença culpada diante do fascismo, nazismo, stalinismo, Khmers Vermelhos. Os governos ocidentais decidiram, isso é o de menos, sancionar o governo comunista chinês com um embargo do comércio de armas. Na França, só Alain Peyrefitte tentou explicar a conduta dos dirigentes chineses, sem apoiar a repressão; era melhor, explicou, uma injustiça do que uma desordem, um massacre do que uma nova guerra civil. Simon Leys, o primeiro na Europa, que denunciou a revolução cultural, constantemente lúcido antes dos outros, adivinhou que essa indignação ocidental duraria pouco. Desde de junho de 1989, em epitáfio às vítimas, anunciava que "o grupo dos chefes de Estado e dos homens de negócios logo se dirigiria para Pequim para sentar-se novamente no banquete dos assassinos". Os democratas chineses que haviam escolhido Paris para se encontrarem compreenderam que na França os direitos humanos vinham depois dos negócios; foram para os Estados-Unidos e Taiwan.

Os dissidentes em exílio continuam influentes na China? Sim, dentro da geração que conheceu os mesmos fatos; além disso, a sua lembrança se perde. Outros militantes democratas escolheram fundir-se na sociedade ocidental, adotando uma vida normal de professor (Fang Lizhi, apelidado de "Sakharov chinês"), chefe de empresa (Chai Ling), universitário (Wang Dan). Quem ousaria criticá-los? "Na China, diz Wuer Kaixi, ignorávamos o que era o individualismo, o amor, o consumo; tudo era comunitário e político. No Ocidente, descobrimos tudo isso, tínhamos vinte anos e saboreamos." Os dirigentes comunistas também calcularam que esses dissidentes seriam incapazes de se dar bem, de constituir no exílio uma alternativa crível para o comunismo. De fato, os dissidentes dividem-se conforme a sua geração, estratégia, ambições. Assim é porque o partido comunista, ativo fora da China, age para que os democratas não possam ganhar influência. Pressões são exercidas sobre os governos e as organizações que pensam em receber Wei Jingsheng, Wuer Kaixi ou Dalai Lama: ameaças de anulação de contratos comerciais ou uma simples recusa de visto bastam. O presidente Jacques Chirac sempre recusou encontrar o Dalai Lama e Wei Jingsheng quando estão de passagem pela França. Entretanto, Jacques Chirac, prefeito de Paris, havia feito um discurso elogioso desse mesmo Dalai Lama! O partido comunista também procura fazer com que os dissidentes de além-mar não sejam apoiados pela mídia chinesa do além-mar; a imprensa chinesa de Nova York, influente junto à comunidade implantada nos Estados Unidos, foi discretamente comprada pelo partido comunista em 2004 e conseqüentemente mudou de linha política. Mas, o que o Partido não pode impedir, é que Wei Jingsheng e Wuer kaixi, talvez isolados, digam a verdade quando o Partido mente.

Esses que acabamos de encontrar vivem em exílio, não escolheram isso. Aqui temos outros que combatem na própria China.

Feng Lanrui, o veterano da democracia

Pequim, janeiro. Trinta pratos giram sobre uma bandeja central; o seu conteúdo não evoca nada conhecido. Os molhos são duros, e a higiene duvidosa. Com nossos palitos de plásticos, pescamos em potes coletivos; como nossos anfitriões, sorvemos fazendo barulho e espalhando molho numa toalha que já foi usada por outros. Nesse restaurante barato de Pequim, como há tantos outros desde que os chineses começaram a se dedicar a empreendimentos privados, me vem a lembrança de banquetes mais formais: Mao Tsé-Tung reinava, os poucos viajantes ocidentais eram tratados com cuidados concebidos para ficarem gravados na sua memória. Muitos chineses morriam de fome, mas, as delegações – só se viajava em grupo – se regalavam. Pratos doces, salgados, amargos, eram acompanhados por um discurso único, idêntico em toda a China, recitado pelo apparatchik de serviço com uma ingenuidade de fachada. "A cozinha chinesa e a cozinha francesa, proclamava, são as duas melhores do mundo;" Esses lugares-comuns, traduzidos palavra por palavra por nossos intérpretes, provocavam a estupefação dos convivas: era preciso repeti-los em francês, ouvir-se traduzir em chinês, depois brindar. A etiqueta exigia que se tomasse tudo de uma vez e mostrasse ao redor que o copo estava vazio; se isso não fosse feito, devia-se beber três copos; esse costume não se perdeu. É preciso saber fazer também o "passe-partout", brindar com cada convidado em cada mesa improvisando cada vez um brinde diferente...

Para os convidados chineses, a visita de estrangeiros era uma ocasião única de comer o que desejavam, o que os deixava entusiasmados. Os franceses? Ficavam seduzidos porque lhes serviam elogios enquanto serviam ninhos de andorinha; estávamos dispostos a engolir tudo, o conteúdo dos potes e a propaganda de acompanhamento. Colocar nossas duas cozinhas acima de todas as outras colocava a França e a China sobre um pedestal, a superioridade de nossas civilizações era compartilhada. Como não ser cúmplices, dispostos a gostar de tudo na China, sendo que os chineses gostavam tanto de nós? Naquela época, as delegações de amigos da China, intelectuais orgânicos, companheiros de estrada do partido comunista e outros ingênuos, se regalavam tanto com o regime gastronômico quanto ideológico sem que o massacre de algumas dezenas de milhões de chineses viesse estragar a sua digestão. Deveríamos ter nos perguntado sobre os bastidores da cozinha, e vigiado melhor o cozinheiro. Os curiosos políticos foram substituídos por comerciantes e turistas, mas o cozinheiro mudou? Aparentemente sim, mas na cozinha os ajudantes do partido comunista continuam no comando. A nossa anfitriã desse dia, a Sra. Feng Lanrui, dissipa sobre esse assunto nossas ilusões. A Sra. Feng poderia sozinha encarnar a longa marcha, inacabada, de um intelectual chinês em busca de liberdade.

"A democracia, diz, é um valor comum para todas as civilizações, o patrimônio comum de toda a humanidade." Esse discurso seria banal se não fosse dito nesse lugar. Primeiro objeto de espanto: a Sra. Feng fala alto em um lugar público. Pronunciar o elogio da democracia nesse regime comunista é então tolerado? A ditadura, diz, não amoleceu, só é mais inteligente. Os comunistas renunciaram a lavar os cérebros como no tempo de Mao; toleram os heréticos contanto que não se organizem. Percebe-se no PC que a Sra. Feng não irá desencadear uma sublevação popular, mesmo sendo verdade que milhões de chineses partilham sua aspiração de liberdade. Será difícil calar a Sra. Feng, que tem oitenta e cinco anos. Nos anos 1960, lembra, o Partido despachou alguns guardas vermelhos de quinze ou dezesseis anos para torturá-la com alegria, e obrigá-la a confessar os seus erros. Bateram nela até que reconhecesse que não gostava o bastante do Partido; ela deveria ter confessado que era contra o Progresso, a História, a China, sem dúvida também um agente americano. Os comunistas não perseguem mais os velhos, os carrascos de ontem se converteram em homens de negócios. Porém, o esquecimento continua obrigatório.

A memória, diz a Sra. Feng, é o que mais falta para os chineses; aqueles que têm menos de quarenta anos não sabem quase nada do passado, exceto quando eles próprios se comprometem em uma busca complexa da verdade. Como os ditadores de hoje são os sucessores diretos dos de ontem, o Partido faz com que a história não seja transmitida. Os livros escolares são discretos sobre os horrores da revolução e sobre seu cortejo de catástrofes, ou então a idealizam: as fomes organizadas pelo Partido são esquecidas, a revolução cultural é reduzida a uma efervescência de colegiais. Mao, morto, continua a reinar na China: os presidentes da China, diz a Sra. Feng, deveriam chamar-se Mao III ou Mao IV. Tudo isso faz com que os pais não digam muitas coisas aos filhos; há também humilhações difíceis a transmitir ou que não se quer de forma alguma compartilhar.

Essa senhora idosa ereta e digna, com a inteligência intacta, que viu e viveu de tudo, lembra-se de tudo; porém, a geração à que pertence está desaparecendo. A Sra. Feng foi um personagem importante da história da China comunista, ao lado de Mao aos vinte anos, desde os anos 1940. "Eu era, diz, uma "revolucionária profissional". Como ela acreditava na revolução, dobrou-se às três exigências maoístas: todo intelectual é um instrumento do Partido, a personalidade de Mao é sagrada, a condição humana é o produto da luta de classes. Essa ideologia maoísta invertia ponto por ponto a filosofia confucionista: segundo Confúcio, há uma natureza humana, o primeiro dever é o amor filial, o letrado deve ensinar ao imperador se infringir a moral. Mao Tsé-Tung negou a natureza humana, escravizou os letrados, colocou filhos contra pais, exigindo que os denunciassem e fez com que os esposos se traíssem entre si. Se Feng mostra como o maoísmo negava o confucionismo, é porque no Ocidente há bastante aduladores da China para crer que o Partido se inscreve na continuidade do Império: nessa miragem, o maoísmo seria uma transformação da cultura chinesa, o que o colocaria acima da crítica e o tornaria quase respeitável. Na realidade, lembra Feng, os comunistas aniquilaram o pensamento chinês com tanta ira que destruíram o patrimônio histórico e persistem em apagar os vestígios da China clássica. Como os arquitetos de Pequim suplicaram-lhe que preservasse a cidade antiga, Mao Tsé-Tung decidiu destruí-la. Exigiu que as chaminés das fábricas substituíssem os templos e sua vontade foi satisfeita; as outras cidades seguiram o destino da capital. Destruídas inicialmente em nome da revolução, agora pelos construtores em nome da modernização. Nunca o apelo da *Internationale* "Façamos tábua rasa do passado", foi tão bem executado quanto na China. E foi ainda mais fácil para esses revolucionários, pois, como o próprio Mao reconheceu, não eram letrados.

Muito tempo depois desses fatos, Feng tenta compreender por que razão ela própria acreditou na revolução. "A juventude acreditava, confessa, porque era legal... A revolução parecia necessária para liberar o país da sua burocracia, corrupção e colonização estrangeira." Ninguém na China havia pensado na modernização do Japão, que evitou uma revolução e conservou o seu regime imperial; somente as revoluções russa e francesa faziam sonhar; quando os comunistas chegaram, nos aliamos a eles porque falavam a língua da revolução..., Eu buscava, justifica-se cinqüenta anos mais tarde, como todos os chineses, a liberdade."

Os chineses em busca da liberdade? Não é a idéia que temos no Ocidente! Feng fica indignada, escandalizada pela indiferença dos ocidentais em relação aos chineses que lutam há um século pela democracia, e por todos aqueles que morreram em seu nome. Quando os chineses ainda têm o direito de manifestar, o que exigem? Em Hong Kong, onde subsiste um espaço de liberdade, 250.000 pessoas, em dezembro de 2005, exigiram do governo de Pequim a eleição de seus dirigentes por sufrágio universal. A suposta preferência dos chineses por um despotismo esclarecido? Há um século, lembra Feng Lanrui, os chineses estão familiarizados com as idéias democráticas. Em 1912, o governo republicano de Sun Yat-sen organizou eleições por sufrágio universal; as mulheres foram excluídas, como na Europa, assim como os fumantes de ópio e os monges budistas. Um quarto dos chineses adultos participou, dando a maioria ao partido republicano Kuomintang. Na época, a China não parecia estar atrasada em relação às democracias ocidentais. Infelizmente, os letrados chineses têm "paixão pelo novo", diz Feng; a última ideologia na moda, contanto que seja ocidental, os deixa encantados. Visto que a república não lhes parecia boa o bastante para modernizar a economia e resistir aos japoneses, no dia 4 de maio de 1919, nas ruas de Pequim, um movimento de estudantes exigiu uma nova revolução em nome "da ciência e da democracia". Como esse desejo de ciência e de democracia pôde degenerar em um regime totalitário, nem democrático nem científico? Para cada um sua explicação.

No Ocidente, se privilegia a continuidade cultural: Mao seria um episódio do Império, fundador de uma nova dinastia, marxista aparentemente, mas na continuidade da burocracia celeste. Ver nesses camponeses e operários obstinados em destruir a velha China os herdeiros dos mandarins requer um grande salto da imaginação!

Feng propõe uma versão mais discreta: os comunistas tiraram proveito de sua organização militar superior com o apoio logístico decisivo da União Soviética. O marxismo, diz, não tomou o poder em Pequim em 1949; foi o Exército vermelho, como em Moscou em 1917, que ganhou. Ela nos pede, portanto, para não atribuir a um vasto movimento popular o que tem a ver com a técnica do golpe de Estado. Que intelectuais chineses e ocidentais tenham se enganado é mais revelador do lirismo dos intelectuais, confessa, do que da natureza da revolução. Feng escapou. No início dos anos 1980 – um período de liberdade intelectual que não voltou a se renovar desde então – Feng Lanrui publicou uma série de obras econômicas de inspiração liberal que marcaram a sua ruptura com o comunismo, que são consideradas como manuais do reformismo, via não revolucionária para a democracia. Eis a razão pela qual, quando, na primavera de 1989, os estudantes de Pequim se rebelaram, como muitos intelectuais liberais na época, ela ficou reticente; criticou a paixão pelos slogans, uma gesticulação romântica e o fascínio pelas utopias salvadoras. Eles se mostraram mal informados sobre a história da China, muito parecidos com a geração anterior, com slogans invertidos. O epílogo trágico deu razão a Feng Lanrui: os estudantes não haviam compreendido a natureza do Partido.

Se não é pela revolução, por que caminho deveria passar a democratização? "Pela cúpula", acredita a Sra. Feng. Como a maioria dos intelectuais da China, ela ficou reduzida a observar as nuances entre as correntes do bureau político do Partido, à espera de um Gorbatchov ou Yeltsin chinês que destruiria o sistema a partir do interior. Alguns verão nisso um excesso de prudência; outros admitirão que os chineses temem acima de tudo a guerra civil.

Quem não conheceu a China no tempo de Mao Tsé-Tung e de seus sucessores imediatos não perceberá o caráter extraordinário dessa simples conversa em Pequim. Nunca, na história contemporânea, um povo inteiro foi mais controlado: os chineses não deviam somente falar, deviam pensar em uníssono. Ao contrário dos regimes autoritários que deixam que as pessoas tenham sua liberdade interior contanto que se calem, o maoísmo exigia que se pensasse "corretamente" com sinceridade. O controle social alcançava até a vida particular: o quarto de dormir, o casamento, as práticas sexuais eram submetidas à linha do Partido. Nos anos 1970, toda sensibilidade foi anestesiada; cada um transformado em papagaio repetia o slogan do dia. Toda conversa pretensamente pessoal devia começar por uma citação de Mao. Só se podia ter acesso a livros medíocres e só assistir oito óperas "revolucionárias". Alto-falantes dispostos nas praças das cidades, nas estações de trem, nos trens, escritórios, fábricas, difundiam, desde o amanhecer até tarde da noite, músicas militares; elas proibiam que se falasse, ouvisse, refletisse. Houve uma diferença essencial entre o maoísmo e o stalinismo: os dirigentes soviéticos sabiam que mentiam, o povo sabia que o comunismo era uma impostura, a mentira era proclamada como sendo a verdade, e poucos se enganavam; os dirigentes maoístas não ficavam satisfeitos que o povo vivesse na mentira e ao mesmo tempo confessassem a verdade oficial; queriam que os chineses com o cérebro lavado interiorizassem a mentira. A mentira maoísta tinha que ser sincera, o que o aproximava mais da Inquisição católica do que do stalinismo ateu. Tudo isso não é dito na China, pois, a desmaoização não ocorreu: o comitê central do Partido, a pedido de Deng Xiaoping em 1983, decidiu uma vez por todas que Mao Tsé-Tung tivera 70% razão e estava 30% errado. Uma fórmula que Mao Tsé-Tung já havia aplicado para Stalin. Por que 70%? Em relação aos 30%, só nos resta a dificuldade da escolha: a eliminação em massa dos proprietários de terras na liberação, os vinte milhões de mortos do Grande Salto Adiante de 1959 a 1962, ou os trinta milhões da revolução cultural de 1966 a 1976, por exemplo... Esses 30% teriam amplamente bastado para inculpar Mao por crimes contra a humanidade.

Que Feng tenha sobrevivido, que os chineses tenham conservado toda a sua razão, mostra a resistência dos povos ao embrutecimento totalitário: Mao não conseguiu criar o novo *homo sinicus* da mesma forma que Stalin não conseguiu criar um *homo sovieticus*. Teria bastado, tanto na China quanto na Rússia, parar a torrente de slogans e de música marcial para encontrar toda uma humanidade. Esse encontro com a Sra. Feng Lanrui, em janeiro de 2005, foi decisivo; ela fez com que eu decidisse passar o Ano do Galo na China, ouvindo os democratas desse país – a menor das gentilezas.

A continuidade: a geração moral, entre Jesus e Tocqueville

Yu Jie tem trinta anos; ele poderia ser o neto de Feng. Ele continua em Pequim o seu combate. O exílio? Ele o recusa. "É aqui, diz, que a "ditadura cruel" do Partido esmaga o povo, e é aqui que é preciso combater."

Para a sua geração, a terceira na resistência democrática desde a revolução de 1949, os riscos são menores que para as anteriores. Yu Jie ainda não suportou nada mais terrível do que interrogatórios na polícia: intimidação, só isso. Com seus óculos de aro de escritor e seu ar infantil, ele não é visto como sendo uma ameaça séria: só é um intelectual ousado, sem organização. Rebelde, a sua única arma é a sua pena, suas tropas são somente seus leitores: estudantes, jovens diplomados, meninos e meninas da sua idade. É isso que evita as explosões do Partido, que se adapta ao rigor dos escritores, de forma alguma às organizações. Porém, no Partido não gostam que esses escritores atinjam um vasto público; os editores de Yu Jie submetem-se a pressões para que recusem seus manuscritos, limitem suas tiragens, e às vezes são obrigados a fechar por terem publicado esse autor.

Ao contrário de Wei Jingsheng, o combatente, e de Wuer Kaixi, o comandante, Yu Jie só é sensibilidade; ele se dirige à alma da China, ela é a matéria de seus livros. Convida a reler as obras romanescas do século XX para restabelecer contato com a humanidade e individualidade dos autores e de seus personagens. O leitor deduz por contraste como a sociedade na qual o Partido comunista o isola é embrutecedora, como ela nega a cada chinês a sua identidade e a sua verdade interior. Depois, Yu Jie descobriu, traduzido em chinês, Alexis de Tocqueville, bem conhecido pelos intelectuais de direita, ou seja, não marxistas. A interpretação que Tocqueville dá da Revolução francesa lhes parece adaptada à história da China. Yu Jie escreveu um ensaio sobre esse paralelo.

Em *L'Ancien Régime et la Révolution* [3], Tocqueville demonstra como a Revolução francesa nasceu da incapacidade do Antigo Regime de se reformar. Também é, segundo Yu Jie, o que aconteceu na China. Uma primeira vez em 1898, quando a imperatriz herdeira recusou o estado de direito que queriam lhe impor os seus ministros reformadores; eles poderiam ter salvado o Império chinês transformando-o, como o Japão, em monarquia constitucional. Uma segunda vez, pensa Yu Jie, quando Deng Xiaoping recusou as reformas democráticas que os estudantes de 1989 propuseram. Essa segunda recusa condenaria com o tempo o regime comunista. Como Tocqueville para a França, Yu Jie constata que na China também as revoluções destroem as elites; os letrados, que eram a nobreza da China, não sobreviveram à revolução de 1949 e não voltaram mais a se reconstituir. Subsistem universitários, mas controlados pelo Partido, trabalham para academias que limitam a sua liberdade de pensar, se expressar e mesmo de imaginar as idéias novas que a China requer. Para garantir a sua submissão, o governo os remunera generosamente, situação inversa da que prevalecia antes dos fatos de Tiananmen. Antes de 1989, a proletarização econômica dos universitários incitara-os a se colocar do lado da revolta; como a sua mudança para o setor privado é instável e relativa, tornaram-se conservadores, partidários a rigor de uma evolução, mas prudente.

---

[3] Publicado com o título, O Antigo Regime e a Revolução, pela UNB Editora.

Yu Jie, que não é o líder da juventude da China, mas a representa, não acredita, portanto, no combate político. Enfrentar a máquina do Partido lhe parece um trabalho perdido, suicida. O tempo de Wei Jingsheng, segundo ele, passou; o velho combatente pertence à época ultrapassada da revolução cultural, quando os contornos do bem e do mal eram claros, as escolhas sem ambigüidade. Sem que Wei Jingsheng saiba, Yu Jie acredita que a China mudou, o partido comunista também; ele continua cruel, mas, tornou-se mais sutil. A revolução democrática que esperam as gerações anteriores, Feng ou Wei, não virá, pensa Yu Jie, porque a polícia e o exército abafam na origem os movimentos de contestação. Os habitantes das cidades mal são informados sobre as rebeliões que, neste Ano do Galo, incendeiam as fábricas e vilarejos. A cidade está cortada do campo, a informação é controlada; a soma dessas revoltas locais não fará jamais uma revolução. Internet? Não escapa à censura. Então, a China está eternamente sob o controle do partido comunista? A mudança virá, diz Yu Jie, e os direitos humanos vencerão, mas, não ocorrerá através da revolução, nem de uma metamorfose do Partido. "O Partido não evoluirá jamais, fará tudo para manter o poder, inclusive recorrendo ao exército." A mudança, diz Yu Jie, passará pela oração: a dissidência chinesa do terceiro tipo acredita em uma redenção moral.

Neste Ano do Galo, as conversas caem rapidamente na moral, religião, vazio espiritual – como satisfazê-los? Os chineses, é verdade, sempre foram religiosos (místicos, supersticiosos, como queiram); jamais viveram muito tempo longe de templos ou de seus deuses. Depois da revolução comunista, depois que os altares foram destruídos, as ordens religiosas aniquiladas, Mao Tsé-Tung substituiu essas práticas por um outro culto, o de sua própria pessoa divinizada; aos textos sagrados opôs o *Livro vermelho*, que cada chinês devia repetir como orações taoístas ou mantras budistas. O regime também organizara um culto dos santos: o dos mártires da revolução, sob o controle de seu clero de apparatchiks. Cada chinês, sob Mao, era obrigado a confessar os seus pecados contra o regime. Esse monoteísmo maoísta que fez reinar o sofrimento ocupou as mentes. Com a morte de Mao, o seu culto desapareceu e o marxismo, que só se mantinha por sua personalização, também se foi; os chineses ficaram diante de si mesmos, tendo como programa o "Enriqueçam" de Deng Xiaoping. Porém, o consumo não dá por si só um sentido à vida e só uma minoria se beneficia com ele. Os chineses retomarão os seus cultos tradicionais?

Yu Jie descarta as antigas religiões porque o taoísmo e o budismo, diz, se comprometeram muito durante mil anos com o poder político para fundar a moral que a época exige. Na sua versão chinesa, seriam, segundo ele, religiões mais instrumentais do que espirituais, mais imanentes que transcendentes;

os chineses invocam Buda ou os imortais para obter vantagens concretas, não para reconstruir uma humanidade. Para Yu Jie, a volta às fontes passa pelo cristianismo, cuja universalidade lhe parece evidente. Ele afasta a Igreja católica: uma "burocracia", diz, com uma hierarquia que lembra a do partido comunista. Esse caráter burocrático explicaria o insucesso da Igreja romana na China – mal chega a dez milhões de fiéis depois de um século de missões. A forma mais propícia do cristianismo para a China seria um protestantismo evangélico, sem mesmo recorrer a um pastor: pela leitura da Bíblia e a comunicação direta com Deus.

Como Yu Jie se converteu? A sua esposa, uma jovem de grande beleza, responde: "Eu fui, diz, a escolhida por Deus." Sua conversão ocorreu cinco anos antes, na universidade de Pequim. Os protestantes são numerosos nos *campi* e professores de inglês dos Estados Unidos contribuem discretamente para essa evangelização. O desejo de moral evidenciado por Yu Jie pode explicar essa moda; para os intelectuais, há também uma pergunta sobre o atraso da China. A que se deve a superioridade do Ocidente? À ciência e à democracia, responderam os estudantes de 4 de maio de 1919 e os de maio de 1989. Mas, antes da ciência e da democracia, o cristianismo não é a base da civilização ocidental? Essas reflexões, comuns na China, esclarecem a preferência por essa forma de cristianismo. Veremos nesse interesse pela busca tradicional algo parecido com os elixires de longa vida? O Cristo como elixir? Ou como revelação? Todos esses elementos se confundem sem que nós ou os novos fiéis sejamos capazes de distingui-los.

Dois anos depois de sua mulher, Yu Jie por sua vez foi eleito por Cristo. O jovem casal – ambos não chegam a ter trinta anos – participam de grupos de oração e de sessões de estudo da Bíblia, duas vezes por semana, em um apartamento alugado para esse fim. Um templo clandestino? Às vezes, um pastor também clandestino vem assisti-los. Vem de Wenzhou, a Jerusalém chinesa, lar histórico das missões evangélicas. Quem se encontra aí? Estudantes, universitários, artistas, profissões liberais da geração deles. O protestantismo evangélico como religião da nova elite e dos belos bairros? Mas o movimento é maior: pode-se contar até quarenta milhões de evangelistas "a domicílio" na China, que se reúnem nessas *house churches*, longe de todo tipo de controle. Juntam-se a eles cerca de vinte milhões de protestantes oficiais em comunidades "patrióticas" reconhecidas pelo partido comunista. Yu Jie acha que esses sessenta milhões de protestantes e uma dezena de milhões de católicos juntos se aproximam da massa crítica que lhes permitiria pesar em favor dos direitos humanos. Lembremos que os cristãos tiveram um papel importante na democratização da Ásia: Sun Yat-Sem foi católico, o primeiro presidente democrata da Coréia do Sul, Kim Dae Jung, era católico, os líderes democratas são geralmente protestantes em Taiwan e católicos em Hong Kong. Dessa nova evangelização da China, Yu Jie sonha que surgirá um Martin Luther King chinês: ele modificará radicalmente a paisagem inscrevendo-se fora das práticas comuns da sociedade chinesa, além das revoluções e motins.

Observaremos que essa religião evangélica se espalha em todo o mundo; de todas as religiões é a que conquista o maior número de adeptos em todos os países. Ela vem dos Estados Unidos, mas, é americana? A civilização americana exerce sobre esses rebeldes chineses uma certa sedução, estão de acordo. Tornando-se evangélicos, têm a impressão de que participam do sonho americano de uma sociedade individualista e democrática. Além desse sonho americano, a propagação do evangelismo se explica também, na China como em outros lugares, pelo caráter individual dessa religião personalizada, onde cada um se torna o seu próprio templo. Um templo pessoal que escapa ao Partido e permite enfrentá-lo: "Sem Cristo, diz Yu Jie, eu não resistiria aos interrogatórios de dez, quinze horas" que lhe infligem periodicamente os policiais para tirá-lo de sua missão rebelde.

Mas com Cristo ele vive sem medo "na luz da verdade". O que o conduz a empurrar constantemente os limites da censura: no mês de agosto do Ano do Galo, enquanto governo celebrava com fasto a vitória do partido comunista contra o fascismo japonês em 1945, Yu Jie, em um texto publicado em Hong Kong, lembrava que esses fascistas japoneses jamais mataram tantos chineses quanto Mao Tsé-Tung. E acreditava ser inconcebível que "Jogos Olímpicos civilizados pudessem acontecer em Pequim enquanto permanecesse no centro da cidade o cadáver desse assassino".

A liberdade de expressão de Yu Jie não mostra que se pode agora dizer tudo na China? Vejam como as pessoas podem se expressar, nos faz crer o Partido! Mas, não é na China que ele diz isso, onde as suas publicações são censuradas. E se não fosse protegido por sua notoriedade, em particular nos Estados Unidos, o jovem escritor já estaria na prisão. Daqui até os Jogos Olímpicos de 2008, Ju Jie poderá falar sem muitos riscos, pois, o Partido teme que a sua prisão desencadeie um boicote dos Jogos pelas organizações americanas de defesa dos direitos humanos.

O Partido tem medo dos ratos

Os meios consideráveis que o Partido usa para vigiar alguns democratas isolados, ligados ao resto do mundo somente por um computador, sem tropas e organização, nos deixam estupefatos. Como o governo poderoso da China e o seu aparelho de repressão vieram a se preocupar com o que escreve a Srta. Liu Di a ponto de prendê-la sem julgamento por um ano?

Liu Di, estudante em Pequim, com uns vinte anos, baixa e míope, adotou o pseudônimo na internet de "rato inoxidável". Esse rato traduz em chinês textos de Vaclav Havel, do jornalista polonês Adam Michnik, entre outros dissidentes da antiga Europa comunista, que divulga em um site da internet que se chama "Liberdade e democracia". Sua impertinência parece tão perigosa para a Segurança que o site, bloqueado, não está acessível para os internautas. Liu Di, liberada por causa dos protestos dos advogados dos direitos humanos na própria China, está sendo vigiada. Tive que tentar várias vezes até poder encontrá-la; a polícia que a colocou sob escuta, não a deixava sair de casa cada vez que tínhamos um encontro. Esse confinamento na residência é aplicado, sob o controle das agências de Segurança, às pessoas que são repertoriadas como "inimigas da China". Outros *ciberdissidentes* têm menos sorte que ela: He Depu foi condenado, em 2003, a oito anos de prisão por ter recomendado no seu site a criação de um partido de oposição democrático.

Espantada com os cuidados que o Partido tem com ela, Liu Di concluiu que ele não é tão poderoso quanto parece e que lhe falta caráter. "Mesmo alguns adultos, diz, têm às vezes medo dos ratos!"

Além da ironia desse rato inoxidável que me parece inconsciente dos riscos reais que corre, é preciso compreender que o Partido realmente tem medo dos ratos quando se parecem com Vaclav Havel. Esse medo vem da experiência soviética, do exame atento da parte dos dirigentes chineses das circunstâncias da queda do comunismo na URSS, na Europa do leste, mais recentemente na Ucrânia e Geórgia. A cada uma dessas derrapadas, os comunistas chineses atribuem uma causa simplista que superestimam; o erro fatal a evitar.

Na União Soviética, o erro teria sido de fazer reformas políticas antes das reformas econômicas. A URSS não teria sido fundamentalmente viciada, mas aniquilada pela inabilidade de Gorbatchov que tolerou um pluralismo econômico que não se deve reproduzir. Essa interpretação não permite que as pessoas se perguntem sobre as causas reais da queda da URSS.

A Polônia? Se o partido comunista tivesse proibido os sindicatos e amordaçado a Igreja católica, esse país teria continuado comunista: isto é o que se lê na imprensa chinesa e o que se ouve nas escolas do Partido, onde seus executivos são formados pelo pensamento único. Concluindo, o Partido chinês vigia as religiões, especialmente católicas, que obedecem a uma autoridade exterior, e proíbe toda liberdade sindical para não se ver confrontada a um Solidarnosc[4] chinês.

A República Tcheca? O Partido teria tolerado a liberdade de expressão deletéria de intelectuais liberais: nada disso vai acontecer na China!

A Geórgia, última vítima da democracia? O Partido despachou até esse país especialistas da Academia de Ciências Sociais que concluíram que as organizações não-governamentais tiveram uma influência mortal na situação, algumas delas apoiadas por fundações americanas, particularmente por George Soros. Por outro lado, o mesmo George Soros é bem-vindo na China quando se comporta como investidor capitalista; tornou-se este ano o primeiro acionário da companhia aérea regional Hainan Airlines.

Desde o estabelecimento desse diagnóstico durante este Ano do Galo, todas as formas de associações, fracos esboços de sociedade civil, são reprimidas: são proibidas as ONGs que lutam em favor do meio ambiente, contra a aids, até mesmo as assembléias de proprietários nos conjuntos imobiliários de Pequim e Shanghai. Tudo o que levasse a uma autonomia associativa é colocado sob controle dos executivos do Partido, ou eliminado.

Certamente, nenhuma dessas análises superficiais da queda do comunismo na Europa leva em conta a complexidade das situações locais; elas suprimem qualquer interrogação acerca da natureza e destino dos regimes totalitários, porque um debate como esse na China é impensável. Reduzindo a queda do comunismo a atitudes mal tomadas, o Partido se assegura de sua própria perenidade: a caça aos ratos aqui exerce a função de estratégia.

Pode-se duvidar que esses ratos possam derrubar o Partido, mas deve-se observar que com Liu Di e He Depu eles anunciam os tempos futuros.

---

[4] Sindicato Independente Autônomo da Polônia. Tornou-se um movimento social de contestação e resistência a República Popular da Polônia e mais tarde o seu líder, Lech Walesa, foi eleito presidente da república. (N.d T.)

2
Ervas daninhas

Até a idade de sessenta e cinco anos, Gao Yaojie havia levado uma vida ordenada como médica sem grandes problemas no hospital de Zhengzhou, capital de Henan. Mas o destino da Dra. Gao foi abalado num dia de 1994, quando duas camponesas do distrito de Shanghai se apresentaram para consultar-se com ela. Gao ficou surpresa: os camponeses dessa província de Henan, uma das mais pobres da China, não consultam geralmente nenhum médico durante toda a sua vida; eles não se tratam, não têm meios para isso; isso não faz parte, portanto, de seus hábitos, ademais não há nem médicos, nem hospitais, nem postos de saúde nas regiões de Henan. Além disso, Shanghai se encontra a duzentos quilômetros da capital, onde a Dra. Gao dirigia o serviço de ginecologia. Dez anos mais tarde ela se recorda de todos os detalhes dessa consulta inesperada, pois, diz ela, sua vida sofreu uma reviravolta num sentido que não havia escolhido; desde então, uma missão a guia e a reterá até sua morte: salvar a China de uma epidemia de aids, se já não for muito tarde. Ela se dedica a isso com toda a sua energia, que é grande, apesar de sua idade, pernas e coração frágil; mas essa missão que a ilumina desde dentro a faz escrever um livro atrás do outro, a multiplicar os artigos na internet, a se colocar à frente dos doentes abandonados a si mesmos nos vilarejos de Henan. Dessa maneira, Gao entrou em conflito com o Partido, tornando-se o que se chama, no vocabulário político, uma "erva daninha".

"Arrancar as ervas daninhas": essa diretiva de Mao Tsé-Tung dada aos militantes do partido comunista em 1959, foi a conclusão de um breve momento de liberdade de expressão intelectual e artística, chamado de "período das cem flores", obedecendo ao slogan; "Que cem flores desabrochem!" Esse desabrochar apavorou Mao; ele parou, não sem antes aproveitar a ocasião para marcar os intelectuais e artistas mais reticentes à sua ditadura. Decretou então que 10% entre eles deveriam ser "arrancados" da sociedade, mandados para os campos de trabalho ou executados. A expressão sobreviveu no vocabulário, tal como "maus elementos", que data da revolução cultural e remete a essa mesma loucura da limpeza da sociedade. Os "maus elementos" e as "ervas daninhas" são os contra-revolucionários tidos como impossíveis de serem reformados. Nos tempos de grande violência, o Partido os elimina; em períodos calmos, como neste Ano do Galo, os agentes da Segurança pública os isolam: prisão domiciliar, prisões repetidas, encarceramento sem julgamento, de modo que não proliferem nem contaminem o corpo são da sociedade. Infelizmente, nunca se conseguiu acabar com as ervas daninhas; ressurgem à medida que são arrancadas.

Gao contra os "cabeças de sangue"

As duas pacientes de Shanghai haviam resolvido dirigir-se ao hospital porque sofriam de um tipo de febre pouco comum; nos vilarejos de Henan, as pessoas estão habituadas a conviver com a hepatite, a disenteria, a tuberculose. Mas essa febre e essa fadiga não encaixavam com as patologias conhecidas. O diagnóstico da Dra. Gao foi imediato: as duas camponesas tinham aids. Isso era incompreensível, particularmente para Gao: ela sabia o que era a aids, mas nunca havia se deparado com ela. Ela acreditava que essa doença não poderia de modo algum existir. No início dos anos 1980, quando a doença apareceu nos Estados Unidos, depois na Europa, o ministério chinês da Saúde a descrevia como uma prova da decadência capitalista e de seus costumes depravados; a China não poderia ser atingida por isso. Quando foram observados os primeiros casos na China, foram assimilados à toxicomania, particularmente na região de Yunnan onde as injeções de heroína são comuns, e também a relações homossexuais em algumas grandes cidades como Shanghai ou Pequim. Esposa de um dignitário do Partido, puritana, Gao aceitava essa interpretação: a aids era, como continua se dizendo na China, uma "doença suja".

Essas duas camponesas constituíam, portanto, um enigma. Ao auscultá-las, Gao constatou que seus braços estavam cobertos de picadas de seringa: elas vendiam seu sangue regularmente, há uns dez anos, em média duas vezes por semana. A venda de sangue era sua principal fonte de renda, como havia se tornado a principal fonte de renda em todos os vilarejos do distrito de Shangcai. Gao começava a compreender: perpetrava-se nesse distrito um dos mais horríveis negócios da China, que já conhece muitos deles. Os vendedores de sangue estavam contaminados aos milhares. Restava a Gao compreender em que circunstâncias a epidemia de aids havia sido desencadeada, depois disso o que a fez prosseguir sua expansão, e por que razão, até 2005, ela se alastraria por toda a China. Gao alertou as autoridades sanitárias de Henan; ordenaram-lhe que se mantivesse calada: a aids, em 1994, constituía um segredo de Estado. Os raros médicos que haviam descoberto a aids, e alguns jornalistas que tinham ousado evocá-la, tinham sido presos. Gao foi colocada sob vigilância policial; ela continua sendo vigiada. Os executivos do Partido lhe explicaram que revelar a presença da aids faria com que Henan perdesse a sua dignidade; que outras províncias também tinham sido atingidas, e assim seria lamentável que Henan fosse a primeira a confessar o fato; que a divulgação da aids não permitiria que Henan escoasse seus produtos agrícolas, que seus emigrantes fossem recrutados para trabalhar nas indústrias de Cantão, que seus jovens entrassem no exército chinês. Mas esses executivos de Henan não disseram à Dra. Gao que desde o início dos anos 1980 o comércio de sangue era um empreendimento frutuoso que havia enriquecido empresários privados, os "cabeças de sangue" (termo utilizado pela imprensa em alusão aos "cabeças de serpentes", que são os organizadores do tráfico da emigração), com freqüência ligados aos dirigentes comunistas de Henan; muitos deles, depois de fazer fortuna, se refugiaram nos Estados Unidos.

Mas as vítimas também não haviam se enriquecido? Ainda hoje ouvimos esse argumento. No distrito de Shangcai, um dos mais pobres de Henan, é verdade que a venda de sangue havia se tornado, para aqueles que não tinham conseguido emigrar em direção ao leste, a principal fonte de renda dos aldeões. Sua remuneração – um preço de compra insignificante para os coletores: um euro por quarenta centilitros – era suficiente para permanecer no vilarejo e pagar os impostos, principal dispêndio do camponês chinês.

Um grande número de vítimas me explicou que o preço do sangue financiava também as multas exigidas pelo serviço de planificação dos nascimentos, quando era ultrapassado o máximo permitido de dois filhos. Os funcionários desses serviços são ainda mais cobiçosos do que os do fisco; fazem a vigilância das mulheres grávidas, exigem o aborto até o sexto mês de gravidez, confiscam os bens do casal a cada nascimento ilegal. O preço do sangue permite suborná-los. Quem não é corrupto em Henan? O romancista Zhang Yu, autor de célebres romances que se passam em Zhengzhou, criou um personagem policial ridículo e sem futuro por ser íntegro: para um executivo do

Partido, escreve Zhang Yu, o fato de não ser corrupto torna-o suspeito. Seu herói é uma espécie de inspetor Maigret[1] de Henan, que reconhece os malfeitores atentando somente ao seu olhar. Trata-se, portanto, de um adversário temível para os bandidos, mas ele é na verdade a piada da cidade, tanto no caso dos malfeitores, quanto de seus superiores, porque recusa os subornos.

Viajando para o distrito de Shangcai, Gao descobriu qual era a técnica específica que havia infectado tantos doadores. O sangue era tirado em um vilarejo com o uso de uma seringa única depois era centrifugado na mesma hora, e todo o material era transportado sobre um trator agrícola. Somente o plasma era conservado, enquanto que os glóbulos e plaquetas em seguida eram reinjetados nos doadores. Estes inclusive pagavam por essa operação que, como lhes era explicado, restauraria suas forças permitindo-lhes vender seu sangue duas vezes por semana, ou até mais; para beneficiar-se dessa transfusão, o doador restituía mais ou menos a metade daquilo que ele tinha inicialmente recebido.

Em que data os "cabeças de sangue" e as autoridades de Henan tiveram conhecimento de que estavam disseminando a aids? Conhecia-se o processo de contaminação da doença no Ocidente desde 1986; no mais tardar, os dirigentes de Henan souberam disso em 1990. Mas a febre do tráfico era mais forte. O comércio de sangue somente foi proibido em 1996, e ainda, menos por excesso de consciência do PCC do que pela campanha de Gao\que havia enfim tocado no ponto certo: a imprensa internacional. As pesquisas realizadas no local pelo *New York Times* e por *Libération*[2], lidas pelos dirigentes de Pequim, desencadearam afinal a proibição total da venda e da compra de sangue.

Além do horror que ela encerra, essa história ilustrava os métodos do Partido: um mal é necessariamente estranho quando é constatado; se for denunciado é conveniente negá-lo; é preciso em seguida calar os portadores de más notícias, arrancar essas ervas daninhas; seja como for, não podemos nos permitir perder a dignidade diante dos ocidentais que detêm as chaves do desenvolvimento econômico.

A missão da Dra. Gao, entretanto, estava longe de terminar. Os doentes? O Partido decidiu isolar os vilarejos esperando que eles morressem. O acesso a esses vilarejos foi proibido pela polícia. Foram publicados mapas de Henan onde o distrito contaminado não mais aparecia; os vilarejos e seus habitantes haviam por assim dizer volatilizado. Nem a Dra. Gao nem

---

[1] Célebre personagem francês de uma série de romances policiais escrita por George Simenon.
[2] Jornal francês.

os jornalistas estrangeiros cederam a essas intimidações, dado que a aids se proliferava em todas as regiões da China. Inquietação verdadeira ou medo de ver os investidores estrangeiros afastar-se, fato é que em 2000 o governo chinês acabou reconhecendo a doença como normal, informou – muito pouco – o grande público, e introduziu a triterapia. Na ocasião do ano novo em 2005, o primeiro-ministro viajou até o distrito de Shangcai, visitou um vilarejo contaminado, apertou a mão de muitos pacientes diante das câmeras de televisão. Ele anunciou que o distrito se tornaria um exemplo no plano da prevenção e tratamento da doença – um "vilarejo modelo" à maneira chinesa. O Partido havia conseguido transformar uma má notícia em uma história positiva: deve-se reconhecer nesse caso o método do departamento de Propaganda; a ordem tinha se imposto. A mídia difundiu imagens encorajadoras de pacientes que se restabeleceram com a triterapia, e também as de um magnífico posto de saúde implantado no distrito de Shangcai. Cada vilarejo foi dotado de uma fonte de água – água corrente, mas não potável – um luxo para essa província miserável onde aqueles que não foram infectados pela aids sofrem de hepatite e de disenteria. Sobre cada uma dessas fontes de água pode-se ler, de muito longe, em ideogramas vermelhos, cor de sangue: "Com a água, o governo lhes proporciona a felicidade!" É pena, pois esses monumentos erigidos à glória do Partido são percebidos nos arredores como as balizas de uma fronteira, a fronteira da aids, um leprosário dos tempos modernos onde ficam detidos os doentes; as pessoas saudáveis não se aventuram além da linha que delimita essas fontes de água. A mídia estrangeira passou a tratar outros assuntos. Mas não a Dra. Gao.

Junto com ela visitamos o distrito de Shangcai. O primeiro vilarejo facilmente acessível através de caminhos asfaltados é Wenlou, vilarejo modelo, com seu posto de saúde modelo, seu médico modelo e seus trabalhadores sociais modelo. Esses executivos enviados para essa região, vindos da capital, fizeram com que fossem construídas vastas residências facilmente reconhecíveis por seus curiosos pórticos de estilo helênico: um sinal de ocidentalização, talvez. Todos são conhecidos por não deixarem suas casas, uma vez que os doentes de aids não são considerados como doentes normais, inclusive nos meios instruídos. Foi nesses lugares, no verão de 2005, que o presidente Bill Clinton, pretensamente ativo contra a aids, veio fazer-se fotografar, todo sorrisos, em companhia de "órfãos da aids" especialmente selecionados para a situação. As – más – razões que explicam a presença do presidente Clinton revelam o pacto de corrupção que une certos dirigentes ocidentais às autoridades comunistas. Estas autorizaram a Fundação contra a aids, presidida pelo ex-presidente, a trabalhar em Henan desde que ele próprio não vá às zonas muito miseráveis. Depois da foto, a Fundação obteve o direito de doar medicamentos às autoridades sanitárias locais, mas não obteve o direito de supervisionar a sua distribuição; que foi tão mal administrada que acabou produzindo a morte de diversas crianças soropositivas nas semanas seguintes. O mundo viu a foto de Clinton; a foto das vítimas jamais será vista.

 Avancemos além do simulacro representado por Wenlou e entremos em Nandawu: os caminhos aqui não são mais acessíveis. Quando se é estrangeiro, para escapar da polícia que controla seu acesso, basta dissimular-se, no alvorecer, embaixo de um toldo, no reboque de um trator, quando os policiais ainda não trocaram de turno. Ao chegar no vilarejo, não corremos mais o risco de ser interpelados; os policiais têm demasiado medo da aids para aventurar-se ali. Dos 3.500 habitantes do vilarejo, 300 já estão mortos, 600 estão infectados, provavelmente mais, pois a detecção não é sistemática; muitos não ousam confessar seus sintomas. Gao tenta persuadir os recalcitrantes. Antes ela trazia os medicamentos, mas os agentes do Partido espalharam o rumor de que estavam envenenados; os camponeses de Henan são pessoas simples e crédulas. Agora ela não distribui nada além de roupas a essa população que vive numa total indigência: de um lado a venda de sangue lhes foi proibida, por outro o comércio de legumes nos mercados vizinhos tornou-se impossível. A emigração é o último recurso para essas pessoas, mas somente com documentos de identidade falsos para dissimular a origem desse distrito excessivamente célebre. No próprio vilarejo, para sobreviver, restam somente as hortas, minúsculas, mas produtivas – a grande arte do jardineiro chinês – enriquecidas pelos excrementos domésticos e alguns porcos. Observo no centro do vilarejo uma enorme casa moderna, abrigada por altos muros de tijolos e com um portão de ferro fundido: seria um rico camponês, ou um funcionário? Os aldeões me explicam rindo que a casa foi construída por um dos seus, que partiu para Cantão onde ganha uma fortuna passando por mendigo. Parece que está procurando uma esposa por lá, mas não consegue encontrar, uma vez que sua ocupação é percebida como indigna; a epidemia não aniquilou a hierarquia dos valores tradicionais. Morre-se na miséria, mas mantém-se a aparência.

 As vítimas não são indenizadas? O governo de Pequim diz que sim, a mídia confirma isso: cada doente receberia cento e vinte yuans por mês, isso significa aproximadamente doze euros que, aqui, não seria algo desprezível. Na realidade, constata-se no vilarejo que o pagamento é somente de dez yuans, quer dizer um euro por mês. Para onde foi a diferença entre o que o governo outorga e aquilo que as vítimas efetivamente recebem? No bolso da administração e dos executivos do Partido, visto que os funcionários não são pagos. Essa é a regra na China.

Oitenta por cento das famílias estão contaminadas, de tal modo que em cada casa, casebre de pau a pique, enfermos agonizam. Não podemos deixar de pensar nos campos de extermínio nazistas, imagens reais se superpõem com a lembrança de imagens antigas. A maioria não tem nenhum medicamento que poderia aliviá-los. A triterapia? Ela exige um acompanhamento médico que é inexistente aqui. Uma mulher coloca uma perfusão no seu marido, acamado há dois anos, coberto de escaras; ela o faz desajeitadamente, machuca-o. O que há no frasco? Ela não sabe. A etiqueta diz glicose. Por que faz isso? Por ter o sentimento de estar fazendo algo. "Vi no hospital e na televisão, diz ela, que era preciso colocar a perfusão nos doentes", então ela o faz.

Um médico nunca vem? Ela o perdoa: está muito ocupado. Continua sendo o "médico do vilarejo". A Dra. Gao levanta os ombros. O tal médico vem nos cumprimentar. É um aldeão poupado pelo mal. "Sou cristão, explica-nos, e a Bíblia proíbe vender o seu sangue." Sobre o cristianismo, ele não sabe mais nada. Como se tornou cristão? "Vem de família", responde. O seu conhecimento da medicina é tão modesto quanto sobre os evangelhos: seguiu uma formação de três semanas no hospital de Zhengzhou, e obteve um certificado que atesta a sua qualidade de médico. Mas esse homem não se ilude, conta rindo como a medicina chinesa progrediu. No tempo de Mao, ele já havia sido promovido médico "de pés descalços", porém, a sua formação na época só havia durado três dias. De três dias para três semanas: a China progride! O essencial da sua prática, confessa, se limita a acompanhar os agonizantes e consolar os sobreviventes. Logo só haverá órfãos. Poucos serão escolarizados, pois nenhum parente sobrevive para pagar os seus estudos – teoricamente gratuitos – e nenhuma escola quer acolhê-los. Quer tenham boa saúde, quer sejam soropositivos, os professores e as famílias rejeitam essas crianças marcadas. Uma organização de caridade, animada por um jovem democrata de Pequim, Li Dan, tentou abrir uma escola para os órfãos da aids; as autoridades fecharam-na porque, explica Li Dan, esses órfãos são testemunhas molestas de uma história que o Partido tenta apagar.

Mas, a doença não desaparecerá, ela se propagará em toda a China com o sangue dado pelos aldeões. Gao, sozinha, identifica os novos casos que aparecem na província fora da zona que se chama de contaminada; o governo de Henan decidiu de fato que trinta e sete vilarejos haviam sido contaminados, nenhum a mais – maneira de circunscrever a peste através de uma quarentena geográfica. Essa estratégia de autoridade e de negação absurda levou esse governo a fixar em vinte e cinco mil o número das vítimas, mortas ou ainda vivas, sendo que somente na província elas chegam a pelo menos duzentos e cinqüenta mil. O governo central não agiu de forma diferente em Pequim:

fixou em um milhão e cem mil o número de doentes por toda a China. Porém, os hospitais registram a cada ano um milhão de pacientes a mais! A escolha da mentira é maluca, pois, já se sabe que, só no caso de Henan, como os seus habitantes são migrantes, em Pequim ou Cantão, de uma maneira ou outra, já espalharam o vírus. Juntam-se a isso as pessoas que passaram por transfusão em todos os hospitais chineses onde o sangue de Henan foi vendido; um comércio que durou muito além das datas de perempção oficiais, e que dura ainda. Gao identificou estoques de sangue contaminado em 1998, ou seja, dois anos depois da proibição legal, colhido em Henan e proposto em um hospital de Xian, que o recusou, depois em outro, em Shanghai, que o comprou por preço baixo e utilizou. Como nenhuma mídia aceitou publicar esses fatos revelados, Gao os divulga na internet. Para salvar vidas, diz ela. Pois essa militante se recusa a politizar o seu combate. Outros o fazem em seu lugar: as "ervas daninhas".

A geração moral dá continuidade

O horror do comércio de sangue e o abandono das vítimas não suscitaram a solidariedade em Henan; a ideologia dominante do enriquecimento pessoal não convida à compaixão. Porém, em Pequim, alguns estudantes alertados sobre o drama renunciaram a seus estudos e a toda a sua carreira para socorrer Gao e seus pacientes. Dois pelo menos merecem ser mencionados por terem sacrificado um pouco mais que as suas férias a essa causa: Li Dan e Hu Jia. Esses dois jovens são espécies de discípulos da Dra. Gao que, por sua vez, os trata como filhos adotivos. É preciso ver como ela lhes pede que preservem a sua saúde, afetada pelas viagens noturnas de trem entre Pequim e Henan, o rude clima da província, sua higiene duvidosa. A isso se acrescentam o assédio da polícia, as interpelações sem motivo, os interrogatórios, as ameaças. Li Dan abandonou os seus estudos de astronomia na universidade de Pequim; aos 24 anos, em 2004, fundou uma ONG, coisa ainda rara na China, mas legal, para ajudar os órfãos da aids. Hu Jia, só um pouco mais velho, trinta e um anos, também anima uma associação que dá assistência aos doentes nos vilarejos. Como não conseguiu registrá-la como organização não-governamental, a sua associação, aos olhos do direito chinês, é uma empresa capitalista submetida a impostos, embora não tenha lucros; a administração tem uma relação melhor com uma empresa, ela sabe o que é, do que com uma ONG, objeto mal identificado, suspeito de ser pró-democrático.

Convertido ao budismo, discípulo de Dalai Lama, Hu Jia manifesta uma compaixão exemplar, como – infelizmente – vi pouco na China; ele não deixa – tem a coragem de fazê-lo – de ligar o drama de Henan ao regime político. Apesar de sua juventude, Hu Jia tem atrás dele um longo passado de militante da democracia: no dia 4 de junho de 1990, primeiro aniversário do massacre de Tiananmen, ele o festejou sozinho, na praça, vestido com um terno preto do seu pai, uma flor branca na lapela; ele tinha quinze anos. No dia 4 de junho, data do décimo quinto aniversário, sozinho novamente, foi para a praça, diante de milhares de policiais, e foi imediatamente preso. Hu Jia denuncia os dirigentes de Henan que, depois de terem estimulado o comércio de sangue, negaram as conseqüências e as negam ainda. Ele se espanta que ninguém, nesse caso, não seja culpado, nem responsável, nem perseguido: as poucas tentativas de pedido de indenizações diante dos tribunais de Henan foram todas afastadas pelos magistrados comandados pelo Partido, por falta de provas. Hu Jia observa que Li Changchun, governador de Henan nos anos 1990, no apogeu do comércio de sangue, depois não parou de subir na hierarquia do Partido; em 2004, ele entrava no bureau político como o número oito da hierarquia suprema da China; encarregado da Propaganda.

Como não ler no comércio de sangue uma metáfora da verdadeira natureza do comunismo chinês? Ficaremos espantados que Hu Jia, o único a proferir em voz alta essa verdade medonha, não tenha sido eliminado pelo Partido, arrancado como uma erva venenosa. Protegeu-se graças a sua notoriedade no Ocidente; a sua prisão, na antevéspera dos Jogos Olímpicos de Pequim mobilizaria a mídia americana contra o governo chinês. É preciso salvar Hu Jia, assim como Li Dan e a Sra. Gao, três pedacinhos de palha em um mar de sangue. Essas ervas daninhas são a honra da China. Seu futuro, talvez.

Yan, jornalista contra os censores

Yan nos propõe uma explicação original da corrupção dos dirigentes chineses: como eles conhecem a verdadeira situação do país, concluem que os dias do partido comunista estão contados. Tentam, portanto, enriquecer o mais rápido possível e transferir os seus fundos para o exterior, de preferência, nos Estados Unidos: bairros inteiros de São Francisco, Havaí e Vancouver já lhes pertencem.

Yan deve saber, ele próprio está bem informado: jornalista experiente, publica crônicas em um jornal da província. Mas, ele leva uma vida paralela, sob o seu pseudônimo, como redator do "jornal interno" do partido comunista. Esse jornal interno é uma das curiosidades da China; há duas imprensas, uma para o grande público, outra destinada aos executivos do Partido. A primeira imprensa só publica propaganda; os executivos comunistas sabem que são mentiras, pois, eles são a fonte. Eles desejam conhecer a verdade: para eles Yan seleciona notícias de agências chinesas e estrangeiras, artigos não publicáveis na China, trechos da imprensa estrangeira, informações recolhidas na internet. Tudo reunido e fotocopiado, circula na alta administração. Cada executivo na China, segundo a sua posição e onde trabalha, é destinatário de um desses boletins internos. Só se fala de revolta camponesa, operária, de executivos e policiais agredidos, diretores de fábrica assassinados por operários, manifestações de Falungong nos Estados Unidos, bancos chineses ameaçados de falência, desastres ecológicos, epidemias iminentes. Os executivos do Partido, se convivessem com uma imprensa livre como é costume no Ocidente, ficariam imunes contra essas críticas, e as relativizariam; porém, na China, ficam desestabilizados pela diferença entre a mentira oficial e a realidade. Fazendo prognósticos sobre as esperanças dos democratas chineses, os apparatchiks, segundo Yan, lêem nesses fatos reais a certeza de seu fim próximo.

É verdade que o contraste entre a imprensa interna e a informação pública é evidente: tudo o que é público é positivo, bom, fortalecedor. Se um caso de corrupção é revelado, é para que seja edificante e que demonstre que o Partido a reprime. Tudo isso é orquestrado pelo departamento de Propaganda: as redações da China recebem a cada dez dias uma nota específica que indica os temas a serem tratados, como tratá-los, e os que são proibidos de serem evocados. Também estão os nomes dos heróis a serem louvados, os de ontem e os de hoje. Essa nota geralmente é colocada nas salas de redação; os jornalistas se submetem a ela, para não serem mandados embora. Os mais audaciosos se insinuam nos interstícios dessas orientações para relatar fatos e extorsões que mostram a crueldade da sociedade chinesa, sem acusar diretamente as suas razões profundas nem o sistema comunista. Graças a esses jornalistas ousados, a imprensa local, a mais próxima do terreno das suas investigações, publica uma antologia de vigarices, tráficos e extorsões: o quadro impressionista de uma sociedade brutal, particularmente injusta em relação aos fracos.

Esse exercício jornalístico na fronteira do permitido é perigoso; em setembro de 2005, um caso entre muitos outros, Shi Tao, jornalista de Hunan, foi condenado a dez anos de prisão por ter divulgado segredos de Estado. Na realidade, ele só publicou na internet uma das orientações do departamento de Propaganda, um documento muito pouco secreto. Mas, essa condenação era uma chamada à ordem pelo bom exercício da profissão de jornalista sob o olhar do Partido. A condenação de Shi Tao revelava também a cumplicidade entre a polícia chinesa e uma empresa americana: o jornalista fora denunciado por Yahoo; foi a partir do seu endereço no Yahoo que Shi Tao comunicara o seu texto. Perseguido pela mídia americana por ter revelado o nome do jornalista, o presidente americano dessa firma, ele próprio de origem chinesa, justificou-se da seguinte maneira: "Respeitamos os costumes dos países onde estamos instalados." Costumes? Yahoo não se dobrara a uma lei, tampouco a uma injunção escrita pela polícia, mas aceitara os costumes do Partido: a censura e a delação. Para agradecer Yahoo pelo "respeito pelos costumes", a empresa foi autorizada a comprar um portal internet com o nome pouco chinês de Alibaba; novamente Bill Clinton, por convite de Yahoo, foi celebrar na China esse investimento americano; ele não mencionou o nome de Shi Tao. Nessa mesma época, a empresa Google, para trabalhar na China, aceitou tirar a palavra "democracia" de seu sistema de busca, e colocar Taiwan na China! Dois mercados que ilustram o pacto de corrupção passado entre empresas multinacionais e o Partido, com a bênção de um ex-presidente dos Estados Unidos.

"Se a China ameaça o Ocidente, comenta Yan, é menos pela exportação de produtos têxteis baratos do que corroendo os princípios que fundam a sua sociedade: o respeito pelos direitos humanos, pela palavra dada e pelos contratos." É verdade que o gesto de um Clinton louvando uma empresa americana que pratica a delação não marca um simples recuo das práticas comerciais diante dos concorrentes competitivos, mas sim uma derrota do espírito ocidental; também é um erro tático, visto que essa concessão aos "costumes" comunistas – não aos costumes chineses! – é dada a um regime que o povo chinês despreza. Yan diz ficar desconcertado com essa covardia do Ocidente; é ele que nos convida a retomarmos o controle, a não dar ao Partido a legitimidade que os chineses lhe recusam.

No dia dessa entrevista, quarenta e dois jornalistas chineses, além de Shi Tao, foram presos por "divulgação de segredos de Estado". Dois deles acabavam de anunciar um novo caso de pneumonia atípica (SARS) em Cantão, algumas horas antes que as autoridades municipais o reconhecessem: para a prisão! Um outro tinha conseguido um discurso do presidente da República dirigido aos executivos do Partido, onde se preocupava com a ameaça que representavam, para ele, os democratas e os religiosos; para a prisão!

Conforme os meses passavam, Yan admitiu que realmente eu me encontrava do lado dos democratas chineses, o que não era comum para um francês. Ele acabou, portanto, por me confessar sua terceira identidade. Usando um terceiro nome, ele publica na internet resultados de estudos de campo que não encontram lugar nem mesmo no circuito interno. Ele conta nessas publicações histórias simples, essas da China cotidiana, às vezes edificantes, às vezes trágicas; histórias significativas, demasiadamente pequenas para aparecer na imprensa interna, mas muito embaraçosas para a imprensa destinada ao grande público. Por que ele corre esse risco? É que é só na internet que ele consegue exercer verdadeiramente sua profissão de jornalista. Quem o lê? Ele não sabe, mas fato é que seu site transtorna o departamento de Propaganda o suficiente a ponto de bloqueá-lo. Nesse caso Yan cria um outro site. É uma corrida sem fim contra as autoridades. Estas bloqueiam os sites e correios eletrônicos não conformistas; softwares semeiam vírus nas mensagens, filtram "expressões proibidas". Se um site mencionar Taiwan, ele é destruído. Mandar um e-mail citando o nome do chefe do Estado chinês, ou, pior, o nome de Taiwan, ou ainda a palavra "democracia": ele não chegará a seu destinatário. A internet tornou-se um campo de batalha entre as autoridades e os democratas; nela se rivaliza em termos de habilidade técnica e semântica. Mas, ao consultá-la, se torna claro que os quase dez mil censores empregados pelo departamento de Propaganda unicamente para cuidar da internet progressivamente estão sendo engolidos pelo número e pela engenhosidade dos espíritos malignos.

A internet também se tornou a primeira fonte de informações dos chineses, pois, os internautas são mais numerosos do que os leitores da imprensa escrita. Yan conclui dessa situação que seus concidadãos são bem informados, se não for nos detalhes, pelo menos nas grandes linhas. Como conseguem isso aqueles que não estão conectados? Acontece que mesmo nos vilarejos existe um número suficiente de instrutores ou de executivos do Partido que navegam na internet e conversam no entorno. A própria imprensa oficial é uma fonte de informações para quem sabe decodificá-la: para o leitor experimentado as nuances da censura constituem-se em sinais decifráveis.

Yan me disse coisas demais. Eu o nomearei? É claro que Yan é mais um pseudônimo...

Pan contra a hipocrisia sexual

Pan Xiuming não é vigiado pelos agentes da Segurança, o que é raro entre os meus interlocutores em Pequim. Sem dúvida sua área de predileção não entra em nenhuma das categorias de rebeldes intoleráveis ao partido comunista. Ele é sexólogo, o primeiro na China, impertinente em relação ao regime, mas isso num registro que escapa à censura. Ele é responsável pela tradução do relatório Kinsey sobre as práticas sexuais americanas, que lhe serve como modelo de uma metodologia objetiva.

Pan não faz estragos no espaço público, não realiza intervenções na internet; é quase impossível encontrá-lo. Trata-se de uma "erva daninha" sim, mas rara, dissimulada num canto da Universidade do povo, sendo que seu laboratório encontra-se no último andar, ao fundo do corredor do edifício mais degradado do campus. Restos de trapos e de baldes higiênicos remetem à China de Mao que foi, ao mesmo tempo, suja e casta. Ele não é de modo algum afetado por esse tratamento de segunda linha; com sessenta anos, como qualquer universitário de sua geração, sofreu humilhações piores, das quais seus alunos de hoje não têm a menor idéia. A fim de excluir qualquer lascívia do que tem a dizer, ele me recebe em companhia de sua esposa, que prepara um jantar no seu escritório sobre um fogão, e de dois estudantes de doutorado, um de cada sexo. Essa pequena equipe se encarrega da última revolução importante que está afetando a sociedade chinesa: uma revolução sexual...

O partido comunista chinês, lembra Pan, nunca se contentou em aprisionar os espíritos; desde 1949, ele submetia também os corpos. Sob a revolução, a carne estava entristecida, o erotismo público e privado era proibido. Aquilo que os comunistas chamam de "libertação" de 1949 não se referiu a qualquer libertação dos costumes. Segundo Mao Tsé-Tung, o autêntico revolucionário devia ser "limpo", desprovido de qualquer desejo material ou carnal; por contraste com os soldados vorazes, japoneses ou nacionalistas do Kuomintang, os combatentes maoístas respeitavam ou faziam de conta que respeitavam a mulher do outro. Depois de 1949, a China de Mao tornou-se um deserto sexual, pelo menos oficialmente; a prostituição foi erradicada, um "sucesso" de que os comunistas se orgulhavam enormemente nos anos 1960. De modo muito estranho, as doenças sexualmente transmissíveis não desapareceram: subsistiria ainda alguma animalidade no interior do revolucionário chinês? Nesses tempos, a aventura sexual conduzia ao campo de concentração, e a homossexualidade acarretava a execução capital; os regimes totalitários nunca chegam a aceitar outro tipo de prazer que não o prazer político, percebem nesse outro prazer uma concorrência. A partir de 1980, a política chamada de filho único justificou ainda mais que os chineses fossem privados de vida sexual. Dirigidos para unidades de trabalho distantes, os casais eram autorizados a reencontrar-se durante doze dias para as férias do ano novo. Em 1990, as relações sexuais fora do casamento ainda eram consideradas um crime burguês que podia levar à prisão. Até 1985, em todos os clássicos da literatura chinesa foram retiradas suas passagens eróticas ou mesmo suas menções ao sexo; visto que as edições integrais eram publicadas em Hong Kong, o leitor que quisesse ter o texto completo tinha que colocar lado a lado as duas edições, a oficial e a que era importada clandestinamente.

Esse regime seco ainda não desapareceu completamente: no exército, os recrutas devem permanecer totalmente castos: qualquer traço de concupiscência é severamente punido, a energia desses jovens deve passar inteiramente pelo cano de seu fuzil. Também nas academias de belas-artes, o estudo e a representação do nu permanecem severamente enquadradas; dado que não existe distinção entre erotismo e pornografia na língua chinesa, fica nas mãos dos professores, como me explicaram na academia de Hangzhou, a mais reputada da China, guiar seus alunos para que não choquem os bons costumes. A única exceção a esse puritanismo foi Mao Tsé-Tung: graças às memórias de seu médico particular, sabe-se que ele consumia um grande número de moças virgens. Tudo foi permitido ao timoneiro divinizado, que se reservava o uso desse tipo de medicação considerada propícia ao prolongamento da vida dos velhos.

Sozinho, Pan decidiu contar a revolução enquanto repressão sexual, e erigir a sexologia como ciência social. O fato de encorajar a liberação dos costumes não se dá em razão de um gosto pela libertinagem, trata-se de uma atitude que propõe um retorno à normalidade, uma humanização da China pós-totalitária. *Post coitum*, a liberdade?

Com seus estudantes ele vai a campo, pesquisa e quantifica; sua equipe começou esse trabalho no campus universitário, depois se aventurou nos bairros miseráveis de Cantão e nos refúgios de trabalhadores migrantes. Pan concluiu que cada pessoa na China tem multiplicado as experiências sexuais e as posições. Os chineses de menos de quarenta anos consideram que doravante tudo merece ser tentado, antes do casamento, durante e fora dele; os homens se aproveitam ou abusam disso mais do que as mulheres – por enquanto. Meu interlocutor entra em detalhes que produz embaraço em minha intérprete; sua modéstia a impede de traduzir, e se ela sabe do que se fala, ignora a palavra em chinês tanto quanto em francês. Pan vem ao seu socorro, visto que certos termos são universais; os dois estudantes anuem com a cabeça, muito sérios. Essas coisas eram desconhecidas na China? Existia no Império chinês uma literatura erótica que agradava aos colecionadores ocidentais, bem como estampas muito procuradas? Se acreditarmos em Matteo Ricci, que vivia em Pequim nos primeiros anos do século XVII, a cidade contava então com quarenta mil prostitutas e um considerável número de travestis. Tudo isso, explica Pan, é anterior ao século XVIII. O imperador Kangxi, que reinou a partir de 1661, um vitoriano potencial, fez com que fossem destruídos quaisquer traços de práticas eróticas; os únicos documentos que sobreviveram pertenciam a amadores estrangeiros. De todo modo, restavam em circulação manuais para uso dos jovens esposos, com freqüência lascivos, que era uma forma de contornar a censura. Tão repressores quanto, os sucessores de Kangxi impuseram a si mesmos, ao seu meio, ao povo, um regime de castidade que só a necessidade de ter filhos permitia transgredir. O imperador controlava os costumes até mesmo nas alcovas? Na China antiga a proximidade e um controle social de todos os instantes não autorizavam as loucuras, salvo se você se tornasse um fora-da-lei. Restavam os lugares de prazer para os ricos e nos portos, mas o povo em seu conjunto perdeu o gosto por essas coisas; o erotismo não é somente uma pulsão física, ele é também fruto de uma produção social.

Os chineses se recuperam, diz Pan. A política do filho único justificava as separações; hoje, ela legitima o erotismo ao separar completamente a sexualidade da reprodução. A aluna intervém: "Os homens aproveitam mais da liberdade sexual que as mulheres; em comparação com o Ocidente, elas permanecem *reservadas*." Minha intérprete, que encontrou uma cúmplice, aprova: a liberação sexual ainda é pouco vivida como tal pela maior parte das mulheres chinesas. Sob Mao Tsé-Tung, as chinesas foram condicionadas como "trabalhadoras", obrigadas a realizar as mesmas tarefas físicas que os homens; na nova China, elas ficaram reduzidas ao estado de objetos de consumo, como testemunha a publicidade da nova China que as coloca como fetiches. Ser chinês não é fácil, mas chinesa, é mais duro ainda. Pan conclui que a revolução sexual não terminou: os novos costumes por enquanto são somente uma reação às privações passadas, não uma liberação. Esta virá com a ocidentalização que ele deseja: não somente aquela afeita às posturas e práticas amorosas, mas um reequilíbrio das relações entre homens e mulheres. A China ainda está longe disso: afora os círculos artísticos, o movimento feminista é quase inaudível; a mesma coisa acontece no caso da homossexualidade. Há dez anos, ela não é mais considerada como um delito nem como uma doença psiquiátrica, mas permanece, afora Pequim e Shanghai, mal aceita.

Examinemos agora a prostituição, proibida pela lei, mas praticada em todos os lugares, invade as grandes cidades. Ela também tem alguma participação na "normalização" da sociedade chinesa? Pan interpreta seu desenvolvimento de massa muito mais como uma perversão do regime comunista: a prostituição é proibida somente para facilitar sua gestão – e a corrupção – pelo Partido e a polícia. Em Cantão, há nos hotéis andares especializados sob a denominação de saunas, geridas em conjunto pelas tríades e pela polícia. O Partido considera essa prostituição muito útil para atrair e reter os investidores estrangeiros; as multas infligidas às prostitutas são pequenas o bastante para controlá-las sem desencorajá-las. Uma pesquisa de Pan em Cantão mostra como essas cortesãs são selecionadas e orientadas para servir os mercados: o mercado da segunda esposa para os empresários taiwaneses, o das cortesãs de luxo para os homens de negócios europeus, japoneses e americanos, as camponesas e desempregadas destinadas aos trabalhadores migrantes sem dinheiro, mas indispensáveis para os canteiros de obras e indústrias. Como a sociedade chinesa atual é orientada inteiramente pelo partido comunista em direção ao desenvolvimento econômico, a prostituição não tem mais o caráter de diversão que sempre teve e permanece tendo em outros lugares; na China a atividade das "trabalhadoras do sexo" participa da estratégia nacional. Uma estudante de Pequim, prostituta noturna ocasional, se divertiu conosco ao justificar sua atividade usando o vocabulário do Partido; "eu contribuo para o desenvolvimento nacional, nos disse ela, sem consumir petróleo, que é raro na China, e sem provocar poluição, que é um outro problema nacional."

Uma pesquisa realizada por um instituto de Taipei confirma os resultados de Pan: 90% dos investidores taiwaneses na China comunista mantêm uma segunda esposa paga mensalmente: mulheres de aluguel moderado, que existem em abundância, para eles certamente constituem uma incitação maior para investir na China. Aquilo que é constatado e mensurado para os taiwaneses vale também para os Ocidentais? Seria desejável dispor de um estudo semelhante; sem dúvida o partido comunista já fez essa pesquisa e concluiu que os empresários europeus e americanos eram sensíveis aos mesmos argumentos que os taiwaneses.

Liu Xia, uma judia contra o fascismo (p. 70)

"Sou judia", me anuncia Liu Xia. Não parece. Sua cabeça raspada, seus traços finos, seu longo vestido de linho preto fariam com que ela passasse por uma jovem bonza zen ou uma figura da moda. Trata-se de uma judia como os últimos judeus chineses descritos por Pearl Buck em seu romance *Pivoine*, publicado em 1948? No epílogo consagrado à comunidade judia desaparecida de Kaifeng, fundada na mestiçagem, a romancista americana escreve: "Onde quer que haja uma fronte mais determinada, um olhar mais vivo, uma voz mais límpida, o traço hábil de uma linha que torna um quadro mais preciso, uma escultura mais vigorosa, Israel está presente. Seu espírito renasce a cada geração; não existe mais, mas vive para sempre."

Liu Xia não compartilha esses preconceitos com Pearl Buck, da mesma forma que não se reconhece em *Pivoine*. Para ela, ser judia, significa sentir-se como uma judia na Alemanha nazista em meio a seus perseguidores. Ela diz que o regime comunista não tem uma natureza distinta do nazismo ou do fascismo; leitora de tudo o que se publica no Ocidente sobre esse assunto, ela compara e não percebe nenhuma diferença. Judeus na China? São os dissidentes, os livres-pensadores, os intelectuais, artistas, sindicalistas, líderes camponeses rebelados, padres independentes. São todas essas "ervas daninhas" da sociedade que o partido comunista quer destruir e arranca a todo instante; elas são identificadas, vigiadas, eliminadas como os judeus na Alemanha nazista.

E a revolução cultural, que diferença tem em relação a Auschwitz? pergunta Liu Xia. Todos os chineses que tinham mãos brancas, não destruídas pelo trabalho manual, e um diploma, eram presos pelos guardas vermelhos, torturados, e trinta milhões morreram desse modo. Qual a verdadeira distinção entre Auschwitz e a revolução cultural? Na Europa, as pessoas se interrogam acerca da origem do mal, na esperança de evitar o seu retorno; na China, essa reflexão é proibida, pois o Partido que ordenou a revolução cultural está no poder. Seus atuais dirigentes foram guardas vermelhos.

Na China, tal como na Alemanha nazista, alguém se torna "judeu" pelo sangue ou pelo casamento: esse é o caso de Liu Xia. Ela própria não exerce nenhuma atividade política, se expressa pouco, a não ser pela fotografia e pintura (abstratas), que ela não expõe, reservando sua produção ao círculo das pessoas íntimas. Quando seu marido Lu Xiaobo foi preso, Liu Xia criou uma obra original e dilacerante, uma série de fotos de bonecas com o rosto deformado, prisioneiras e torturadas. Nada que pudesse derrubar o Partido. Mas Liu Xiaobo é "judeu": professor de letras, antigo líder estudantil de Tiananmen em 1989, com dez anos de prisão em seu currículo. Liu Xiaobo, que se recusa a partir em exílio, combate o regime ali mesmo, somente por escrito, difundindo na internet uma crônica de defesa dos direitos humanos na China: direitos humanos inscritos na Constituição chinesa, mas somente para satisfazer os estrangeiros, pois na China mesmo essa menção não tem efeito jurídico concreto. Ele publica também alguns artigos na imprensa de Hong Kong, mas progressivamente tem perdido sua independência em relação ao Partido. Quando Liu Xiaobo foi preso, automaticamente Liu Xia, por associação, tornou-se "judia", "erva daninha" ; foi nesse momento que ela raspou a cabeça para assemelhar-se a seu marido prisioneiro. Depois de sair da prisão, com uma resistência inquebrantável, Liu Xiaobo deixou crescer seus cabelos. Liu Xia, não fez isso: ela faz questão de conservar sua aparência "judia" até a queda do fascismo na China.

Com isso ela piora a situação? Ela me convida para o seu minúsculo alojamento na periferia de Pequim. Quatro milicianos estão a postos na porta de sua casa. Flash! Fui fotografado através do vidro de um carro parado ali. Pela manhã, diz Liu Xia, quando abro minha janela, a primeira coisa que vejo são os agentes de segurança sob minha janela. A pressão é constante; às vezes, Liu Xiaobo é conduzido ao departamento de Segurança sem razão, para um "interrogatório", com a intenção de intimidá-lo. O fato desse casal "judeu" não ser encarcerado se deve à sua notoriedade fora da China: Liu Xiaobo é membro do Pen Club, associação internacional de escritores atenta ao respeito dos direitos humanos. O fato de Liu Xiaobo e Liu Xia serem notados pela Segurança em companhia de estrangeiros também os protege. Ao menos por enquanto. A qualquer momento o regime pode decidir eliminar essas "ervas daninhas": um juiz os acusará, como tantos outros democratas, de haver passado para fora da China segredos de Estado e de ter realizado um complô para derrubar o governo. Esse é o carro-chefe da acusação comumente produzida contra todos os "judeus" da China.

"Explique-me, diz Liu Xia, a diferença entre o fascismo e nosso regime comunista!" Fico mudo. Liu Xia me dá mais uma prova: "Nos anos 1930, até 1950, os intelectuais franceses iam a Moscou; Romain Rolland, Aragon, André Malraux enalteceram o regime de Stalin. Agora os mesmos intelectuais ou seus sucessores admiram a China." Vemos Malraux que gostou tanto de Stalin (brevemente) quanto de Mao; também coube a Malraux em 1933 – uma inovação na literatura francesa – ter colocado em cena um herói chinês, Chen, em seu livro *La Condition Humaine*. Mas esse Chen não passa de um chinês, não tem rosto, não tem personalidade, não é um indivíduo, como se o fato de ser chinês fosse suficiente para defini-lo. Nenhum outro personagem de Malraux é tratado desse jeito: esse é o reflexo inconsciente de uma certa idéia da China que não seria composta por seres identificáveis? Nos anos 1930, um único homem salvou a honra dos intelectuais, lembra Liu Xia: André Gide, que, no seu livro *Retour d'URSS*, denunciou o fascismo soviético. Mas em relação a China, diz ela, um novo Gide tarda a manifestar-se. Liu Xia acredita que os intelectuais franceses gostaram de Mao e da revolução cultural, porque não experimentaram esses acontecimentos desde dentro. Postulo outra explicação: não seria o gosto da violência por procuração, a violência com pretexto revolucionário, que os seduziu? Sartre, tanto quanto

Mao, não foi um humanista. "Trata-se antes da violência pela violência que os fascinou", conclui Liu Xia.

Entre as idéias absurdas metodicamente semeadas pelo departamento de Propaganda na imprensa ocidental, pode-se ler que o Partido certamente não é democrático, mas impede a China de cair no fascismo que, inevitavelmente, o sucederia. Liu Xia conhece esse argumento; também na China ele é utilizado pela imprensa que obedece ao Partido. A seus olhos, nem merece uma resposta.

Deixamos com tristeza Liu Xia, a "judia" em sursis, refém de um regime autenticamente fascista. De fato, como poderia tornar-se mais fascista ainda do que já é?

3
Místicos

"Só existe um único Deus, Jesus": a teologia do velho Li é aproximativa, mas sua fé é grande. Encontrei Li por acaso no meio da China, em Baoji, na província de Shaanxi. Não parava de encontrar cristãos, sem procurá-los efetivamente: são mais numerosos do que pensamos, ou somente mais visíveis?

Em relação ao país, Baoji é uma "cidade média" de oitocentos mil habitantes; como todas as cidades, suas características são bastante comuns; não resta lá grande coisa que seja anterior a 1960. De notável, a cidade conserva somente suas massas apimentadas que podemos sorver em grandes tigelas servidas em bancas ao longo das ruas; o comunismo destruiu a arquitetura, mas as cozinhas locais, umas diferentes das outras, sobreviveram. Conheci Li em Baoji ao visitar uma casa de repouso. Uma casa de repouso, na Europa, não seria um lugar que um viajante escolheria pesquisar; mas, na China onde os filhos em princípio cuidam de seus velhos pais, a casa de repouso constitui uma revolução. Adeus ao amor filial! Nessa sociedade de filho único, devorada pelo materialismo, as tradições desmoronam. Os velhos são abandonados; no melhor dos casos os filhos os visitam nas festas de ano novo. A casa de repouso de Baoji, de grande simplicidade, não recebe nenhuma ajuda pública e só acolhe pensionistas capazes de pagar: todos eles foram funcionários públicos.

"Nenhum desses pensionistas tem problemas políticos" me assegura a diretora da casa de repouso. Não compreendo muito o que ela quer dizer com isso, mas toda a China funciona assim, baseada em pequenas e grandes discriminações. Mesmo sendo funcionários e lúcidos, seus recursos seriam insuficientes, se pessoas benévolas não passassem todo dia para ajudar os enfermos acamados ou cuidar da indispensável horta que fornece as refeições. O velho

Li é um dos benévolos, tão magro e com idade indefinida que ele bem podia ser um dos pensionistas. Mas, em seu olhar, existe uma luz pouco comum, a dos místicos. Ele ama Jesus, que lhe dá uma boa recompensa e "o faz correr"; como ele mesmo diz. Li se define como um "novo cristão" para se distinguir dos cristãos históricos que cruzamos na China em razão da conversão de seus ancestrais. Novo, pois sua conversão é recente e porque a "nova religião" designa em chinês nossas igrejas protestantes; mais comumente, um "cristão" na língua chinesa é um protestante, por oposição aos católicos romanos. Quanto aos ortodoxos – encontrados ao Norte, que esteve sob influência russa – eles se designam como aqueles pertencentes à "verdadeira religião".

Antes de tornar-se cristão, Li era maoísta. "Maoísta, mas não comunista", ressalta; operário em uma pequena fábrica de Baoji, ele não era suficientemente educado para ser aceito no Partido. Essa é a explicação que ele dá. Sobre Mao Tsé-Tung não economiza elogios. Pergunto-lhe se ele aprova o julgamento de Deng Xiaoping: "70% certo, 30% errado." Ele se indigna: "Mao foi 100% bom para a China." A prova disso é que Li, tendo partido do zero, subiu todos os degraus da hierarquia operária de sua fábrica, atingindo até o sétimo, que é o mais elevado; com a idade de sessenta anos, ele conseguiu uma aposentadoria que julga confortável. Sua esposa, que foi professora, também é aposentada, e cristã. Traduzidas em euros, suas aposentadorias somadas nos parecem irrisórias, mas viver em Baoji não custa caro. Tudo bem: Li não sofreu as extorsões cometidas pelos guardas vermelhos? Ele mal sabe do que estou falando. Em sua "unidade de trabalho", com direito a alojamento, alimentado, e salário; ele não percebeu a revolução cultural passar. Ele ouviu falar de infelicidades que aconteceram com outros, mas tratavam-se, diz ele, de "famílias negras", proprietários, inimigos do povo. Li não conhecia ninguém nessas famílias. Lembra-se vagamente que as escolas estavam fechadas por uma razão que esqueceu; os jovens ficaram muito desocupados. Então, nessa idade, "fazemos besteiras", é inevitável. Por sorte, Mao Tsé-Tung colocou as coisas em ordem mandando todo mundo para a escola. É dessa maneira que Li, operário do sétimo escalão, que pertenceu à aristocracia operária dos anos 1960, viveu o maoísmo: é isso também o que os estudantes aprendem nos livros escolares.

Cristãos sino-americanos

Certo dia, Li, recentemente aposentado, teve grande dificuldade em engolir os alimentos; nenhum método conseguiu aliviá-lo. Sua mulher ouviu falar de um certo Wang, um bispo; ele pôs suas duas mãos sobre a cabeça do velho Li invocando Jesus. Li se curou e se converteu; ele e sua esposa começaram o catecismo. Depois de haver lido os Evangelhos e ter aprendido alguns cânticos, se juntaram à comunidade cristã da Fonte Viva; o batismo foi coletivo. Em Baoji, essa comunidade conta com dois mil e quinhentos fiéis; no domingo de manhã, eles enchem de alegria um templo novinho no centro da cidade. Com noventa e sete anos, o bispo Wang conduz o ofício e pronuncia longos sermões; mas se abstém de clamar à conversão ou de suscitar transes, à maneira dos celebrantes dos cultos pentecostais. O partido comunista lançou um código de conduta que os pastores autorizados devem respeitar.

Os cristãos, diz o bispo, são "bons, caridosos, bons filhos, bons pais": o Evangelho, segundo Wang, soa como as epístolas de Confúcio. O pastor Wang não vê nenhum inconveniente na seguinte observação: "Jesus, diz ele, é tão chinês quanto europeu." Essa é uma lição que aprendeu de um pastor americano que o converteu em 1924; Wang era então um jovem camponês de Shaanxi que toda a família acabou seguindo para o cristianismo. "Buda não era chinês, mas sim indiano, recorda Wang; e o budismo mesmo assim é uma religião chinesa." Disso ele deduz que o cristianismo "é ou será chinês". O que isso quer dizer? A noção de pecado original é estranha em relação a todas as crenças e tradições da China; deveriam os chineses aderir a isso para tornar-se cristãos, ou deveriam os cristãos abandonar essa crença para tornar-se chineses? "Só há um único Deus", repete Wang na presença de Li, seu discípulo, mais deslumbrado pela vitalidade de seu bispo do que pela metafísica.

Fico espantado vendo a tolerância das autoridades em relação a uma congregação tão importante e um templo tão grande. "Os cristãos só fazem o bem, sendo assim o governo local só pode encorajá-los", ressalta Wang. Mas não admite que pertence a uma religião autorizada pelo Partido, sendo ele próprio remunerado. Em compensação, ele se comprometeu a respeitar os "três princípios de autonomia" da Igreja na China; sem missões estrangeiras, sem subsídios estrangeiros, sem interferência de autoridades eclesiásticas que não sejam chinesas. Seus sermões são censurados por um apparatchik comunista que o sobrecarrega com slogans do momento; todo domingo, neste ano do Galo, Wang deve denunciar a seita Falungong[1], o que, é verdade, não requer nenhuma abjuração de sua parte. Em relação aos católicos, que são

---

[1] Movimento espiritual que começou na China na segunda metade do século XX e baseia-se nos ensinamentos e práticas do budismo e do taoísmo. (N.d.T.)

mais rigorosamente controlados pelo Partido do que os protestantes, Wang partilha a visão do Partido: "Eles não oram a Deus, mas ao Papa, ele me explica, e o Papa reconhece Taiwan, e não a verdadeira China."

Mas o templo protestante de Baoji não foi edificado com a ajuda de cristãos de Taiwan? Eles se originam de Shaanxi, justifica-se o bispo; trata-se de filhos do país "extraviados" em Taiwan. Do mesmo modo, o piano que serve para acompanhar os cânticos foi oferecido por um chinês de Baoji emigrado na Califórnia. Se a decoração parece pouco chinesa e muito mais americana, é porque Wang pediu a artesãos locais que copiassem um templo de Los Angeles através de uma fotografia recortada de uma revista. Trata-se de um templo evangélico, batista, pentecostal ou de outra filiação? Wang não sabe nada sobre isso; ele não faz distinção entre todos esses cultos advindos da Reforma. É inútil entrar nesses detalhes: "Existem os verdadeiros cristãos e os católicos, diz ele, estes são heréticos" - e nada além disso. O que ele pensa acerca dos "protestantes do silêncio", a respeito dos quais nos falou Yu Jie, que se reúnem sem pastor para estudar a Bíblia? Nem Li nem Wang jamais ouviram falar deles. Parecem sinceros: as *house churches*[2] recrutam pessoas antes de tudo entre os intelectuais nas grandes cidades. Será que esses protestantes patriotas terminarão por unir-se para constituir a massa crítica, espiritual e revolucionária que Yu Jie espera? Não se pode ter nenhuma certeza, pois suas motivações parecem distintas.

Li, sempre maoísta e patriota, indigna-se por sua vez com o comportamento do soberano pontífice: esses católicos que oram para o Papa ao invés de orar a Deus parecem-lhe muito pouco cristãos. "O catolicismo, comenta ele, é bom para os camponeses de Shaanxi", eles são ingênuos. "Alguns deles chegam mesmo a aderir ao Falungong" acrescenta, o que mostra a que ponto são tolos e incapazes de reconhecer o verdadeiro Deus". Contrários ao Vaticano e ao Falungong, Li e Wang, correspondendo estritamente à linha do Partido, me parecem muito mais aliados objetivos do que dissidentes.

Mas até onde irão esses protestantes, qual será sua influência final? Ninguém pode predizer. Acontece que Li – como todos aqueles que se assemelham a ele na China – não se contenta em crer, ele propaga a fé: quando ele declara que "Jesus o faz correr", é preciso compreender que corre literalmente por toda a China; os novos cristãos são ardentes convertidos, o que explica em grande medida a progressão das igrejas protestantes oficiais. Quando ele não está dando assistência aos velhos em sua casa de repouso, Li percorre o país de trem ou de ônibus para encontrar outros cristãos e converter novos

---

[2] Em inglês no original. (N.d.T.)

cristãos. "A China, afirma, deve tornar-se uma grande família, unida em torno de um único Deus." E isso, conforme sua lembrança, corresponde ao que desejava o presidente Mao Tsé-Tung.

A fé de Li pode mover montanhas, mas e o partido comunista? Pode-se questionar quem é refém de quem. Recordemos um fato anedótico talvez bastante significativo: foi um pastor protestante, Tymothy Richard, que, em 1899, introduziu o pensamento de Marx na China através de *The Global Magazine*, uma revista que ele publicava em Shanghai; Sun Yat-sen descobriu nessa revista o Manifesto do Partido Comunista e até nossos dias o Partido é grato a esse estranho missionário por isso. Essa curiosa aliança contemporânea entre os protestantes oficiais e o Partido lembra também uma convergência de interesses mais antiga, que foi aquela existente entre os jesuítas e a corte imperial: nos dois casos – os jesuítas outrora e os evangélicos hoje – os missionários introduziram seu Deus na China em nome da modernidade. Mas no ponto onde os jesuítas falharam, na tentativa de impor o catolicismo como religião oficial do Império, os protestantes ainda podem ter sucesso. Nos bastidores, as igrejas americanas se esforçam para isso. Elas têm os meios necessários.

O mito do ateísmo dos chineses: uma invenção jesuíta

Por que razão distinguimos com tanta dificuldade os deuses da China quando na verdade existem em grande número? Seu panteão, povoado de budas, santos e imortais é tão denso quanto o da Índia. Essa cegueira tem uma história: nosso conhecimento acerca da civilização chinesa foi determinado pelas narrativas de viagens feitas por jesuítas italianos e franceses, que depois foram perpetuadas durante três séculos por nossa literatura e filosofia. Detenhamo-nos um instante no fundador da sinologia, ou melhor, no fundador da sinofilia francesa, Louis Lecomte. Quando o padre Lecomte, jesuíta francês, seguindo os passos do pioneiro da sinologia, o italiano Matteo Ricci, veio para a China permanecendo de 1686 a 1691, ele decidiu não ver os templos nem os cultos existentes. Em *Nouveaux Mémoires sur l'état présent de la Chine*, que contribuirão para as teorias filosóficas do século das luzes, os chineses são descritos como praticantes de uma moral sem Deus ditada por um filósofo ateu, Confúcio. Nosso jesuíta concluía, então, que esses chineses providos de um sentido moral tão aguçado viviam obviamente à espera do Deus dos cristãos. Afinal, não eram eles recipientes vazios que bastavam ser preenchidos? É isso que, desde Matteo Ricci, os jesuítas quiseram demonstrar para obter o suporte do papa e das cortes européias...

Lecomte e todos os missionários que escreveram exatamente a mesma coisa foram sinceros? Era impossível que não percebessem os templos transbordando de fiéis, dia e noite, as cerimônias espetaculares, as longas exéquias, o incenso, os sinos, os mestres taoístas e os bonzos budistas, esses dois grandes cultos dominantes da China antiga e de hoje que não deixavam nada a dever ao confucionismo. No tempo em que Lecomte permaneceu em Pequim, a cidade contava com aproximadamente mil templos, um número maior de igrejas do que qualquer cidade européia; era uma cidade santa. Lecomte não faz senão insinuar isso: de passagem ele menciona as "práticas supersticiosas" dos chineses, que não merecem ser consideradas como religiões. Nem Lecomte nem qualquer outro viajante francês depois dele até o fim do século XX interessou-se pela religião taoísta, base dessas "práticas supersticiosas". Tampouco se interessaram pelo budismo chinês.

Imaginemos por um instante um viajante chinês na Europa que tivesse observado, de passagem, que os europeus fazem o sinal da cruz ou acendem uma vela diante do ícone de um santo; ele concluiria que os europeus não têm religião, que se dedicam a meras superstições?

Nossos exploradores nada viram porque não desejavam ver. Seus interlocutores privilegiados contribuíram para essa cegueira. Os mandarins, com quem os jesuítas conviviam, desdenhavam, e às vezes reprimiam as duas religiões populares chinesas; eles próprios se diziam discípulos de Confúcio, um Confúcio instrumentalizado para legitimar a ordem social, a hierarquia, a estabilidade, o respeito dos velhos pelos jovens, e o respeito do imperador por seus súditos. Confúcio filósofo? Matteo Ricci acreditou reconhecer nos confucionistas um tipo de academia de letrados a qual um cristão poderia aderir. Mas de onde provinham as regras do confucionismo? Confúcio teve a pretensão de fundamentá-las sobre as revelações de uma idade de ouro muito antiga que a China teria vivido; seria suficiente voltar a ela. O confucionismo seria uma religião ou uma filosofia? Estranha filosofia essa, pouco laica, que tinha seus templos, seus ritos, sacrifícios – bois eram sacrificados – invocava um Mestre do Céu e impunha o culto dos ancestrais. Deveríamos antes falar de uma religião atéia? Leibniz, Montesquieu, Voltaire retomaram essas especulações a seu próprio modo; evocando a China na sua *Histoire universelle*, Voltaire descreveu uma sociedade com um forte traço moral, mas sem religião, controlada por um Deus abstrato, o Mestre do Céu. O Ser supremo dos filósofos franceses não se encontra longe disso; ele é de origem chinesa. E permaneceu assim: os intelectuais franceses, quando são ateus, conservam uma simpatia particular pela China, pois uma civilização sem deus não poderia, a seus olhos, ser passível de ódio.

Uma prova *a contrário* dessa ideologia francesa sobre a China: os viajantes e narradores holandeses, que não tinham em mente evangelizar a China, mas comercializar, adotaram desde o século XVII uma visão diferente; permaneceram mais atentos às religiões populares, as encontradas na sociedade civil, do que ao confucionismo da corte. Seus interlocutores eram as guildas burguesas, não os mandarins. Dois séculos mais tarde, a Europa do Norte, a do comércio, continua negociando com a China sem manter com ela uma diplomacia particular; nessa Europa mercantil, as opiniões públicas são sensíveis às faltas cometidas contra os direitos humanos na China. Na França mantém-se uma postura inversa: herdeiros da visão jesuítica e do despotismo esclarecido, nossos governantes acomodam-se bem com os regimes "fortes" em Pequim; não manifestam um grande suporte à sociedade civil nem a seus democratas. Essa indulgência em relação ao poder se acomoda a nossos interesses, mas também tem a ver com a ignorância em relação ao taoísmo, a outra religião chinesa, a do povo, individualista e rebelde.

O taoísmo, a verdadeira religião dos rebeldes

A China do alto e a China de baixo: cada uma tinha sua religião e, com novas vestimentas, esse conflito persiste. O confucionismo foi a ideologia do poder e de seus funcionários, a religião atéia do "alto". Na cosmologia confucionista, existia uma hierarquia entre a natureza e o homem; para que a ordem do mundo fosse preservada, era necessário que os homens respeitassem os ritos de submissão a essa ordem superior. Mas quem tinha o conhecimento dessas regras, senão os príncipes e os mandarins? As religiões do povo, as de "baixo", estavam em outros lugares: no taoísmo e no budismo. Na Europa temos o conhecimento do budismo, mas conhecemos muito pouco o taoísmo. No início, existe o caminho, o Tao, ensinado por Laozi (Lao-Tsé), um contemporâneo de Confúcio e... de Platão: o taoísmo é a grande religião verdadeiramente chinesa, aquela que na China influencia todos os outros cultos, incluindo o cristianismo e o budismo.

Em oposição ao confucionismo, na cosmologia taoísta, a natureza e o homem se confundem, sendo que o nosso corpo é ele próprio uma representação da natureza; ao cuidar de si mesmo se mantém a ordem do mundo. À luz dos sábios e dos imortais que povoam seu panteão, os objetivos do taoísta são a vida longa e a prosperidade para si mesmo, para sua comodidade imediata, mas permanece uma certa indiferença em relação ao Estado imperial.

A partir das cosmologias taoísta e confucionista edificaram-se duas ideologias, pública para os confucionistas, individualista para os taoístas. "O bom príncipe, escreveu Lao-Tsé, é aquele cujo nome se ignora." Rebeldes em relação à ordem estabelecida, os taoístas se esforçam em seus ritos, até os dias de hoje, para nunca se prosternar diante do Estado e seus representantes. Na época de ouro dos taoístas, que não corresponde àquela dos confucionistas, o homem vivia em harmonia com a natureza e em paz com seus vizinhos. Isso aconteceu "antes que os príncipes introduzissem a desordem pelo desejo de tudo regulamentar segundo princípios abstratos", escreve mestre Bao Jingyan no século III da nossa era: um discurso autenticamente anarquista traduzido em francês por Jean Lévi...

Ao mesmo tempo o taoísmo é democrático: sob o Império, os fiéis elegiam seus sacerdotes. Os dirigentes eleitos das associações taoístas eram os magistrados encarregados da ordem e do bem-estar. No século XIX, nas colônias chinesas de ultramar, particularmente em Borneo, as associações taoístas se transformaram em repúblicas democráticas. Os holandeses, que haviam colonizado Borneo, arrasaram esses pobres taoístas que não eram chineses passivos diante da autoridade, contrários ao estereótipo a que a aliança dos confucionistas e dos jesuítas queria submetê-los. Os templos taoístas eram até pouco tempo grupos de ilhas da sociedade civil erguidas contra a administração; eram também – e assim permaneceram na China de ultramar – lugares de solidariedade e de iniciativas econômicas. Por trás de muitas empresas chinesas, antigamente e ainda hoje em Taiwan, se esconde uma associação de tipo taoísta que financiou a aventura. Na origem da maior parte dos dez mil restaurantes chineses nos Estados Unidos, encontramos uma coleta de fundos gerida por uma associação taoísta. "Não se pode compreender a China de agora, escreve o sinólogo filósofo François Jullien em 2005, se não conhecermos o confucionismo." Mas podemos compreendê-la, se ignorarmos o taoísmo?

Esse taoísmo é – obviamente – tolerante: sob sua influência, os chineses mesclaram as práticas, tornaram chinesas as crenças vindas de fora. Na Índia, somente os monges que renunciavam ao mundo se tornavam budistas, mas na China qualquer leigo poderia tornar-se um monge: bastava reverenciar Buda e seguir seus preceitos. O Buda chinês se tornou um deus intercessor, à maneira dos imortais do taoísmo, enquanto que o taoísmo por sua vez enriqueceu com o espírito de compaixão próprio ao budismo. Mas todos os chineses tomaram dos confucionistas a geomancia e o culto dos ancestrais. Entre essas religiões, incluindo o cristianismo e o Islã, no geral reinou uma paz extraordinária, uma espécie de compromisso, ressalta o sociólogo do taoísmo Kristofer Schipper; nas cidades e vilarejos, desde sempre os fiéis se misturam sem segregação.

Com freqüência os ocidentais se perguntam se os chineses sabem o que é a liberdade individual. Suas religiões permitem responder isso: além da variedade dos deuses e dos cultos, todas são fundadas na liberdade interior. Adeptos do taoísmo, do confucionismo ou do budismo são responsáveis por seus atos e sua virtude individual será (em princípio) recompensada – neste mundo para os taoístas e confucionistas, no além para os budistas. Esse é o argumento, esperamos, que deveria destruir uma tese pseudocultural que nega aos chineses seu livre arbítrio, fato que, se fosse verdadeiro, os tornaria inaptos para a democracia.

Não, o comunismo não é confucionista

A ideologia comunista não seria somente uma metamorfose do confucionismo, que, na época do Império, também foi uma religião de Estado? Eis aqui uma outra tese que é agora encorajada pelo Partido e que está na moda no Ocidente. Na verdade trata-se de uma mistificação. Para o Partido, ela apresenta a vantagem de minorar suas extorsões: se ele se inscreve no interior de uma tradição, não se poderia incriminá-lo nem inculpá-lo por seus crimes, pois uma tradição, afinal de contas, deve ser respeitada... O Partido também sabe que Confúcio, na China, e mais ainda fora da China, conserva uma imagem positiva, mais positiva que a de Karl Marx ou de Mao Tsé-Tung; portanto, é melhor esconder-se atrás dele.

Para dar crédito a essa invenção de uma continuidade cultural, o Partido recentemente fez com que fossem restaurados alguns "templos de Confúcio" ou apresentados como tais, nem todos são templos, às vezes são antigas salas de exames onde os aspirantes letrados tentavam tornar-se mandarins. São tão somente museus; os verdadeiros recintos de culto onde aconteciam ritos e sacrifícios foram destruídos. Essa é uma maneira de produzir a assepsia do confucionismo original para substituí-lo pela lembrança de uma filosofia abstrata, sem divindade nem mistério. Com esse mesmo espírito de recuperação, neste ano do Galo, o Partido mandou reconstruir a muralha da cidade natal de Confúcio, Qufu, na região de Shandong; ele teria nascido ali há vinte e cinco séculos, e todos os seus habitantes têm o sobrenome Kong. Qufu tornou-se um parque de atrações para turistas chineses e estrangeiros: de novo o que temos aqui é um confucionismo de marketing, domesticado, no lugar do que foi um culto severo.

Para terminar de causar confusão na mente acerca daquilo que a palavra "confucionismo" quer realmente dizer, o Partido recorre aqui e ali a fórmulas de retórica que parecem derivadas do vocabulário confucionista ou que soam como tais; desde este Ano do Galo – trata-se de uma inovação – invoca-se a "harmonia" e a "frugalidade", dois termos suficientemente vagos podendo ser ligados a todas as religiões do Oriente. É necessário invocar Confúcio para poder exigir, em nome da "harmonia", que os filhos respeitem seus pais, que os alunos respeitem seus professores, e, sobretudo, que os súditos respeitem o Partido?

Outra manifestação desse confucionismo de mascate: os dirigentes do Partido, começando pelo chefe do Estado, planejam que lições de moral, inculcando os "valores", sejam oferecidas nas escolas e universidades: "A juventude, disse Hu Jintao em seu discurso de ano novo, deve receber uma educação ética (entenda-se: confucionista) e ideológica (entenda-se: marxista)", como se confucionismo e marxismo fossem complementares. Nesse espírito de sincretismo, filósofos confucionistas são convidados a pronunciar conferências nas escolas do Partido encarregadas de formar seus quadros: a partir desse retorno aos "valores", os dirigentes do Partido esperam que haja uma moralização do comportamento dos apparatchiks e um recuo da corrupção. Única incógnita: os dirigentes acreditam realmente que o discurso sobre os valores possa modificar os comportamentos estruturais do Partido? Adentramos aqui no mistério próprio às seitas, impenetrável para o não-iniciado: os membros da seita ficam hipnotizados pela repetição de seus próprios rituais?

Refutaremos, então, esse discurso de fantasia sobre os valores, tal como surgiu durante o Ano do Galo, para lembrar que a história das relações entre o Partido e o confucionismo testemunha em favor de sua radical incompatibilidade: todas as revoluções da China contemporânea, do movimento dos estudantes de 4 de maio de 1919 até a revolução cultural de 1966-1976, foram feitas contra o confucionismo. "Abaixo mestre Kong!" foi a palavra de ordem desses dois episódios fundadores da doutrina progressista na China. O Partido deliberadamente destruiu o confucionismo porque era, segundo seu entendimento, reacionário, fundado na idealização de uma idade de ouro passada, enquanto que o Partido encontra-se, ele próprio, voltado para a adoração de uma idade de ouro, que se situa, porém, no futuro. Visto que a própria idéia de progresso é odiosa para os confucionistas, os comunistas não cessaram, logicamente, de combater o confucionismo autêntico, chegando a trocá-lo por um substituto de pelúcia. O verdadeiro confucionismo era fundado em ritos, celebrações e sacrifícios precisos; essa liturgia foi esquecida, os sacerdotes aniquilados, ninguém mais lê os textos atribuídos a Confúcio, ninguém nem sabe mais lê-los. O que resta, a invocação dos valores, é absolutamente seletiva; ao admitir que conhecem esses textos, os dirigentes chineses se absterão de citar precisamente os textos de Confúcio e Mencius contra o despotismo, que dão ao soberano um poder limitado pelos direitos imprescritíveis de seus súditos. Antes de concluir sobre uma suposta continuidade cultural de uma China eterna e reduzir o comunismo a uma simples continuação do Império, imutável, mas com roupas novas, convém lembrar que a única tradição que o partido pode autenticamente invocar é a do anticlericalismo.

Como o anticlericalismo arrasou a China

O anticlericalismo não é uma idéia nova na China; os comunistas não a inventaram. Desde o momento em que os imperadores chineses entraram em relações seguidas com os ocidentais, depois de ter constatado a superioridade técnica da Europa, concluíram sobre a necessidade de uma reforma moral. Não pensaram na necessidade de reformar o Estado, como fizeram os japoneses ao se dedicar a isso a partir de 1868: as duas nações não cessaram de divergir desde esse instante. Enquanto que o imperador do Japão se livrava das antigas elites para criar novas elites, a aristocracia dos letrados em Pequim tomou como responsáveis pelo declínio da China suas tradições e suas superstições, muito mais que suas instituições. Essa estratégia justificou a partir de 1898 que os templos taoístas, budistas e confucionistas fossem tomados pelas autoridades do Estado e das províncias para em princípio serem transformados em escolas; um número enorme de lugares de culto foi profanado e destruído, os monastérios foram varridos, os mestres taoístas liquidados. Pouquíssimas escolas foram abertas, mas algumas universidades da China, entre elas a primeira universidade de Pequim e a de Fuzhou, ainda ocupam antigos templos e seus jardins. A revolução cultural, a quem comumente se imputa a destruição dos edifícios religiosos, não fez senão prosseguir com o furor iconoclasta dos "progressistas". Esse caminho chinês somente teve equivalente na época do Terror francês de 1793 e na revolução soviética pós 1917; inversamente, próximos à China, a Coréia ou o Japão souberam associar intimamente religião e modernização.

De onde vem esse ódio propriamente chinês das elites políticas contra os deuses do povo? O menosprezo dos burocratas confucionistas em relação às "superstições" populares, budistas e taoístas, certamente contribuiu para o anticlericalismo antes que os confucionistas se tornassem eles também suas vítimas. Uma outra razão, sem dúvida, tem a ver com a humilhação sofrida pelas elites chinesas diante da "superioridade" do Ocidente. A facilidade com que os ocidentais submeteram o povo ao ópio, a partir de 1840, persuadiu os letrados de que havia algo de podre na civilização chinesa, algo de que era preciso livrar-se e substituir pelo novo. A vontade de destruir o velho homem, de substituí-lo por um homem chinês mais moderno, mais viril, livre de suas assombrações e de suas superstições, essa paixão destrutiva data desse momento. É ela que explica a violência das revoluções contra tudo o que parece velho, a abolição dos templos, das cidades, dos monumentos, dos arquivos. Eis porque o estrangeiro procura em vão os traços da velha China na Pequim arrasada e reconstruída. Essa velha China foi deliberadamente destruída, dela só restam cinzas, que hoje são mantidas como espaços de memória, mas não como espaços de vida.

Esse ódio de si, que conduziu à destruição dos cultos e de uma grande parte do patrimônio da China, não é encontrado nem no Japão nem na Índia. O fato de o Japão não ter sido colonizado fez com que ninguém fosse incitado a rejeitar as tradições. A Índia foi parcialmente colonizada, mas sem nunca sofrer uma humilhação comparável à transformação da China em nação de toxicômanos; subsiste na Índia uma diversidade religiosa comparável àquela da antiga China, mas ninguém imagina que o progresso na Índia exija o aniquilamento dos cultos.

Na China os resultados desse anticlericalismo de Estado não foram aqueles com que contavam os progressistas, muito pelo contrário. É verdade que os cultos se enfraqueceram muito, particularmente o confucionismo, que depende de suas formas exteriores – os rituais – mais que de uma convicção interiorizada. As igrejas taoístas e budistas sofreram bastante também com a perda de seus lugares de culto, destruição de seus livros litúrgicos, dispersão de seus clérigos e de seus fiéis. Em nome do progresso, toda uma memória foi perdida; um desastre para a civilização chinesa comparável ao aniquilamento da civilização pré-colombiana na América. Um desastre social também, pois, as associações taoístas e budistas eram os únicos lugares de caridade e de solidariedade existentes na China; elas não foram substituídas por nada e os pobres, os isolados, os velhos, os desempregados ficam abandonados a si mesmos. Neste Ano do Galo, o governo chinês encorajou os budistas a reconstruir casas de repouso e dispensários, mas é tarde demais. Um desastre econômico, enfim, pois as associações taoístas eram bancos que financiavam as empresas na China e ultramar; sua destruição privou a China continental de um conjunto de práticas confirmadas durante séculos, em relação às quais o comércio há pouco tempo devia sua prosperidade.

Isso fez com que o Partido enfim renunciasse a livrar-se dos deuses da China? Não, somente o método evoluiu. Como na luta contra os democratas, a repressão apresentou-se de forma mais sutil. Aos fiéis é permitido crer, com a condição que não criem organizações; quando conseguem se organizar, somente podem fazê-lo controlados pelo Partido. Os cultos são autorizados com a condição de respeitar as instruções das associações patrióticas taoístas, budistas, católicas, protestantes, muçulmanas; todas funcionando como filiais do Partido que só cuidam da organização. Elas se imiscuem também na teologia, quando ela não lhes parece suficientemente racional. Nas instruções aos monges publicadas pela Associação taoísta, está escrito que "tornar-se imortal por meio do aperfeiçoamento, através do refinamento e da alquimia interiores é obviamente impossível": certamente trata-se de uma asserção científica, mas ela coloca em questão a veracidade de uma crença que faz parte do próprio fundamento do taoísmo.

Uma outra forma de eliminação das religiões implica transformá-las em museus: os templos taoístas, cuja reabertura foi autorizada em 1990, são controlados pela secretaria de Viagens e do Turismo. Eis o que motiva o verdadeiro interesse do Partido por seus cultos: como são os mais pitorescos, esses templos constituem uma fonte de renda para o Estado. Assim, na província de Hubei, o célebre monastério do monte Wudang recebeu durante cinco séculos os eremitas que fugiam do mundo; antigamente chegava-se a ele por sendas abertas através das florestas, escalando milhares de degraus. Agora um teleférico faz o transporte dos turistas, e os monges que gerenciam o monastério foram transformados em comerciantes de cartões postais e de bibelôs baratos religiosos. Alguns dos últimos peregrinos, reconhecíveis pelo seu gorro amarelo, tentam orar a seus deuses, cercados pela multidão barulhenta de turistas com suas câmaras. "Vejam como a religião é novamente livre na China!" dizem os dirigentes comunistas. Paralelamente, subsiste em Pequim um único templo taoísta autorizado e transformado em museu, o templo das nuvens brancas, contra aproximadamente setecentos templos antes da revolução. O governo procede da mesma maneira no Tibet, transformando o sentimento nacional e religioso em atração: teme-se que o turismo chegue a destruir o budismo tibetano melhor ainda que o exército popular o fez!

Os deuses estão exaustos

Eu observava que se reconstruíam antigos templos e edificavam-se novas igrejas, mas, vistos de perto, eram fictícios: trata-se na verdade de museus, sucursais do partido comunista, comitês de aposentados. Sem dúvida não havia procurado suficientemente. Devia-se encontrar em algum lugar um autêntico monge taoísta, como prova da resistência dos deuses ao anticlericalismo e à transformação em museus? Informado por um pesquisador, me dirigi para a cidade de Fuzhou para encontrar enfim um monge que conhecia a cosmologia e a liturgia, e não somente as gesticulações mágicas do taoísmo.

Fuzhou foi durante um longo período o maior porto da China: Paul Claudel foi cônsul da França nessa cidade no início do século XX e marcava seus relatórios com o nome Fou-Tcheou... No templo do Imperador de jade, situado no centro da cidade, no alto de uma colina, e cercado por imóveis sem graça, esse monge de aproximadamente trinta anos recitava os textos canônicos, visando a si mesmo e visando a ordem do mundo: seria ele o último taoísta? Seus longos cabelos fixados num coque no alto de sua cabeça mostravam seu grau de engajamento. Um monge taoísta nunca corta os cabelos – os budistas raspam sua cabeça – seu comprimento dá uma medida da passagem dos anos; ter seus cabelos cortados por seu superior é sinal de uma falta extrema. Para dizer a verdade, esse monge não interessava a ninguém: a renúncia aos bens materiais, a ascese, o retiro nas grutas, a meditação, o estudo dos textos crípticos e paradoxais, o domínio de uma liturgia complexa, o regime vegetariano, tudo isso se encontra no extremo oposto dos novos valores da China. Suas salmódias em chinês clássico, a recitação da noite, seu gongo e seu tambor não retinham os fiéis; estes pareciam não ver nem ouvir o homem com o penteado preto e manto azul. Eles o contornavam para aproximar-se do incenso perfumado, ansiosos para invocar o Imperador de jade e acender um incenso na esperança de obter uma satisfação imediata – dinheiro, saúde, amor. Nenhum taoísta poderia repreendê-los, pois o taoísmo é uma questão pessoal. Eu observava que os fiéis eram, ou muito jovens – em busca de amor ou de sucesso nos exames – ou muito velhos, em busca de saúde. A geração intermediária, educada durante a revolução cultural, é a mais distanciada de qualquer religião.

O próprio monge cuidava dos fiéis? Parecia que ele tampouco os via; absorvido por sua alquimia interior, estava em busca de longa vida, ou mesmo da imortalidade da alma e do corpo. Talvez ao final de seus dias ele se transformaria em pássaro? Se, na história passada e recente da China, esses monges taoístas foram percebidos como uma ameaça para o Estado, certamente não foi em razão de sua ação, mas por causa de sua inação, em contradição existencial com o que o Estado e o Partido esperam de seus súditos.

Que significação pode ser dada a esse monge de Fuzhou? A própria maneira como ele havia deixado o mundo para viver em um monastério refletia muito mais a "nova China" do que a "antiga China". Ele me explicou que certa vez ao assistir à televisão com a família, viu um monge e acreditou se reconhecer nele; vem desse dia a sua vocação. Desse exemplo poderíamos concluir que a religião taoísta estava renascendo, ou então, que sobrevivia no estado de um traço arqueológico. A mesma pergunta vale para as outras tradições populares: no ano novo, ornam-se as portas com as efígies do deus da prosperidade, comum ao budismo e ao taoísmo, segundo a moda em voga, agitando notas de cem yuans. Para a festa da Luz, as famílias se encontram em torno das tumbas; mas fazem isso em nome do repouso das almas ou para fazer um passeio no campo?

Os deuses da China antiga, se é verdade que não estão mortos, me pareceram exaustos em razão de seu século de luta contra o anticlericalismo e o comunismo. Isso pode explicar a nova onda de igrejas protestantes. Por contraste, veremos mais tarde, nessa nova China chamada Taiwan, que tem a tarefa de conservar a civilização, que o taoísmo ali permaneceu absolutamente vivo; uma prova que a religião não recua com a modernização da sociedade chinesa – Taiwan é mais moderna do que a China comunista. A religião recua em razão do anticlericalismo que varreu os templos do continente enquanto que este não castigou Taiwan com a mesma brutalidade: os dirigentes do Kuomintang, refugiados do continente, não gostavam nada do taoísmo, mas não o aniquilaram tal como o fizeram os comunistas. Muito mais que a modernidade, é o anticlericalismo que produz o recuo das religiões.

O grande retorno das seitas

Exterminem os deuses antigos, e surgirão novos deuses! Talvez não seja nas religiões tradicionais que se deva adivinhar um renascimento do sentimento religioso, mas sim naquilo que o Partido chama de seitas. Isso não é novo: na história da China, cada vez que o Estado reprimiu as religiões, seitas subterrâneas e sociedades secretas prosperaram. Em 1898, do próprio anticlericalismo surgiu a seita do Caminho Único e Verdadeiro, que recrutou no curso do século passado milhões de adeptos, mesmo no seio do partido comunista. No curso desses dez últimos anos, cinquenta milhões de chineses teriam se convertido ao Falungong, a Roda da Lei: um número incerto, sendo que a única medida indireta desses fenômenos de massa é a quantidade de prisões de fiéis.

Na China comunista, o Falungong é perseguido; seus membros são encarcerados, torturados, morrem "acidentalmente" na prisão. Mas seu único crime é o de aderir a uma religião e acreditar na santidade de seu guia, Li Hongzhi, refugiado nos Estados Unidos. É dever de um democrata, portanto, escutá-los e dar-lhes suporte. Mas não é fácil ser solidário a esses mártires, pois seu discurso nos parece muito irracional! Fora da China e dentro dela, o Falungong encontra adeptos nos meios de maior instrução e seus porta-vozes freqüentemente são universitários e advogados; é mais fácil recebê-los. Num primeiro momento, seu discurso é a enumeração dos problemas sofridos pelos membros da seita; sentimo-nos compadecidos. Segue-se, num segundo momento, uma descrição de suas crenças: o domínio da roda cármica, que cada um de nós traz no meio do ventre, afasta o mal, e a leitura do livro de Li Hongzhi cura o câncer. Fala-se também de um terceiro olho no meio da testa. Um professor de economia de Taipei me explica num inglês perfeito (o Falungong, como todas as religiões, é livre em Taiwan): "Inicialmente, eu não acreditava em nada, somente em fantasmas, sobretudo no mês de julho." Ficamos surpresos, depois lembramo-nos que em Taiwan todos acreditam em fantasmas. Meu interlocutor continua: "Minha esposa tinha um câncer incurável, mas depois de ter aderido ao Falungong, ficou curada." Como assim? "Ela leu o livro de Li Hongzhi e praticou os exercícios físicos prescritos pelo mestre." Desde essa cura, o universitário juntou-se à seita e inicia os novos interessados em seus mistérios.

Secte, em inglês, não é um termo pejorativo, designando uma afiliação religiosa como qualquer outra; o termo negativo seria *cult*. Os comunistas, em inglês, chamam o Falungong de *cult*. Depois disso meu interlocutor se inflama; tenta me converter, para o meu próprio bem. Mesmo assim, sem muito insistir. Despeço-me dele com uma pesada documentação; poderia também consultar seu site.

Consultei o site e li os livros; Li Hongzhi retoma os textos budistas: a condenação das aparências desse mundo material, o chamado à compaixão. Acrescenta ainda os preceitos do taoísmo popular, em particular a prática do qigong, essa ginástica que conduziria à imortalidade. Ele tempera o conjunto com um pouco de ficção científica ao modo americano: a seita prepara seus adeptos para o fim do mundo. Nada além de extravagâncias que não sejam radicalmente novas. A inovação situa-se na organização em rede: as informações circulam pela internet, os fiéis se reúnem em locais privados, apartamentos ou parques, para meditar e praticar juntos seus exercícios. O Falungong é pacífico, sua referência é a não-violência; pode-se entrar no Falungong tão facilmente quanto sair. Não há conhecimento de extorsões cometidas em seu nome, o dinheiro circula pouco; a única coisa pedida a um adepto é que compre o livro do mestre, o que representa uma despesa modesta. Li Hongzhi, exilado nos Estados Unidos, vive confortavelmente de seus direitos autorais, sem mais nada. Aparece pouco e cultiva o mistério em relação a sua pessoa.

Como a maior parte dos ocidentais democratas e descrentes deveria fazer, concluí que não existe um motivo aceitável para exterminar o Falungong tal como se faz no Partido. Essa postura tem um custo para mim, ela é difícil para todos os defensores racionais dos direitos humanos, pois o Falungong não tem nada de racional; mas o combate em favor da democracia exige que se dê suporte ao direito à diferença, mesmo quando essa diferença nos parece confinar as pessoas no delírio. Resta saber por que o Falungong é considerado na China, hoje, como o inimigo número um do regime e por que a seita suscita em milhões de chineses tanto entusiasmo.

O Falungong, um antipartido

Inicialmente, Li Hongzhi era um dirigente do Partido e um mestre de qigong que o Partido encorajava. Nos anos 1970-1980, o qigong era exaltado como uma ciência do corpo pertencendo à mesma família respeitável que a medicina tradicional e a acupuntura: naquele momento, segundo os comunistas, todas se constituíam em alternativas patrióticas em relação ao conhecimento ocidental. Nos anos 1970, os laboratórios universitários convidavam os mestres de qigong a deslocar objetos à distância através da concentração de sua energia interior, e nos anos 1980 toda a China foi tragada por uma febre do qigong. Aos milhões, os adeptos se encontravam nos parques para se exercitar nos lentos movimentos de uma forma de ginástica que o Partido estimava como "purificada" de qualquer significação religiosa; os executivos faziam questão de participar desses exercícios de massa. Era somente a ginástica que atraía as multidões? A nostalgia do budismo e do taoísmo se encontrava presente, de modo subjacente. Alguns, que se recordavam dos ritos de sua infância, se conectavam novamente com as antigas práticas. Li Hongzhi amalgamou as religiões clássicas aos métodos do maoísmo: convocava as multidões nos estádios, fazia com que repetissem palavras de ordem e pedia que testemunhos fossem narrados. Tudo com coreografia, o mestre tinha sempre razão. Mas, para a maior parte das pessoas, o qigong era antes de tudo um pretexto para estar juntos visando superar a atomização da sociedade chinesa. Li Hongzhi exerceu a sedução porque, depois de meio século de violência, de delação, de ódio organizados, ele falava somente de amor e de benevolência. Os adeptos restauravam entre si a confiança, a ajuda mútua, o inverso absoluto do comunismo real.

Os aposentados constituem, aparentemente, a maior massa de adeptos do Falungong, sem dúvida porque são os primeiros atingidos pelo isolamento. Mas o Falungong atrai também funcionários públicos, militares, universitários; mesmo membros do Partido dispõem-se a acreditar na mensagem de Li Hongzhi, o que se constitui numa fonte de inquietação para os dirigentes que descobrem que sua organização encontra-se gangrenada desde dentro por essa estranha crença. Espanto-me ao perceber que comunistas, materialistas, ateus, juntam-se à seita; alguns deles me confessaram ter encontrado ali uma fraternidade desconhecida entre membros do Partido. O que nos faz lembrar o precedente das sociedades secretas chinesas, que também mesclavam ritos de adesão e ajuda mútua. Compreende-se assim como o sucesso do Falungong, mesmo não buscando derrubar o Partido, tornou-se insuportável para o Partido: ele é um antipartido.

Em 17 de abril, de 1999, dez mil adeptos do Falungong, que haviam combinado pela internet, se reuniram em silêncio diante da sede do governo em Pequim em protesto contra a publicação de um artigo de imprensa insultando Li Hongzhi. Os dirigentes comunistas ficaram estupefatos ao descobrir que o Falungong era um movimento organizado e que a internet permitia contornar a ordem policial. Acontece que o Partido tem um temor inacreditável em relação à capacidade das pessoas de se organizarem fora de seu âmbito: tudo o que não é organizado é tolerado, mas nada do que é organizado é tolerado. Desde essa data, os adeptos do Falungong, que jamais resistem à ação policial, são caçados e encarcerados segundo um modo de repressão que ilustra os métodos do Partido.

O governo não quer mais ver adeptos em Pequim; ele responsabiliza, portanto, os comitês de base, desde os quarteirões da capital até os limites da China. Qualquer adepto interceptado em Pequim custa ao pequeno dirigente local uma multa e o fim de sua carreira. Assim, o pequeno dirigente local mantém-se vigilante: ele usa a delação. Se perceber a existência de um adepto, ninguém o reprovará por usar métodos brutos: ameaças pessoais, internamento administrativo sem julgamento, prisão, tortura, execução. Assim, os membros do Falungong se tornaram majoritários nos "centros de reeducação pelo trabalho"; a polícia pode decidir por si mesma, sem julgamento, sem advogado, sem procedimentos de apelação, mandar para lá qualquer perturbador da ordem pública. Os adeptos da seita se encontram ali com os pequenos malfeitores, as prostitutas, os drogados, e, até pouco tempo atrás, os homossexuais; durante o Ano do Galo, o número de pastores protestantes e de padres católicos não-oficiais também aumentou muito nesses centros. Todos considerados como malfeitores que não merecem julgamento! Lições de moral e o trabalho manual deveriam trazê-los de volta para o caminho reto. Mas, como ninguém investiga o que acontece nesses centros, se conhece pouco acerca das condições de detenção; algumas pessoas que escapam dali evocam as torturas exercidas, em particular contra os adeptos das seitas, até que se obtenha sua abjuração. Esse uso da tortura foi confirmado, em dezembro de 2005, pelo comissário das Nações Unidas, encarregado dos direitos humanos, Manfred Nowak, a quem as autoridades chinesas não puderam recusar o acesso a alguns desses centros.

Assinalemos outras formas de tortura não violentas contra o Falungong, às vezes até mesmo cômicas. Coloque-se no lugar de um apparatchik local; digamos que ele constate que as pessoas idosas do quarteirão insistem em se reunir para praticar o qigong. Elas se dedicam a isso há décadas, convencidas que essa prática as mantém em forma, o que não se pode negar. Mas como distinguir um homem velho adepto do qigong enquanto ginástica de um adepto do Falungong que a pratica por devoção ao mestre? A distinção é impossível, mas o apparatchik é hábil. Ele notou os lugares onde se reúnem os adeptos do qigong: os parques, a beira dos lagos, as margens dos rios, a proximidade dos templos. Então, faz com que sejam instalados aparelhos de ginástica à disposição do público, tendo o cuidado de explicar através de cartazes que esses aparelhos modernos são mais eficazes que o qigong que se tornou fora de moda. Logo se percebe os velhos se exercitando em tipos de balanços e outros aparelhos. Nesses mesmos lugares de encontros tradicionais, o Partido encoraja a dançar a valsa; alto-falantes difundem essa música moderna, dado que ela é ocidental; casais de velhos se formam, a China antiga desaparece. Tudo passa, desde que no topo do poder não se ouça mais falar disso. Foi assim que o Falungong, embora tenha aparentemente desaparecido, tornou-se uma gigantesca sociedade clandestina; não parei de encontrar seus membros falando debaixo do pano, recrutando adeptos pela internet e SMS.

O Falungong é, portanto, ameaçador porque opera num terreno que o Partido não domina, o das crenças e das consciências, que produz uma resistência a toda prova e também mártires. Na história da China, diversas dinastias imperiais foram derrubadas por revoltas místicas; a última que produziu essa situação, a revolta dos Taiping – os quais entre outras crenças, haviam se convencido de que as balas de fuzil não podiam atingi-los – desestabilizou a última dinastia Manchu. O Falungong não tem uma natureza distinta, o que não quer dizer que a história se repetirá; mas a maior parte dos intelectuais liberais, seja em Pequim ou no exílio, não escondem que a seita se tornou seu aliado objetivo.

Como medir a fé dos chineses?

A reconstrução dos templos taoístas e budistas na China, junto com o entusiasmo dos novos cristãos, fazem acreditar numa renovação da fé; poucas são as conversas, nos mais diversos meios, que não levam a interrogações morais ou místicas. O vazio ideológico pós-maoísta, a paixão materialista, a corrupção geral dos costumes, a lembrança das práticas de outros tempos suscitam uma busca incontestável de transcendência. Mas nesse caso trata-se somente de impressões colhidas no caminho, fenômenos não mensuráveis. Pelo menos eu penso assim... Pois, na China, tudo é quantificado pelo Partido, incluindo a religião!

Há em Pequim um Instituto das religiões; seria de se esperar que ele se interessasse nas crenças, mas sua função é policial. Os pesquisadores não estão ali para trabalhar com teologia, mas para proibir os transbordamentos. Um sinal que não engana: fui recebido por dois acólitos pertencentes a gerações distintas, um deles mais experiente e autoritário, o outro mais moderno; os papéis estavam distribuídos: o Partido de antes, e o Partido de agora. O proselitismo é permitido? Sim, contanto que a religião autorizada seja disseminada por um membro das associações patrióticas, e que este seja chinês; a regra permite expulsar os missionários católicos comandados pelo Vaticano, os pastores originários da Coréia e os budistas do Japão. "Não se trata de chauvinismo, me assegura com um grande sorriso o apparatchik jovem e moderno; os fiéis chineses querem ser educados pelos chineses." Como assim? De que forma então o budismo, o islã ou o cristianismo conseguiram penetrar na China? É de se perguntar...

Comentei minhas observações esparsas nas províncias da China: não estaríamos assistindo a um renascimento religioso? Os dois cúmplices entraram num acordo em voz baixa. Coube ao apparatchik jovem e moderno me dar uma resposta moderna: "Estamos aqui entre intelectuais, disse-me ele; eu lhe darei, portanto, uma resposta honesta e científica." Antes de engajar-se numa longa exposição de argumentos, fez com que fosse servido o chá; uma moça do interior, vestida com um uniforme de servidor de palácio que não era de seu tamanho, despejou a água fervente da garrafa térmica sobre as folhas verdes. É necessário deixar que repouse um pouco até que as folhas desçam ao fundo da xícara. Deve-se beber queimando os lábios, aspirando para engolir, se possível, a infusão sem as folhas. Esse exercício que queima necessita uma grande concentração.

"Não, nós não constatamos um renascimento religioso na China", começou dizendo o jovem apparatchik. Os pesquisadores do Instituto calcularam os adeptos das cinco associações religiosas patrióticas; em 2005, o total atinge cem milhões. Que alguém seja crente sem ser adepto não é considerado aqui: não seria científico. O problema é que cem milhões corresponde aproximadamente ao número de 1950, logo no início do regime, quando essa contagem foi instituída. Entre 1966 e 1976, a revolução cultural acarretou uma baixa maciça das adesões; quando a liberdade religiosa foi restabelecida em 1985, as adesões voltaram a subir e se estabilizaram em torno de cem milhões. Mas a China tem duas vezes mais o número de habitantes de 1950; conseqüentemente, em meio século a proporção dos crentes foi dividida por dois. Os dois apparatchiks ficam sorridentes: então quer dizer que não conseguiram me convencer?

Já que, de um bilhão e trezentos milhões de chineses, somente cem milhões "têm uma religião", quer dizer que o comunismo e o progresso econômico eliminam tranqüilamente as religiões chinesas. Os dois comissários ficam bastante satisfeitos. Eu esboço uma contra-ofensiva:

– É evidente que os protestantes estão progredindo.

– Eles partiam de um ponto muito baixo. Estão recuperando seu atraso em relação aos católicos. É normal.

Na realidade, os protestantes são dez vezes mais numerosos que os católicos, mas o Partido parece aceitar mais cultos evangélicos dispersos do que uma igreja católica organizada e comandada de fora da China; entre o protestantismo versão ianque e o Vaticano, o partido comunista prefere favorecer os americanos.

Livram-se de mim de maneira cortês, tecendo algumas considerações acerca da seqüência de minha pesquisa: seria bom que eu desconfiasse de minhas impressões subjetivas, visto que havia sobre esse assunto uma instituição capaz de disponibilizar para mim respostas científicas.

Efetivamente, talvez eu estivesse, como os jesuítas anteriormente, pasmado, e prisioneiro de meus preconceitos? Eles não haviam visto nenhuma religião na China; no meu caso, vi religiões demais na China.

Eu não concluiria, entretanto, como fazem muitos observadores americanos (que são protestantes), que os chineses se converterão em massa à religião evangélica, derrubarão pelo fervor o partido comunista e assim instaurarão a democracia. Tal como o cristianismo tem se propagado, ele permanece demasiadamente chinês para conseguir isso, ao menos ele se mostra mais chinês do que cristão, e se a história da China nos ensina algo, ela mostra que jamais nenhum culto chegou a dominar os outros. Provavelmente, o que vai acontecer é que as religiões e seitas permanecerão pulverizadas; mas é justamente esse pluralismo que é portador de esperança numa China que se libera do pensamento único.

4
Os humilhados

Virar as costas para a China marítima, viajar em direção ao oeste, significa voltar aos tempos antigos e descobrir o segredo do milagre econômico chinês: é desanimador.

Na saída da capital, a China parece absolutamente nova. A começar do aeroporto, mais eficaz do que na Europa. Lembro-me da estátua gigante de Mao Tsé-Tung que, há pouco tempo, acolhia os viajantes: quando é que ela foi tirada dali? Ninguém sabe dizer. Essas estátuas estão longe de ter desaparecido de toda a China; subsistem ainda na maior parte das grandes cidades, afora Pequim e Shanghai.

Duas horas mais tarde, em Xiam, ainda tudo funciona; trata-se também da nova China, e ela funciona. Bem demais: os aeroportos e as estradas superdimensionados, em geral praticamente desertos. Em princípio, são construídos para unificar a China, reunir as províncias para constituir um mercado único. Até estes últimos anos, havia na China o mesmo número de mercados e de províncias, todos voltados para si mesmos; cada um gerava a sua agricultura e indústria em autarquia, protegia os seus interesses e empresas locais multiplicando os direitos alfandegários interiores e todo tipo de obstáculo físico e administrativo. Esta fase está acabando; agora se pode falar de um verdadeiro grande mercado chinês, o que é algo sem precedente. O que explica também tantas estradas! Pode-se imaginar que a sua construção também enriqueceu alguns executivos. Perguntamo-nos sobre o seu financiamento: os pedágios são inacessíveis para as pessoas simples e para a maior parte dos transportadores. No centro e no oeste da China, os principais usuários, às vezes únicos, são os dirigentes políticos; podem ser identificados em suas limusines pretas de marca alemã, Audi. Quem vai reembolsar esses investimentos?

Uma estranha paixão por estradas

Nas regiões mais pobres, onde as estradas e aeroportos são menos úteis, são financiados por bancos públicos que têm que obedecer às exigências do partido comunista local; jamais recuperarão os seus fundos. Nas províncias mais prósperas, os pedágios são insuficientes para reembolsar os empréstimos; mas as empresas de estradas – majoritariamente públicas – expropriam amplamente dos dois lados das vias, conseguindo a preços baixos terrenos para construir. A especulação feita às custas dos camponeses pouco indenizados torna algumas dessas empresas de construção tão rentáveis que os bancos ocidentais investem nessa atividade sem pudor.

Os viajantes ocidentais ficam fascinados com a rapidez do desenvolvimento da rede de estradas; eles nunca se perguntam sobre as condições de trabalho? Os operários recrutados no campo trabalham oitenta horas por semana; alojados e mal alimentados no local de trabalho, não têm o direito de se afastar das obras. A expressão "campos de trabalho" que utilizam os interessados é o termo mais neutro para designar essas prisões; cabe ao escritor liberal Wang Yi, professor de direito em Chengdu, lembrar que nos anos 1930, os nazistas também construíam magníficas estradas que deixavam os europeus atônitos.

A preferência dada às estradas, assim como a que se atribui ao carro individual, é irracional em um país tão vasto e pobre; a ferrovia e os transportes públicos na cidade seriam mil vezes mais adequados para os deslocamentos em grandes distâncias desses enormes fluxos de homens e mercadorias. Teriam permitido a industrialização das províncias do oeste e do centro, assim como o transporte das mercadorias para os portos marítimos. Porém, a única estrada de ferro em que o governo chinês investiu recentemente é a que serve o Tibet; foi inaugurada neste ano. A sua utilidade econômica será fraca, mas permitirá aos chineses colonizar mais facilmente a província rebelde e dirigir para aí o exército em caso de necessidade. Os tibetanos sentem e dizem isso.

Se o governo deu prioridade para as estradas, é por enriquecerem mais rapidamente aqueles que dão ordens e por serem instaladas com mais rapidez. Os dirigentes estão impacientes: para si mesmos e para a China, buscam lucro imediato. Não se trata de uma estratégia de longo prazo; na China, ninguém pensa dessa forma. Por que ninguém acredita nisso? Se os capitais são absorvidos pelas infraestruturas e não na educação nem na saúde, é que o desenvolvimento da China não se baseia na formação e no desenvolvimento dos recursos humanos. É o inverso do que aconteceu no Japão e na Coréia. Às vezes, em uma brecha de um discurso, os dirigentes de Pequim reconhecem esses erros e garantem que no futuro tudo será diferente; prometem para as províncias mais pobres, escolas, hospitais, fábricas e trens. No momento não passam de slogans; a realidade imediata é diferente. É a que descobrimos e descrevemos aqui.

Do leste ao oeste, o reerguimento dos séculos

No oeste de Xiam, pegamos uma estrada em construção dia e noite; só a falta de concreto diminui o seu progresso. Ainda estamos no mundo desenvolvido, mas filas de caminhões sobrecarregados passam por nós, vindos de uma época anterior. A história da China desfila: fábricas são construídas; outras destruídas, da época do maoísmo. As novas são particulares, as antigas eram públicas. A "destruição criadora", teoria importante para os economistas liberais, atua aqui como nunca em outro lugar ou tempo. Nos vilarejos que atravessamos, igrejas católicas e protestantes vivem um despertar religioso; estamos na província de Shaanxi, onde foi edificada a primeira igreja cristã no século VII. Essa seita nestoriana, vinda da Persa, desapareceu, provavelmente dissolvida no budismo; desde as suas origens, o cristianismo navega na China entre duas margens: assemelhar-se aos cultos chineses até confundir-se com eles, ou aparecer como uma religião muito diferente.

Da estrada, vemos estelas funerárias no topo de *tumulus*[1], dispostos segundo o princípio da geomancia, espalhados nos campos de trigo e de milho; no começo da primavera, na época do dia dos mortos que também se chama de festa da Luz ou ainda de festa da Cozinha fria (comem-se pratos preparados na véspera), os *tumulus* são limpos, homenagem dos vivos para seus ancestrais. As famílias vêm queimar incenso e moedas de papel simbólicas que acompanham os mortos em seu purgatório. Essas tumbas são lugares onde se reconstituem as famílias que as revoluções dispersaram; a festa da Luz recria uma sociedade civil e tece novamente os fios da memória. Cada um desses monumentos representa também uma modesta vitória contra as autoridades que exigem a cremação e a reunião dos corpos para liberar as terras aráveis. Os camponeses resistem, insistem em semear e colher ao redor dos *tumulus*.

---

[1] Montículo de terra, pedras erguido acima de uma tumba. (N.d.T.)

Depois de duzentos quilômetros, a estrada fica estreita, depois se degrada, o revestimento desaparece; os caminhões atolam em buracos, alguns caem em barrancos. Acabamos de atravessar a fronteira entre Shaanxi e Gansu: uma estrada de tofu, dizem, em patê de soja, porque os funcionários locais desviaram fundos. Alguns foram mandados para a prisão, mas os executivos do Partido não ficaram preocupados; raramente ficam. Em todo o mundo, as obras públicas financiam os partidos políticos; a China não é uma exceção. Quando a corrupção fica muito evidente, o Partido reprime os subalternos, se vangloria, mas não muda o sistema que lhe dá bons frutos.

Depois do tofu, um caminho de pedras sobe as montanhas. O ritmo da nossa progressão diminui por causa de alguns pedágios: inspetores de uniforme exigem um direito de passagem ou uma quantia, a nosso critério. Se recusarmos, impõem uma multa mais alta. Em todas as estradas da China, os viajantes são extorquidos por funcionários com uniformes que não são como os oficiais, e os pagamentos que exigem não têm nenhuma justificação. O dinheiro recolhido fica no bolso deles; segundo o governo chinês, 40% dos impostos exigidos aos camponeses não têm nenhuma base legal e nunca vão para os cofres públicos.

As construções novas são interrompidas; nos vilarejos, as fazendas com paredes de pau a pique e com telhas encurvadas não mudaram há séculos. Aqui estamos no fim desta aventura, no município do Pagode da Fênix, doze mil habitantes espalhados em dez vilarejos com denominações pitorescas: a Poça dos Patos, o Lugarejo da família Mao... Convidado do secretário local do Partido, eu poderei ficar aqui sem ter que me explicar à polícia; nós havíamos nos encontrado fortuitamente no hospital de Baoji onde a filha do secretário estava sendo tratada. Na China, não há melhor introdução do que o acaso dessas amizades súbitas.

O campo chinês, que, de longe, parece imóvel e idílico, não é nem um nem outro. Dizer que os vilarejos de Shaanxi ou de Gansu são pobres descreve mal a penúria que reina; as casas são vazias, fora as camas indispensáveis, um fogão e alguns banquinhos. As paredes de pau a pique não protegem nem dos verões implacáveis nem dos invernos tenebrosos: como aquecimento só há um braseiro de tijolos, o *kang*, alimentado com parcimônia pelos restos das colheitas e galhos das encostas das montanhas. A higiene é desconhecida, a água corrente excepcional. Nesses vilarejos não há lugar de encontro público; pouca vida social. Tampouco há harmonia, brigas de clãs, cuja origem se perdeu há muito tempo, estragam as relações de vizinhança, cada um vive dentro de sua própria família. Mas a China também mudou: a eletricidade serve a comunidade, a televisão chegou. Somente um canal público é captado aqui que recita os sermões do governo e apresenta espetáculos de variedades muito mais do que reflete a agitação do mundo; o que não nega o fato de que o isolamento foi rompido.

Mas onde estão os homens? Nas ruelas, se percebem somente crianças em idade escolar e velhos ressecados sentados em banquinhos, fumando de modo pensativo o seu cachimbo. O número de crianças é grande o bastante para que se perceba que os pais não respeitam as regras do planejamento familiar: nessa província de Shaanxi são autorizados dois filhos por casal, enquanto que nas províncias mais densas a regra é de um filho único. No Pagode da Fênix, a média é de três filhos, ou porque os pais dissimulam o nascimento proibido, ou porque pagam a multa considerável que as autoridades exigem nesse caso. Na segunda vez em que estive nesse lugar – a primeira havia sido em abril – era outono, os jovens iam para os campos, colhendo com a mão as espigas de milho e preparando a terra, com ancinhos de madeira, para o trigo que seria plantado em seguida. Cada família dispõe de um hectare disposto em pedaços de terra presos aos flancos da montanha, erodidos por um rio freqüentemente inundado. Sem ferramentas e sem outros insumos que não sejam humanos, viver dessa terra ruim exige uma paciência de jardineiro. Por sorte, algumas macieiras e nogueiras proporcionam uma colheita que pode ser vendida; essa é a única fonte de renda, reduzida pelos intermediários que se aventuram até aqui com seu caminhão e abusam da desorganização dos camponeses.

Se os homens são invisíveis como a maioria das mulheres jovens, é pelo fato de só existir, para eles, o êxodo para as cidades, os canteiros de obras, as fábricas do leste da China. O campo é pobre, foram deliberadamente asfixiados: tudo foi organizado para que os camponeses, que ficavam na sua terra, não pudessem de forma alguma melhorar a sua vida. Esta é uma característica que marca uma grande diferença entre a China e outros países em desenvolvimento como a Índia, o Brasil ou a Indonésia, tão rurais e densos quanto ela; porém, nesses outros países, os camponeses podem se expressar e às vezes serem ouvidos. Na China, eles não têm esse direito; isto explica por que razão um camponês chinês dificilmente empreende, aprende e se cuida.

Oitocentos milhões de camponeses condenados eternamente à miséria

Dizem que os camponeses chineses são muito numerosos em uma terra exígua e ingrata, sendo assim são pobres e condenados a permanecer assim. Porém, esta realidade que é um lugar-comum não justifica que a cada ano afundem um pouco mais na miséria – o que o governo reconhece –, e que só exista para eles a possibilidade do êxodo. Na própria China, nos anos 1960, a introdução de novas sementes e técnicas agrícolas havia permitido aumentar consideravelmente os rendimentos e eliminar a fome e a miséria. Depois a experiência, mal conduzida, das fábricas no campo, nos anos 1970, mostrou que não era inconcebível desenvolver no mesmo lugar a agricultura e a sua transformação, com operários-camponeses. Fora da China (na Índia ou em Bangladesh, por exemplo), a cultura de produtos agrícolas comercializáveis, a organização de cooperativas particulares, o micro-crédito concedido a pessoas empreendedoras, demonstram que é possível melhorar a vida dos camponeses sem necessariamente desenraizá-los. Na China, nada disso se tenta porque os camponeses não têm representação, nem voz. Investir em seu próprio futuro não lhes é permitido na medida em que o crédito lhes é recusado; como a terra não lhes pertence, ela pertence ao Estado, ninguém pode oferecer a sua propriedade como garantia em troca de um empréstimo bancário. Em um país pobre, a desigualdade em relação ao crédito equivale a ser condenado eternamente à miséria. O Partido, ninguém sabe, nem por isso tem como objetivo que a terra seja dada ao invés de concedida ao camponês que a cultiva: a propriedade de terra poderia fazer surgir uma classe média cuja sobrevivência não dependeria mais do Partido.

Da mesma forma, a atribuição administrativa de cada parcela de terra por família impede agrupamentos de terras que permitiriam uma exploração mecanizada mais produtiva: é significativo que a produção nacional de trigo e arroz esteja estagnada no mesmo nível há quinze anos. Se déssemos ouvido às confidências parcimoniosas – o secretário do Partido nunca está longe – os aldeões gostariam de agrupar-se a fim de comercializar suas maçãs, ou até mesmo construir uma fábrica de suco de frutas. O Partido não quer que isso aconteça, pois significaria renunciar à pulverização das propriedades, dar crédito aos camponeses, produzir um curto-circuito em relação aos intermediários e traçar uma estrada transitável até o vilarejo: tudo isso, que nos parece caminhar num sentido positivo, daria "dor de cabeça" ao secretário do Partido. Ele teria que explicar a seus superiores hierárquicos que residem no distrito todas essas transgressões contra a ideologia dominante: ele me confessa preferir o status quo.

Resta a escola; a esperança dos camponeses humilhados se projeta em seus filhos. Afinal, não é através da educação que escapamos de nossa condição? Os pais se dispõem a sacrificar nisso seus limitados recursos. Pagode da Fênix tem de fato uma escola, de bom aspecto, do tipo que se presta às inaugurações oficiais: supostamente, as quase duas mil crianças do município passam aqui seus nove anos de escolaridade obrigatória. Mas nem todos fazem isso, mais de um quarto anda pelas ruelas ou trabalham nos campos. "São crianças deficientes, justifica-se o diretor da escola, nós não estamos preparados para acolhê-las." Sua verdadeira deficiência me pareceu ser a pobreza de seus pais, que não têm nenhuma condição de pagar.

O ensino não é gratuito? As escolas da cidade podem ser gratuitas ou depender de empresas públicas, mas não no campo: os pais devem contribuir com o material escolar, com os custos do aquecimento das classes, na compra de giz, no refeitório e outras prestações imaginadas pelos diretores. Os professores por sua vez não se mostram insensíveis aos presentes que darão ao estudante uma atenção particular e uma passagem sem dificuldade para a classe superior, acrescido talvez, ao final do caminho, do acesso ao segundo grau. A seu favor, devemos dizer que esses professores recebem um salário miserável: oitenta yuans por mês. Eles moram na escola, mas seu quarto, lugar sem aquecimento equipado com uma caminha e um fogão, afasta da profissão qualquer professor diplomado, formado na cidade. Os professores do vilarejo não são verdadeiramente professores; freqüentemente, são camponeses da região que passaram por uma formação superficial de duas semanas. Eles mantêm seus campos, que eles próprios ou seu cônjuge cultivam entre uma aula e outra. Providos às vezes de uma extraordinária devoção, esses semiprofessores sabem justo o necessário para ensinar os alunos a ler, escrever e contar. Os nove anos de escolaridade obrigatória, alardeados pelo Partido, são, portanto, mais uma ficção; ela explica a taxa de analfabetismo real que atinge um quarto da população chinesa, as mulheres em particular.

Mas, a pior das catástrofes que pode ocorrer para um camponês é a doença. O médico mais próximo encontra-se em Baoji, a cinco horas de ônibus por um caminho esburacado. O acesso aos cuidados médicos seja lá como for está fora das possibilidades da maior parte dos camponeses: qualquer que seja a urgência, o hospital do distrito exige de todos os pacientes um depósito de garantia de oitocentos yuans. Esse crédito financiará os procedimentos médicos, todos tarifados; essa situação é encontrada em todos os hospitais da China. Nos mais modernos, o preço das intervenções, sempre pagas adiantadamente, encontra-se indicado logo acima dos caixas onde se paga. Os medicamentos são vendidos à parte pelos médicos, a preços proibitivos. Para a maior parte das famílias, somas como essas significam envolver-se num endividamento que se estende por muitos anos. Esses cuidados, mesmo sendo onerosos, revelam-se às vezes piores do que a doença. No caso das injeções e perfusões, que são sistemáticas nos hospitais distritais tanto por seu caráter mágico quanto terapêutico, o pessoal médico recorre a seringas usadas e medicamentos ultrapassados. Muitos pacientes contraem hepatite que degenerará em câncer. Há inúmeras viúvas no vilarejo. Quem se preocupa com essa situação?

Enquanto o governo chinês e o resto do mundo se preocupam com a pneumonia atípica da gripe aviária cujo número de vítimas é por enquanto insignificante, ninguém se preocupa com a tuberculose, malária, hepatite, cólera e disenterias que atingem dezenas, e mesmo centenas de milhões de chineses. A prevenção e a luta contra a gripe aviária são complexas, caras e talvez inúteis, porém, ensinar algumas precauções elementares salvaria tantas vidas. No campo, as regras de higiene são ignoradas; as pessoas não lavam as mãos, vivem em promiscuidade com os animais, o que constitui as duas fontes principais de infecção. O Partido não se preocupa: por cinismo? Investir na higiene não é glorioso e não traz lucros instantâneos. O resultado é que no oeste rural da China a esperança de vida é em média dez anos inferior ao índice das cidades do leste; atualmente no campo ela está diminuindo.

Com a medicina fora do alcance da maioria, fica o pensamento mágico, o ópio do povo segundo Karl Marx, dado ao vilarejo pelo mestre Zhao.

Zhao é um padre taoísta. Autêntico? Para provar, ele dá um certificado carimbado pela Associação taoísta patriótica, o braço religioso do partido comunista. Esse tipo de certificado não requer um conhecimento aprofundado da teologia, mas boas relações com a Associação e coisas por baixo do pano. Na China, tudo se comercializa, até o sacerdócio. Mestre Zhao tem barba longa e maneiras excessivamente gentis; "graças ao Partido", ele pode restaurar o templo do Pagode de Fênix, destruído durante a revolução cultural, de forma idêntica, porém, mais brilhante. Para ele, é preciso dizer que não faz política. A sua função principal é realizar enterros, acompanhar as almas para a libertação para que não voltem e importunem os vivos. Mas, no dia a dia, ele pratica a medicina ou aquilo que se pratica com esse nome: as pessoas com enxaqueca, os cancerosos, os deprimidos procuram Zhao que lhes vende bastõezinhos de incenso, faz poções com cascas e ervas, coloca as mãos na cabeça dos pacientes e murmura velhas preces. Nenhuma dessas terapias é gratuita. Às vezes, são perigosas: como a medicina chinesa nunca foi testada de maneira científica, a sua utilidade é duvidosa e as misturas tóxicas a que recorre podem acabar com o paciente.

A situação sanitária não era melhor antes das "reformas liberais", no tempo do comunismo real? Na época de Mao Tsé-Tung, o vilarejo tinha um posto cujas ruínas subsistem. Os antigos se lembram de "uma médica descalça", uma jovem da cidade transferida para o vilarejo durante a revolução cultural, mas, eles acreditam que mestre Zhao é mais competente do que ela.

Esse retrato de um vilarejo, emblemático de muitos outros lugares visitados, não é muito sombrio? Evidentemente, tudo é melhor que nos anos 1960, quando os camponeses foram reduzidos a comer ervas e cascas porque o Partido confiscava as colheitas. O camponês chinês, mesmo se ficar no vilarejo, sobrevive, o que é um progresso no tempo da coletivização das terras e de outros "grandes saltos adiante" impostos nos anos 1950 e até 1978. A volta à exploração particular das terras (mas não à propriedade privada), o que foi chamado de "Reforma" de 1979, salvou os camponeses da fome. Entretanto, não em todos os lugares: cem milhões de camponeses nem sempre comem para satisfazer a sua fome. Cem milhões, mesmo na China, significam algo.

Por esses progressos relativos, deveríamos louvar a sabedoria do Partido, como ele mesmo o faz? Depois de ter tirado o alimento dos camponeses, o Partido lhes restituiu: uma reforma que revela menos o gênio de seu instigador, Deng Xiaoping, do que a racionalidade do camponês chinês. Quando o Partido o deixa trabalhar, ele trabalha; quando o Partido confiscou a propriedade privada e as colheitas, milhões pereceram. Não há meio de mergulhar auto-satisfação. E deve-se sempre comparar a China de hoje com a de antes para concluir que ela progride sob a tutela do Partido? Não se deveria antes comparar a China com outros países confrontados aos mesmos desafios? Não se deveria preferivelmente comparar a China de ontem ao que ela poderia vir a ser, considerando a dedicação ao trabalho e o desejo de educação das populações camponesas? Esta última medida parece a mais justa; também é aquela que dá menos vantagens ao partido comunista. Pois, desenvolver a agricultura, melhorar o bem-estar de oitocentos milhões de camponeses, não é de forma alguma a prioridade das autoridades.

O êxodo forçado dos adolescentes

"O Partido não comanda mais, não dirige mais, ele aconselha!", explica Lu antes mesmo que eu lhe pergunte. Lu, secretário do partido do Pagode da Fênix, deve ter sido advertido por seus superiores quando souberam que um estrangeiro se aventuraria em suas terras sem prévia autorização. Lu parece sincero: pelo menos é um camponês autêntico, não um apparatchik da cidade enviado arbitrariamente pelo Partido. Há muitos vilarejos onde esses secretários de Partido são tiranos, enquanto que no Pagode da Fênix, as pessoas não se queixam muito do jovem Lu. Sem dúvida, os aldeões devem satisfazer as necessidades de Lu e as de sua mulher. Construíram para ele uma casa moderna, revestida com piso branco. Pagam para a sua subsistência e as suas mínimas despesas: cigarro, transporte quando Lu vai até a cidade. No campo, o Partido vive às custas dos camponeses pobres, quando esses tiranos locais convidam a sua família e amigos, essas despesas se tornam o imposto não-oficial mais pesado. É comum que o secretário do Partido se aproprie de um pedaço de terra para construir uma casa para si; os camponeses cedem ou fazem uma petição. Alguns vão até Pequim para fazer valer os seus direitos; no trajeto, são agredidos pela polícia e os chefes levados para a prisão. Quando esses peticionários são muito numerosos na capital, a polícia dá uma batida e os coloca em um estádio enquanto organizam a sua expulsão para a sua província de origem. Quando um deles é atendido, para dar exemplo, a imprensa elogia a sabedoria dos dirigentes nacionais e a negligência dos membros locais. Esse é o jogo: tudo é permitido para os apparatchiks de base com a condição de que não se fale disso na cúpula.

Mas Lu não exige muito e me disseram que "ele sabe ler e escrever": ele tem o secundário, pode compreender a correspondência oficial e traduzi-la em língua local para os aldeões. E Lu tem orgulho de ter sido eleito, em um círculo restrito, pelos vinte e nove membros de sua seção. Não é um pequeno número para um vilarejo de dois mil habitantes? Ele admite que o Partido deveria recrutar mais ativamente, porém, há poucos que "aceitam se dedicar ao povo". Quantas mulheres estão no Partido? Surpreso com a minha pergunta, Lu parece contar na sua cabeça antes de confessar que não há nenhuma; refletindo, admite que seria bom que houvesse uma.

Retomemos os slogans que Lu recebeu como indicação para que me fossem passados: "O Partido só tem uma missão, explica, o desenvolvimento da China"; está encarregado de explicar isso aos aldeões. Sim, eu compreendi bem, trata-se de desenvolver a China, não o vilarejo. Desenvolver a China, isso requer abastecer as fábricas com mão-de-obra rural dócil, barata, inesgotável.

Quando os rapazes e as moças do Pagode da Fênix chegam à idade de dezesseis anos, Lu incita-os a deixar o município e vender a sua força de trabalho em outro lugar. Esse êxodo não é aconselhado ou espontâneo: Lu recebe uma notificação do Partido do distrito, acima dele, com uma cota anual de emigrantes, por idade, sexo e qualificação. Essas cotas refletem as necessidades das indústrias e serviços que se desenvolvem nas cidades e no leste, longe do campo. Se a cota não for respeitada, Lu é sancionado com uma multa ou perda hierárquica no Partido. Na realidade, como os jovens vão embora antes que isso lhes seja pedido, Lu não tem nenhuma dificuldade em preencher essas exigências.

Tanto quanto o Partido, os pais colaboram para o êxodo: um adolescente que fica é tratado de vagabundo. Se emigrar, a sua família espera que envie uma parte de seus ganhos; alguns o fazem, outros desaparecem para sempre. Poucos filhos voltam e se responsabilizam por seus pais; o amor filial, virtude essencial da China, cedeu à economia de mercado. Assim o número de órfãos aumenta; o pai, que foi embora trabalhar longe, desaparece. Não conseguindo criar o seu filho ou filha, a mãe por sua vez emigra, ou se suicida engolindo um pesticida, veneno comum barato no campo. Ninguém vai pagar a escola das crianças abandonadas; assim que puderem, esses órfãos se juntarão aos cem ou duzentos milhões – não se sabe exatamente – de migrantes à busca de emprego.

Ressaltemos aqui uma continuidade notável do regime comunista: em 1958, quando Mao Tsé-Tung ordenou o "Grande Salto Adiante" da produção industrial, os membros locais do Partido ficaram encarregados de enviar às fábricas vinte milhões de camponeses. Três anos depois, quando o fracasso do Grande Salto se tornou evidente e a fome generalizada, esses vinte milhões foram mandados de volta para os seus vilarejos. "Que grande Partido, exclamou Mao, capaz com um estalo de dedos de deslocar vinte milhões de chineses; nenhum partido no mundo consegue fazer isso." De fato.

As poucas informações sobre a escola, a vida no campo, os suicídios, as pessoas que vão embora e não voltam, eu as obtenho junto ao velho Wang. Eleito por sufrágio universal, ele também é o chefe do clã mais poderoso do vilarejo – tão poderoso, me disseram, que não precisou comprar votos. Entre o chefe do vilarejo e o secretário do Partido, quem fica com o comando? O velho Wang se encarrega antes de tudo das brigas entre as famílias; ele também alimenta a ambição de reunir as maçãs do vilarejo e criar uma fábrica de suco de frutas, mas o jovem Lu não quer. O velho Wang admite que é Lu quem decide. A organização dos poderes, nesse vilarejo, como em toda a China – cidade, vilarejo, empresa, universidade – está baseado no modelo central: o Partido decide, a administração executa, o exército ou a polícia inspecionam. O velho Wang, ao se dobrar à linha do Partido, empurra também os jovens para a cidade, "as jovens para os serviços, os jovens para o trabalho manual", diz. A sua própria filha, por exemplo, foi trabalhar como garçonete em um restaurante de Xian. Ele tem notícias dela? Wang não responde. Expor as suas tristezas diante de um estrangeiro, seria perder a dignidade. Esse traço de caráter inerente à civilização chinesa torna a pesquisa difícil; a censura pode ser contornada, mas a dignidade não se perde.

O migrante, cidadão de segunda zona

As peregrinações dos jovens do Pagode da Fênix fariam uma epopéia, mas, a maioria deles não deixa vestígio. Alguns irão de um canteiro de obras para outro, de uma fábrica para outra. Às vezes serão pagos – às vezes não. No começo do Ano do Galo, o governo chinês estimou a quantia de trezentos e sessenta bilhões de yuans em salários devidos aos migrantes e pediu aos empregadores que pagassem... antes do fim do ano! Esses migrantes terão frio e fome; serão agredidos por outros migrantes, roubados por bandidos, e obrigados a pagar multas pela polícia. Mas, com a perspectiva da história da China, tudo vai melhorar, não é?

Durante os últimos cinqüenta anos, os camponeses só tinham o direito de pegar um trem e ir para a cidade com uma autorização prévia; para se alimentar, era preciso, até 1984, ter tickets de racionamento válidos somente no mercado local. Os camponeses só podiam trabalhar na cidade com uma outra autorização. Até a supressão recente – por enquanto mais de direito do que na prática – desses passaportes internos, pode-se imaginar a que extorsões levaram.

Desde que começaram a circular livremente, os camponeses migrantes trabalham nas fábricas e nos canteiros de obras, constroem imóveis e estradas, servem as pessoas da cidade. As pessoas da cidade e os camponeses se diferenciam a olho nu: vestimentas, comportamentos e costumes os separam, mas também a língua. O citadino fala o mandarim e/ou uma das grandes línguas das províncias; o camponês se expressa em dialetos. O primeiro não dissimula seu desprezo: em Pequim ou Shanghai, as pessoas são racistas em relação ao camponês de Henan ou Shaanxi, tal como se desprezaria na Europa o imigrante africano. Pode-se ler no correio dos leitores do jornal de Shandong uma sugestão propondo transportes públicos separados, porque os migrantes cheiram mal. Entretanto, todos são chineses – ao menos aparentemente.

Essa distinção entre citadinos e rurais não é somente um fato geográfico ou econômico; trata-se de uma discriminação legal, uma herança da revolução comunista e sem dúvida seu aspecto mais ignorado fora da China. Nos anos 1950, o governo de Mao Tsé-Tung repartiu os chineses em duas categorias: os "agrícolas" e os "não agrícolas", para retomar uma nomenclatura até hoje imutável. Cada chinês é dotado quando de seu nascimento de uma caderneta de família, o *hukou*; a menção "agrícola" ou "não-agrícola" aparece ali, bem como o lugar de origem da família. Essa origem, mais ou menos indelével, se transmite para os filhos pela mãe. O destino pessoal de cada chinês é em grande parte ditado pelo seu *hukou*, pois os direitos individuais variam em função da origem; toda a sua vida essa origem cola à pele como as castas na Índia. O assunto é tão delicado e esse sistema tão secreto que o único sociólogo que o estudou detalhadamente, o americano Fei-Ling Wang, foi encarcerado no curso de sua pesquisa em 2004 e expulso para os Estados Unidos. Em novembro de 2005, o Partido anunciou a supressão dessa caderneta, mas isso acontecerá de modo "progressivo", nos dizem! E essa reunificação da nação não impedirá que as autoridades municipais, como elas já o fazem, recriem barreiras legais contra a integração dos rurais.

Proibido aos rurais

Os imigrantes agrícolas não têm acesso à maior parte dos serviços públicos reservados aos citadinos; a residência social, o ensino primário, os cuidados médicos, subvencionados pelas cidades ou pelas empresas, são proibidos aos rurais sob pretexto de que eles não são contribuintes ou não pagam por esses serviços. Tivemos uma visão de sua situação quando, em 2005, em Pequim onde os imigrantes somam três milhões, o prefeito anunciou a criação de escolas especiais para os filhos de imigrantes depois de ter solicitado em vão às escolas existentes que os acolhessem. Essa é a forma como, em Shanghai, a municipalidade cuida para que os imigrantes rurais não se integrem à população citadina.

Um terço dos dezessete milhões de habitantes de Shanghai são imigrantes, mas lhes é mais ou menos impossível tornar-se cidadãos providos de carteira de identidade que atesta isso e dá acesso aos serviços públicos: em Shanghai como em todas as cidades da China, há um tipo de nacionalidade local que se transmite pelo sangue. Neste ano do Galo, com o espírito das "reformas" presente na cidade, a municipalidade abriu o acesso à carteira de identidade local pelo casamento, porém, com condições tão restritivas que nos parecem cômicas. Uma esposa de um cidadão de Shanghai, se ela não for de Shanghai, poderá a partir de agora ter a nacionalidade local após quinze anos de casamento; com isso, os filhos do casal serão cidadãos de Shaghai, visto que essa qualidade se transmite pela mãe. Os autores dessa inovação audaciosa acreditam ser útil dizer-me que um cidadão de Shanghai que se casa com uma "estrangeira" era provavelmente "pobre ou deficiente". Inquieto com o destino de um homem que não é de Shanghai que se casa com uma cidadã de Shanghai, disseram-me na prefeitura que a nova lei municipal não havia previsto tal caso, pois, era "impensável que uma mulher de Shanghai se casasse com um chinês estrangeiro" nessa cidade.

Se os imigrantes se tornassem cidadãos de Shanghai, por casamento ou de outra maneira, os meus interlocutores da prefeitura se justificam, invadiriam as escolas e hospitais; exigiriam alojamentos sociais. A cidade não suportaria. E se esta notícia se espalhasse, milhões de outros iriam para Shanghai, criando ao redor da cidade gigantescas favelas. A arte de governar em Shanghai consiste em atrair um número suficiente de trabalhadores para satisfazer as necessidades da cidade de operários, lixeiros, garçons, mantendo-os à margem e desencorajando o excesso. Salários medíocres e maus tratamentos: este fato, sabido até nos vilarejos mais afastados, modera o fascínio dos camponeses por Shanghai. Ainda é possível, como sempre na China, contornar o proibido: nos muros da cidade, é possível conseguir números de telefone rabiscados, ofertas de documentos falsos. Um investimento pesado, dificilmente ao alcance de um migrante.

Shanghai como Pequim e todas as grandes cidades oferecem, portanto, a face paradoxal das cidades não-urbanas: um terço dos moradores trabalha nelas, vive na periferia e são cidadãos de segunda categoria. Não se urbanizam, pois, essa população à margem está em permanente movimento: a impossibilidade de educar os seus filhos na cidade, de encontrar moradia decente, e empregos precários fazem com que os mais frágeis se vão, imediatamente substituídos por uma mão-de-obra escravizada mais fresca. "Os migrantes pagam muito caro pelo desenvolvimento da China", observa Sra. Han Qiui, uma das poucas sociólogas em Pequim que se interessa por eles. Os trabalhos de Han Qiui mostram que os migrantes que chegam a se urbanizar legalmente são diplomados por universidades e comerciantes que enriqueceram: um doutorado ou um investimento importante dão o direito de mudar de *hukou*. Todos os outros estão destinados a voltar para o campo ou a circular de uma cidade para outra.

Quantos escapam da condição de camponês pelos estudos? São raras as crianças que conseguem. Vimos que as escolas do campo eram medíocres, e quando passam no exame nacional, é preciso muito dinheiro para pagar a universidade. A mobilidade social, que sempre foi modesta, está diminuindo, pois, as elites urbanas se reproduzem da mesma forma; para os seus filhos monopolizam as melhores escolas e universidades, quase sempre completadas com uma formação no exterior. Nas universidades de Pequim, os filhos de camponeses representam 20% do número total, sendo que os camponeses representam 80% da população da China; a sua proporção não pára de diminuir, e nos campus são tratados por seus colegas como estudantes de segunda categoria. O desenvolvimento econômico da China baseia-se essencialmente na exploração dos chineses rurais pelos chineses urbanos, ancorada numa discriminação legal e garantida pelo Partido.

Mao Tsé-Tung continua sendo o grande timoneiro

Como um governo comunista pode tomar a iniciativa de criar dois povos, praticamente duas raças dentro da nação chinesa? Nosso espanto não se explica somente por nossa ignorância da verdadeira natureza do Partido. A retórica de Mao Tsé-Tung fez crer que a revolução era camponesa; porém, os camponeses só foram "os subalternos" da guerrilha comunista, escreve o historiador Louis Bianco: nunca a dirigiram, não tiraram nenhum proveito. "Como na França em 1789, diz o sociólogo de Pequim, Li Lulu, os camponeses incendiaram os castelos dos aristocratas franceses, mas são os advogados que tomaram o poder." Na China esse poder coube aos burocratas, militares e a uma vanguarda operária: os operários, não os camponeses, foram os privilegiados da era Mao Tsé-Tung; ele mesmo não sonhava com uma China na forma de uma utopia rural, mas como uma potência industrial e militar. Em 1959, em plena fome provocada pelo Grande Salto Adiante, seu governo exportava cereais para investir na construção de armas nucleares e destilava os grãos em álcool para fazer decolar os foguetes. Lembremo-nos disso! A acumulação de divisas na época de Mao era destinada ao financiamento do poder militar: como é que as coisas hoje poderiam ser de outra maneira sob o regime de seus herdeiros diretos?

O desenvolvimento maoísta fracassou porque se fundamentava em empresas nacionalizadas, uma economia planificada e fronteiras fechadas; mas o projeto industrial existia. A liberalização da economia, a partir de Deng Xiaoping, não se deu tanto através de uma mudança de estratégia, mas pela passagem de um método ineficaz para um outro método que provou ser eficaz. Mas, tanto sob Mao quanto depois de Mao, no tempo da revolução como também depois da liberação de 1949, os camponeses não passaram de proletários do projeto industrial; e assim permanecem. Não mais do que dois em cada mil, entre os rurais, conseguem a cada ano escapar de sua condição e passar da categoria rural à categoria dos citadinos.

Os camponeses continuarão passivos? Neste Ano do Galo, eles pararam de ser passivos: o campo está em ebulição.

O tempo dos motins e da repressão

Em maio de 2005, em Shengyou, na região de Hebei, um pequeno grupo de milicianos recrutados pelo governo local expulsou cem famílias de camponeses que se recusavam a abandonar, sem serem indenizados, as suas terras, destinadas à construção de uma central elétrica. Armados com seus ancinhos, os camponeses tentaram resistir: doze foram assassinados. A construção da central elétrica podia começar.

Essa *jacquerie*[2] e sua repressão teriam sido banais se, no maior dos acasos, um jornalista de Pequim não tivesse sido alertado por uma mensagem aflita que um aldeão mandou via SMS. Quando o jornalista chegou, tudo havia sido consumado, e o vilarejo estava cercado pela polícia; não saiu nenhuma notícia nos jornais, e o jornalista foi preso. Mas o rumor e a internet fizeram com que o assunto chegasse até o governo de Pequim: a indenização de expropriação alocada pelo governo central havia sido confiscada pelos executivos locais que tinham repassado somente migalhas aos camponeses. Estes haviam multiplicado as petições, manifestado diante da sede do Partido; por falta de resposta, decidiram ocupar suas terras se revezando noite e dia. Depois disso começaram uma greve de fome. Foi então que intervieram os capangas comandados pelo Partido. Mas o caráter extraordinário desse incidente deve-se menos às circunstâncias do que à sua difusão: a cada dia, no território da imensa China, se produzem afrontamentos dessa natureza, habitualmente sem testemunhas – ou pelo menos sem testemunhas que falam.

Em setembro de 2005, em Dongyang, na província de Zhejiang, mil camponeses enfrentaram a polícia durante horas seguidas; as autoridades haviam tentado destruir as barragens construídas pelos habitantes para bloquear o acesso a cinco usinas químicas poluidoras, construídas sem autorização em terras agrícolas. Todas as terras no entorno, saturadas de efluentes tóxicos, tinham se tornado impróprias para cultivo; os camponeses haviam contraído doenças de pele, algumas delas cancerosas. Durante muitos meses esses aldeões tinham multiplicado esforços e protestos; em junho de 2005, o governo local lhes havia prometido o fechamento das usinas. Em setembro, elas ainda estavam funcionando depois que funcionários locais haviam sido subornados; os aldeões se amotinaram. Uma jornalista de Hong Kong, introduzida em Dongyang com a cumplicidade de alguns líderes da revolta, filmou o confronto e o divulgou na internet. As autoridades chinesas proibiram à imprensa que relatasse os acontecimentos, mas os jornais de Hong Kong deram a notícia, e depois a imprensa dos Estados Unidos. Em circunstâncias comparáveis, em 6 de dezembro, os aldeões de Dongzhou, próximo à fronteira com Hong Kong, expropriados para dar lugar a uma central elétrica e mal indenizados, enfrentaram a polícia. Durante a luta, um número desconhecido, de três a trinta manifestantes, foram mortos baleados: era a primeira vez

---

[2] Nome dado à revolta de camponeses franceses contra os senhores em 1358. (N. d T.)

desde o massacre de Tiananmen em 1989 que a polícia atirava na multidão, ou a primeira vez que se tinha notícia disso fora da China, novamente graças à imprensa de Hong Kong que havia sido prevenida por aldeões. De longe, é através de Hong Kong que essas insurreições camponesas são conhecidas, mas somente uma ínfima parte delas: os incidentes acontecem longe, em regiões inacessíveis, os testemunhos são raros, faltam imagens, e Hong Kong escapa cada vez menos das pressões do governo de Pequim.

Trata-se de acidentes esparsos, inevitáveis num país tão vasto, ou de uma sublevação geral dos campos? O Partido hesita na análise. Em julho de 2005, o ministro da Segurança reconheceu, durante uma reunião secreta do governo, que a China, em 2004, havia sido alvo de 74.000 incidentes de massa implicando 3,76 milhões de pessoas, e que o número desses incidentes progredia com grande velocidade. A precisão dessas estatísticas faz supor que o número de incidentes é superior e certamente mal controlado: as informações locais não se dirigem todas ao centro. Essa revelação "secreta" foi divulgada para a imprensa chinesa para que ela fizesse o melhor uso possível. Obedecendo às ordens do Partido, essa imprensa ordenou aos camponeses que "respeitassem as leis" e que utilizassem os "meios justos" para fazer com que suas reivindicações fossem atendidas, ou seja, que passassem pelos escritórios das petições. Os editorialistas não chegaram a negar, entretanto, que as reivindicações formuladas fossem legítimas. Face aos motins, o Partido parece assim dar razão aos camponeses: mostra-se como seu aliado contra os verdadeiros agressores que seriam os executivos locais corrompidos, os especuladores imobiliários, os empresários desonestos.

Por muito tempo o Partido minimizou a sublevação dos campos, imputando-o aos efeitos inevitáveis do desenvolvimento em torno da urbanização e da industrialização. Até o Ano do Galo, essas *jacqueries* pareciam dispersas, locais, sem ligação entre elas. Essas sublevações não fariam parte de uma certa tradição chinesa? Desde tempos imemoriais, os camponeses da China se dispuseram a pegar seus ancinhos para atacar os mandarins do Império, inspetores de impostos, e depois os executivos comunistas. O único período de silêncio nos campos da China foi a era maoísta, o período do terror. Desde os anos 1990, uma menor repressão, uma melhor difusão da informação podem explicar a recrudescência dos motins e o fato de que estejamos mais bem informados. Mas essa difusão da informação via internet e telefones celulares permite aos camponeses que se organizem, se coordenem: passarão dos motins à revolta, à revolução?

Nos campos do leste da China, que são os mais prósperos, aparecem líderes, antigos militares, suscetíveis de coordenar as agitações. Se os motins não chegam a aterrorizar o Partido, qualquer coordenação, em compensação, lhe parece ameaçadora: em 2005, ao mesmo tempo em que seu grande número era reconhecido, uma nova estratégia foi adotada para conter essas agitações. Sem qualquer surpresa, esta é fundada sobre uma interpretação ideológica da sublevação e não sobre sua realidade; constataremos que as diretivas que resultam disso, que tampouco contêm algo de surpreendente, visam consolidar o controle do Partido, e não dar a palavra aos camponeses.

O Partido sempre tem razão

Escutemos Dang Guoying, diretor do Instituto de Desenvolvimento rural em Pequim, conselheiro do governo central encarregado de inculcar nos executivos do Partido os novos preceitos. "Os protestos camponeses têm cinco motivos", ele me anuncia como introdução. Como o partido comunista se transformou em um partido de especialistas e não mais de revolucionários, cabe a esses especialistas do mundo rural definir o caminho certo: afinal, analisar o conflito e contabilizá-lo não significa resolvê-lo?

Primeiro motivo, o imposto: os executivos locais acrescentam algo mais ao imposto nacional, com o teto de 8,48% sobre a renda, sobrecarregando assim os camponeses com impostos destinados a financiar os equipamentos dos vilarejos. Mas certos camponeses, constatando que os executivos do Partido compram automóveis e constroem casas com seus impostos, acertam contas com eles chegando às vezes até a assassiná-los. O governo central não deixa de dar razão aos camponeses; decidiu, no começo do Ano do Galo, suprimir todos os impostos dos camponeses. A principal causa da revolta, portanto, desapareceu graças à aliança do partido comunista com os camponeses! conclui Dang. Eu deveria acreditar nisso? O governo de Pequim seria uma presa de seu próprio raciocínio? O imposto oficialmente desapareceu, mas os executivos locais continuam sobrecarregando os camponeses com impostos e multas que não acabam mais; mais do que o imposto oficial, é a arbitrariedade fiscal que provoca a cólera.

Segunda causa da violência: o controle dos nascimentos. Muito mais do que os inspetores do fisco, os camponeses odeiam os inspetores do planejamento familiar; suas visitas de controle provocam brigas enormes. Mas o controle dos nascimentos foi coroado de sucesso, retifica Dang; conseqüentemente, essa causa de descontentamento vai desaparecer por si só. Novamente, no que acreditar sobre esse assunto? A população chinesa progride duas vezes mais rápido do que o objetivo anunciado de um filho por família:

teria o Partido renunciado a seu projeto ou, na falta de estatísticas demográficas fiáveis, ele acredita que a realidade coincide com o discurso?

Terceira causa: os camponeses superestimam os lucros das empresas dos vilarejos "porque eles ignoram as regras da contabilidade". Essas empresas coletivas, numerosas no campo, empregam os camponeses além dos trabalhos agrícolas que realizam; os benefícios redistribuídos melhoram seu nível de vida. Mas somente os executivos conhecem os benefícios reais, se é que existem; os camponeses, que pensam que estão sendo enganados, fazem manifestações. A solução adotada pelo Partido será a privatização geral; segundo Dang Guoying, no futuro ela deveria resolver todo o conflito. Ficamos perplexos: as privatizações na China permitem aos executivos transformar-se em proprietários privados da empresa que antes supervisionavam. Digamos que no campo as coisas acontecerão de modo diferente; mas o conflito será resolvido unicamente de forma teórica, pois, de socialista ele se tornará capitalista, passando a confrontar proprietários e operários ao invés de executivos e administrados. Isso não será mais a responsabilidade do Partido.

Quarta causa: a propriedade. Os camponeses expropriados pelos construtores imobiliários ou por empresários industriais são mal indenizados, ou mesmo espoliados. No futuro, o governo central cuidará para que a indenização reflita o valor real das terras. Mas o essencial, como pretende Dang, seria outra coisa: "Os camponeses indenizados tendem a desperdiçar seu ganho – em banquetes, jogo, mulheres -, depois se vêem sem dinheiro e sem trabalho..." Certamente, isso também deve acontecer.

A quinta e última causa seria a mais decisiva, segundo Dang Guoying, e compreenderia todas as outras: os executivos não aplicam as diretivas do centro com suficiente devoção e eficácia. O centro é justo e bom com os camponeses, mas seus representantes locais devem ser mais bem controlados. A redução dos motins passa, portanto, pelas escolas do Partido: uma melhor sensibilização dos funcionários em relação à condição dos camponeses acabará por eliminar todos os motivos que faz com que se rebelem.

Que os camponeses possam se exprimir, ter sua própria opinião, ser representados, dialogar com os executivos comunistas, isso tudo não é considerado: não existe no Estado-Partido um único lugar para o diálogo e a busca de consenso. O centro sabe o que é bom para a periferia, e aqueles que estão no alto sabem o que é bom para aqueles que estão embaixo: bons funcionários do bom Partido farão um bom governo.

Falei de situações espalhadas pelos rumores: existiriam organizações camponesas no Zhejiang, líderes dispostos a dialogar com os representantes do Partido. "Sabemos, diz Dang Guoying, que existem complôs" : qualquer organização fora do Partido é vista como complô.

Sem dúvida, a estratégia de Dang Guoying não trará uma solução para os motins. Será que a sua somatória produzirá uma revolução? Duvidemos. O Partido tem toda a condição, com seus policiais, seus militantes e o exército, se necessário, de dispersar os motins. Mas esses motins podem despertar o gosto pela violência nos rebelados como também no Partido que os reprime; de um ponto de vista cínico, esses motins servem muito mais a esses propósitos do que os ameaçam. Justificam o reforço do Estado central e o caráter insubstituível do Partido como responsável da ordem.

Os comunistas se tornariam socialistas?

No início do mês de outubro, período da festa nacional, das férias e de uma "semana dourada", é outono em Pequim. O clima e a luminosidade se suavizam, há um pouco menos de pó e de fumaça, a poluição não impede mais a visão das montanhas que protegem a capital dos ventos do norte. É também o momento das boas resoluções. Neste ano, num desvio repentino, os dirigentes do país parecem ter tomado consciência da terrível injustiça que separa as cidades do campo, a China urbana próspera e a China rural miserável. Ao menos em palavras, pode-se acreditar por um instante, neste outono, numa revolução social-democrata,

Tudo começou, no dia da festa nacional, com uma homenagem inflamada do chefe de Estado dirigida aos "imigrantes sem os quais a economia da China não se desenvolveria". Esses homens do campo humilhados, negligenciados por seus empregadores urbanos, mesmo vivendo entre eles, de repente adquiriam uma aparência humana. A aparente revolução social-democrata se amplificou com a publicação de um novo plano de desenvolvimento de cinco anos, 2006-2011, o décimo primeiro plano desde a fundação da República popular. Inclusive não se trata mais de um plano, mas de um programa, deslize do vocabulário que leva em conta o papel fundamental da economia de mercado e o papel secundário da intervenção pública. O "programa" fixa para a China uma nova ambição: a harmonia, termo vagamente confucionista que designa o restabelecimento de uma dignidade igual entre as cidades e o campo, entre camponeses e citadinos, entre províncias rurais e industriais, entre o Centro e o Oeste: os camponeses humilhados pelos últimos vinte e cinco anos de "Reforma" deveriam ter novamente acesso à escola, saúde, prosperidade. Vasta ambição: como realizar isso? De maneira "científica", como se pode ler no programa, adjetivo repetido com rivalidade por todos os comentadores autorizados. O que é um programa *científico*? Descobre-se que é o contrário da revolução e do retorno para trás: a escolha da economia de mercado é qualificada como científica; trata-se de uma reação aos nostálgicos da economia de Estado e outros grandes saltos adiante. Mas como reorientar a economia científica para os pobres quando o mercado é livre e o Estado se retira? A solução também é absolutamente científica: a nova harmonia resultará da democracia.

Esfregamos os olhos, acreditamos ter ouvido mal: *a democracia?*

Ao mesmo tempo em que divulga o programa de cinco anos, o Partido comunista publica neste mês de outubro, um mês decididamente revolucionário, um longo livro branco a respeito da democracia na China. Nós o abrimos com emoção, espera-se encontrar uma autocrítica da tirania, uma adesão à livre expressão e ao pluralismo. Decepção, claro, como poderia ser diferente?

O livro branco foi publicado ao mesmo tempo em inglês e em chinês, uma prova de que ele é destinado ao consumo ocidental tanto quanto ao público chinês – que não confere ao acontecimento nenhuma importância. Escrito numa linguagem pesada, o livro branco trata somente do recenseamento dos sucessos do Partido desde 1949, sem o menor traço de arrependimento. A China, conforme se explica no livro, não tem que receber lições de democracia do exterior, pois existem muitas formas de democracia: o bipartidarismo, o multipartidarismo e o monopartidarismo. Portanto, a China é uma forma de democracia superior, pois, é exercida por um partido democrático, o Partido comunista: este é democrático porque em seu seio (não fora dele) reina a livre discussão. A China é uma democracia porque o Partido foi livremente escolhido pelo povo... em 1949, e também porque o Partido somente exerce seu poder para servir ao povo. Em nenhum momento o livro branco considera que seja possível controlar o monopólio do partido comunista; por outro lado, há a promessa de que as eleições locais sempre confiarão mais, aos chefes de vilarejo ou de bairro, a responsabilidade de aplicar a política definida pelo Partido,.

Celebração dos imigrantes, promessa de harmonia social, de economia científica e retórica da democracia: não havia ali nada de novo sob o sol de Pequim, somente um ritual de outono? Foi essa a reação cética, pouco interessada, dos militantes liberais na própria China. Os ocidentais, a imprensa, os estrategistas de empresa – essa comunidade ocidental na China disposta a anunciar com estrondo as boas novas, pois é isso que justifica sua estadia prolongada aqui - aqueles que acreditam no Partido mais do que os próprios chineses, consideram notável que o Partido reconheça a existência da injustiça social, dos protestos camponeses e reivindicações democráticas. Essa comunidade concluiu a partir daí que à reforma econômica praticada desde 1979 sucederia necessariamente uma "reforma política". Afinal, o presidente chinês e seu primeiro-ministro não eram verdadeiros reformadores, informados, corteses, que os arcaicos do Partido freavam de modo lamentável? Por pudor, não recordaremos aqui que essa mesma análise descreveu quase literalmente as sábias evoluções do regime soviético antes que ele afundasse... Mas, ao contrário da União Soviética, o partido comunista chinês se encontra no zênite de uma curva de prosperidade; é difícil perceber, portanto, aquilo que deveria conduzi-lo através das boas reformas que ele mesmo recomenda, mas que o enfraqueceria. Num regime democrático, o Partido construiria escolas, e postos de saúde, em conformidade com seu programa. Mas não sendo submetido a eleições, que motivo o incitaria a desviar recursos dos investimentos industriais rentáveis para os equipamentos sociais menos imediatamente produtivos? A ética, o senso do dever? Deveríamos acreditar nessa ideologia neoconfucionista-marxista, enunciada por dirigentes que somente chegaram ao topo em razão de sua brutalidade ou de sua astúcia e dissimulação? Um comentador político próximo do poder central, Ding Yfan, encarregado de adular os ocidentais céticos de passagem por Pequim, propõe uma outra razão de agir, mais convincente: o Partido teria realmente medo das rebeliões populares e vai aplicar seu programa social porque teme verdadeiramente perder o poder. Queremos acreditar como Ding Yfan que o Partido é muito mais maquiavélico do que moralizante e que o medo seria um bom conselheiro. Mas esse determinismo maquiavélico dirigido à consecução de um programa de harmonia social nos parece menos poderoso do que um outro determinismo, o da economia: uma análise marxista explica melhor que Confúcio ou Maquiavel por que o Partido não mudará de linha.

A *impossível reforma do Partido*

A potência nacional nascente da China é fundada em sua taxa de crescimento elevada. Essa taxa de crescimento depende da exploração da mão-de-obra rural por empresas dirigidas para o mercado mundial. Qualquer evolução desse sistema implicaria uma reconversão ao menos parcial dirigida para o mercado interior e investimentos não imediatamente rentáveis na educação rural, na saúde pública, em serviços para o campo: dessa forma, a taxa de crescimento, mecanicamente, se reduziria. A base do partido comunista, que não é uma base popular, ao contrário, é uma classe de executivos civis e militares, aceitaria uma diminuição de sua renda em nome da harmonia? É improvável, sem dúvida impossível. O Partido é prisioneiro de sua base, do sistema político e econômico que criou; a mudança para ele seria um suicídio.

A pseudo-revolução social-democrata de outubro de 2005 se terminou inclusive à chinesa, com fogos de artifício. Ao mesmo tempo em que se anunciava o programa de harmonia através da ciência e se publicava o livro branco sobre a democracia, um foguete chinês levava dois astronautas para o espaço. Desde então, só se viu o presidente da China em cadeia na televisão, felicitando os astronautas no início, no meio do vôo e na sua chegada. "O mundo inteiro, destacou a imprensa chinesa, está maravilhado com o sucesso da China." Pelo preço desse foguete poderiam ter sido construídos centenas de hospitais e de escolas: a harmonia haveria progredido, mas será que o mundo teria se maravilhado?

Nesse mesmo mês de outubro, num pequeno vilarejo do Sul, próximo de Cantão, em Taishi, os dois mil habitantes pediram pela via legal, assinando uma petição, a demissão do chefe do vilarejo, notoriamente corrupto. Ele reagiu enviando contra a população uma tropa de milicianos pagos pelo Partido, para bater nos signatários até que eles renunciassem à sua petição. Em dezembro, nessa mesma província, a mais próspera da China, aconteceu a matança de Dongzhou.

Como imaginar o futuro da China? A multiplicação das petições e das manifestações estaria anunciando um renascimento da sociedade civil? Ou então vamos nos preocupar com o aparecimento e a entrada em ação dessas novas milícias, camisas marrons ou camisas vermelhas, e com o fato de que a polícia não mais hesita em atirar na multidão? O Partido não poderia abrir mão dessa polícia, do exército e das milícias se acreditar que os humilhados permanecem humilhados: trata-se da própria base da economia chinesa, fundada antes de tudo na exploração do proletariado.

5
Os explorados

"Boas-vindas aos trabalhadores da província!" A bandeirola com letras grandes está esticada sobre a fachada da empresa têxtil Man Sum, em Zhongshan, na província de Cantão. Cantão, para os migrantes, é sua destinação última, um eldorado; em uma população total de cem milhões de habitantes, os trabalhadores vindos de fora representam um terço. Se um de nossos exilados do Pagode da Fênix teve sorte, chegou até aqui. Numa outra bandeirola, pode-se ler: "Estamos recrutando, mantemos nosso pessoal, pagamos salários estáveis." Man Sum é uma empresa exemplar: tendo em vista os hábitos locais, o pessoal é tratado corretamente. No início de 2005, o governo chinês havia pedido solenemente aos empregadores que fizessem o favor de pagar os salários atrasados de seus operários até o fim do ano. Em algumas empresas públicas ou privadas, os assalariados podem deixar de ser remunerados durante dois anos; são deixados eternamente em banho-maria, sob a pressão de outros migrantes forçados a deixar seu vilarejo e totalmente dispostos a tomar o seu lugar. Eis a razão das faixas colocadas na empresa Man Sum, e é por isso que ela me foi designada pelas autoridades locais para realizar uma visita acompanhada.

As bandeirolas refletem as preocupações do momento. "Temos vagas": porque o desenvolvimento é tão rápido em Cantão que o fluxo de migrantes nem sempre satisfaz a demanda existente; as empresas procuram trabalhadores nos concorrentes; os assalariados passam de uma para a outra na esperança de melhorar seu pecúlio ou suas condições de trabalho. No mundo dos migrantes existe uma hierarquia dos bons e dos maus patrões: os piores são os chineses do continente, seguidos pelos de Taiwan, depois dos de Hong Kong, Coréia e Japão. Os ganhadores entre as empresas mais apreciadas por seu respeito aos empregados são os europeus, que estão em primeiro lugar, à frente dos americanos. Entre as empresas, sobretudo quando são chinesas, a concorrência é feroz, às vezes até mesmo violenta; todas se copiam entre si, tentam produzir a mesma coisa no mesmo lugar e abaixam os preços até que o vizinho seja eliminado. Trata-se de um mercado, mas sem lei.

Essa província, que acolhe um terço de todos os investimentos estrangeiros e exporta um terço de tudo o que a China vende para o exterior, confronta-se agora com a concorrência de outras províncias que adotaram o mesmo modelo de "fábrica do mundo". Gao, o fundador da empresa Man Sum, autor dos dizeres nas faixas, leva em conta as exigências éticas de seus clientes europeus e, sobretudo, americanos; compram pelo preço mais baixo do mundo os produtos que encontramos em nossas lojas de departamentos, mas com a condição de que a mão-de-obra não seja muito "explorada". Sua fábrica é regularmente inspecionada por representantes da Wal-Mart, a primeira cadeia de lojas nos Estados Unidos, onde 80% dos produtos são feitos na China; verificam o respeito do código de ética tanto quanto a qualidade dos produtos.

As empresas exportadoras são todas tributárias do consumidor ocidental e em primeiro lugar do consumidor americano: os desejos que se manifestam no mercado interno dos Estados Unidos condicionam a prosperidade da China. O consumidor americano é o verdadeiro motor da economia chinesa, nenhum outro é tão determinante – nem fora dos Estados Unidos nem no mercado interno chinês: a Wal-Mart compra na China mais do que a Austrália ou Canadá. Antes da visita às unidades de produção onde dez mil operários trabalham, Gao faz questão de mostrar os alojamentos, cantinas, salas de esporte, bem como a enfermaria e as hortas destinadas a seu pessoal. Ao salário, de aproximadamente cem euros por mês, se acrescenta o alojamento gratuito numa proporção de quatro pessoas por quarto; trata-se de um salário variável, pois as pessoas são pagas por peça e, no caso de peças defeituosas ou de perda de materiais, multas são aplicadas.

De uma fábrica para outra, Gao nos conduz dirigindo uma Hummer, o automóvel americano mais oneroso que existe. Em Cantão o sucesso não é considerado como indecente: ao menos, no seu caso, se conhece a fonte desse sucesso. No interior das unidades de produção, encontramos outras bandeirolas: um termo que é recorrente é "devoção". Há trinta anos, era "revolução". Devoção à empresa, assistida pelos deuses. Em cada unidade há bastonetes de incenso queimando diante dos altares. Vamos parar um pouco diante desses pequenos santuários dedicados ao deus da Prosperidade. Eles nos lembram a íntima ligação existente entre o taoísmo e o espírito de empresa, o que se mostra como o inverso daquilo que nos falam incansavelmente os comentadores da Ásia há trinta ou quarenta anos. Franceses como Léon Vandermeersch ou americanos como Hermann Kahn, sempre atribuíram o sucesso econômico do Japão, da Coréia e, mais recentemente, da China ao espírito confucionista. Não explicaria ele a disciplina reinante nas empresas? Mas, fato é que, se ele idealiza a autoridade, o confucionismo despreza o comércio; um discípulo de Confúcio só deseja ocupar funções públicas, não quer vender produtos têxteis. Na verdade, a autoridade nas empresas somente reinava antigamente, na Coréia e no Japão, porque os regimes políticos eram autoritários; e é o governo autoritário da China que obriga os trabalhadores a serem disciplinados, não lhes dá nenhum direito e proíbe os sindicatos. Não há a menor necessidade de Confúcio para isso! Porém, sem empresários, não existiriam empresas; acontece que o fundador de Man Sum é taoísta, como a quase totalidade dos patrões da China aberta para o mundo. Gao faz sacrifícios ao deus da Prosperidade, e não à figura sombria de mestre Kong!

Os verdadeiros autores do sucesso

Existem empresas como Man Sum em Bangladesh, nas Filipinas, no México; até recentemente elas existiam também na Europa, nos Estados Unidos e, há pouquíssimo tempo, no Japão, na Coréia e em Taiwan. O sucesso depende da qualidade da mão-de-obra, seu custo muito baixo e sua assiduidade: quarenta e cinco horas por semana, mais as horas extras, mais as horas de recuperação para compensar os freqüentes cortes de energia. E quanto ao equipamento? As máquinas mais recentes são japonesas, com cinqüenta anos de uso, são velhas e recuperadas; a destreza leva vantagem sobre a mecanização. Na China, o capital é raro e a mão-de-obra abundante – exatamente o contrário do que acontece na Europa; aqui, qualquer operária com ritmo mais lento é imediatamente demitida e substituída.

Quer dizer que a economia chinesa é inteiramente fundada na exploração da mão-de-obra de baixo custo, tirada do inesgotável estoque existente no campo? Não vamos tirar uma conclusão tão rapidamente. Outras nações possuem vastas reservas de mão-de-obra e não as utilizam de modo útil. O sucesso de Man Sum no mercado mundial resulta dos baixos salários pagos ao pessoal, mas decorre ainda mais da capacidade de explorá-lo: sem o talento de Gao, o empreendedor, e dos milhares de patrões das províncias costeiras que se parecem com ele, não existiria nenhum milagre chinês. Gao soube organizar seu exército operário, estabilizá-lo, guiá-lo; ele sabe como atrair os grandes compradores mundiais e convencê-los a lhe passar encomendas gigantescas (o número de camisetas fabricadas é de um milhão de peças por tipo). Ele respeita sua palavra, a qualidade, os preços e os prazos; tanto rigor não é tão comum no mundo industrial.

Mas Gao não é um personagem acidental. Pertencente a uma tradição antiga, a província de Cantão foi um viveiro de comerciantes aventureiros, até que a revolução comunista os proibiu de empreender. Um grande número deles se refugiou em Hong Kong onde, sob a tutela liberal dos britânicos, fizeram maravilhas. A aventura agora foi retomada na própria China e os chineses de ultramar têm um papel determinante ali. Sem a diáspora chinesa – perto de duzentos milhões de chineses vivendo na periferia imediata, Hong Kong, Taiwan, Singapura, mas também nos Estados Unidos, na França e no Canadá - a decolagem econômica do continente não teria acontecido, ou não num ritmo tão sustentável. Na origem dessa empresa Man Sum, representativa da indústria de exportação, os capitais foram trazidos de Hong Kong – 60% dos investimentos qualificados como "estrangeiros" na China são, de fato, de origem chinesa – o patrão é um chinês de Hong Kong e as redes comerciais pertencem aos chineses de ultramar: os chineses livres colocaram para trabalhar outros chineses menos livres.

Deve-se homenagear o Partido pela prosperidade industrial encontrada em Cantão? Aliando-se com o patronato (um terço dos membros da direção do Partido em Cantão é composto de grandes patrões), submetendo-se às exigências da economia de mercado, o Partido efetivamente tornou a aventura possível: as estradas, os portos, os aeroportos do interior da China foram concebidos para servir aos investidores estrangeiros, às implantações locais de fábricas e às exportações. O fornecimento de energia tem dificuldade para seguir esse ritmo, mas as empresas constroem sua própria central de geração de energia alimentada a carvão: a poluição é tolerada como se fosse um ingrediente do crescimento. A mão-de-obra? O Partido garante o seu encaminhamento e sua docilidade; essa é sua verdadeira contribuição, decisiva contribuição: um provedor de proletariado. Resta a saúde pública. Os hospitais? O governo do interior da China esqueceu de criar hospitais. Os ricos de Cantão cuidam de sua saúde em Hong Kong, e os pobres, isso pode ser substituído.

O precedente da revolução industrial

A grande migração do campo em direção às indústrias urbanas não seria uma etapa pela qual todas as nações desenvolvidas passaram? Quando a sua brutalidade é denunciada, as autoridades chinesas invocam o precedente europeu: tudo o que está acontecendo na China seria normal, dado que já aconteceu fora, e tudo será resolvido naturalmente. A China encontra-se em transição e o desenvolvimento resolverá, no tempo certo, todas as incertezas que ele suscita. Afinal essa *loi d'airain*[1] da economia não foi admitida pelos economistas liberais desde o século XVIII, depois retomada por Karl Marx no século seguinte? Mas podemos realmente comparar a China do século XXI com a Europa do século XIX?

Nos dois casos, a passagem de um agricultor tradicional para o trabalho numa fábrica efetivamente induziu um crescimento imediato; o homem diante de sua máquina produz mais valor agregado do que com uma foice em sua terra. O crescimento chamado de "milagroso" na China é a conseqüência mecânica de uma transferência de população dos campos para as cidades. Se a taxa de crescimento chinesa é mais elevada do que a apresentada num estágio comparável pela Europa ocidental, isso explica por que razão o campo chinês é particularmente improdutivo, enquanto que as fábricas se beneficiam de tecnologias evoluídas copiadas do Ocidente. Como a Coréia, o Japão e Taiwan há cinqüenta anos, a China se aproveita de técnicas desenvolvidas anteriormente, as quais permitem abreviar em um século a decolagem econômica: o "milagre" sempre beneficia mais o último da lista. O crescimento chinês se explica, portanto, ao mesmo tempo pelo êxodo rural e por seu impulso tardio, o que não diminui o sucesso, mas banaliza as causas.

A comparação com a revolução industrial na Europa faz com que se destaque uma outra característica do crescimento chinês: sua crueldade. Na França ou na Grã-Bretanha, o êxodo rural foi um drama humano denunciado em seu tempo tanto pelos cristãos-sociais quanto pelos socialistas; a obra de Marx surgiu dessa situação. Na China, onde milhões de proletários perambulam na periferia das cidades, somente os números marcariam a diferença em relação à Europa? Os porta-vozes do Partido nos dizem: "Tudo, aqui, acontece como na Europa, só que numa proporção maior e mais rapidamente." Não haveria então nenhum cabimento: preocupar-se com a poluição ou as condições de trabalho faz com que você passe por um inimigo da Grande

---

[1] Lei de Bronze, nome dado por Lassalle à lei que, em regime de produção capitalista, reduz o salário do operário ao mínimo vital. (N.d.T.)

China, hostil em relação ao seu sucesso. Mas a distinção entre a Europa de ontem e a China atual não tem a ver unicamente com os números e a rapidez das mudanças.

Na Europa, no tempo da revolução industrial, existiam "amortecedores sociais" hoje esquecidos ou denegridos: as Igrejas, as associações de beneficência, antes que instituições públicas assumissem seu papel. Não acontece nada parecido na China onde os corpos intermediários foram destruídos pela revolução e onde se proíbe que sejam reconstituídos: algumas organizações caritativas inspiradas no Ocidente, financiadas por ocidentais para sustentar os mais desesperados, constituem ilhas de solidariedade insignificantes num oceano de aflição. As autoridades comunistas começam a perceber isso; depois de terem sido exterminados nos anos 1960 por esses mesmos comunistas, os budistas são encorajados a recriar hospitais e casas de repouso. Em Shanghai, onde o bispo católico recuperou sua influência, os pobres, que são numerosos entre os cristãos, freqüentemente camponeses ou pescadores, encontram assistência e socorro para os cuidados hospitalares e a escolarização dos filhos.

Essas solidariedades permanecem mínimas: no conjunto, o camponês chinês que troca sua província pela fábrica encontra-se nu face às forças do mercado, como nunca esteve um francês ou um britânico. Um novo Engels poderia ver claramente, na China, o que o outro[2] percebeu com dificuldade na Inglaterra de seu tempo: o Partido criou o único verdadeiro mercado de trabalho na história da humanidade que não é temperado por nenhuma lei, nenhum capricho, nenhuma instituição coletiva. Os economistas somente haviam imaginado isso no papel. Os dirigentes chineses demonstram que esses economistas clássicos tinham razão: quanto menos entraves existirem no mercado de trabalho, mais o crescimento tira proveito disso; mas nunca os economistas haviam sido providos de poderes parecidos com os dos dirigentes da China atual.

Os adeptos otimistas da *transição* estimam que esse capitalismo chinês, autenticamente selvagem, vai aos poucos se civilizando, e progressivamente entrará no círculo dos estados de direito. Certamente o governo edita leis que, na primeira leitura, se parecem com as existentes no Ocidente; tudo está ali: direito de propriedade, contrato, regras contábeis, regras de segurança, proteção dos assalariados. Concretamente, esses textos legais não são aplicados; quando são invocados, freqüentemente é no sentido de ajudar um patrão que tem apoios políticos, ou, inversamente, com o objetivo de livrar-se

---
[2] Alusão a Karl Marx. (N.d.T)

de um concorrente exterior. Pode ser que, sob a influência dos investidores estrangeiros inquietos em relação aos seus interesses, o mercado chinês se engaje pouco a pouco na obediência de regras previsíveis: mas, na Europa, o direito existia antes do capitalismo, enquanto que na China é o inverso. Quando a revolução industrial começava no Ocidente, ela levou em conta o direito existente, a propriedade, os contratos; na China, o lucro veio em primeiro lugar e espera-se que na seqüência venha o respeito da propriedade e dos contratos. Essa evolução desejável – que não tem precedentes – é incerta.

Um concorrente ainda pouco perigoso

Deveríamos nos apavorar, na Europa e nos Estados Unidos, com essa "fábrica chinesa"? Deveríamos recusar as importações provenientes da China? Não, pois a China nos enriquece. Se nos é permitido no Ocidente adquirir roupas, sapatos, brinquedos, artigos de esporte, material eletrônico a preços mais baixos, elevando dessa forma nosso próprio poder aquisitivo, devemos isso às manufaturas chinesas. Desde o início da revolução industrial no século XVIII, o desenvolvimento é fundado nessa divisão internacional do trabalho, e o deslocamento incessante das manufaturas em direção aos lugares mais bem posicionados sempre suscitou o mesmo debate, a mesma angústia, a mesma tentação de voltar-se para si mesmo. A solução eficaz que, até o presente sempre se impôs, consistiu na aceitação da divisão do trabalho criando-se novamente vantagens comparativas. Para falar somente da indústria têxtil, a empresa mais produtiva de Cantão não consegue colocar um novo produto no mercado ocidental em menos de três meses; algumas manufaturas na França ou na Itália conseguem fazer isso em três dias. Em compensação, reproduzir na Europa o que Gao consegue fazer em Cantão é impossível: onde encontraríamos dez mil operários *corvéables a merci*[3]? E deveríamos pagar dez, cem vezes mais roupas *made in Europe*[4]? Quem ficaria mais pobre, senão nós mesmos?

O interesse que temos no sucesso chinês se tornará mais evidente à medida que os chineses passarem a comprar nossos próprios produtos; eles começaram a fazer isso com as máquinas, os aviões, os automóveis e os cosméticos. É necessário que enriqueçam cada vez mais para que possamos prosperar. Mas essa situação, que em termos globais é real, não chega a convencer

---

[3] Trabalho gratuito que os servos e plebeus deviam aos senhores feudais. (N.d.T)
[4] Em inglês no original. (N.d.T.)

a mulher ou o homem – operário do setor têxtil, por exemplo – que se encontra no caminho chinês. Ele será esmagado em nome da glória da divisão internacional do trabalho? Esse poderia ser o destino das nações incapazes de reorientar suas atividades e renunciar ao padrão antigo e voltar-se para o novo. Mas não se trata somente da concorrência chinesa: esta freqüentemente só revela tendências ao declínio já em curso.

Os inimigos do mercado, na Europa e nos Estados Unidos, concluem que a economia, essa ciência imoral, deveria ser combatida. Tudo depende do lugar geográfico que destinamos à moralidade: se admitirmos que os chineses têm o direito de desenvolver-se tanto quanto os ocidentais, então a economia merece sua denominação de ciência humana. Mas esse humanismo voltado para os outros, essa compaixão pelos chineses não seriam atitudes suicidas? Não se prevê que a economia chinesa chegará a ultrapassar o Ocidente?

Duvidemos disso. A China é ainda um "anão" econômico, com uma renda por habitante vinte vezes inferior à dos europeus, e um produto global equivalente ao da Itália. Antes que esse anão se torne um gigante que faria sombra aos europeus, aos japoneses ou aos americanos, ele terá que superar mil contradições internas: instituições políticas imprevisíveis, a ausência de um estado de direito, a pobreza da massa dos cidadãos, a falta de energia, os bancos em estado de falência, a fuga dos capitais nacionais, o risco de epidemias. Essas são algumas das incertezas conhecidas que ameaçam o futuro chinês. A China somente nos ameaçará realmente se permanecermos totalmente imóveis.

Uma economia que copia muito e inova pouco

Sem mesmo nos chocarmos com os grandes perigos evocados acima, a economia chinesa permanece pouco ameaçadora porque inova pouco: as empresas chinesas montam ou reproduzem aquilo que já foi concebido fora. Lembremos esses tempos longínquos em que a China mostrou-se mais "ameaçadora" do que hoje, quando aconteceram suas duas invasões comerciais anteriores no Ocidente: com a seda há dois mil anos e com a porcelana no século XVIII. As manufaturas chinesas mantinham então o domínio de uma tecnologia que os ocidentais ignoravam. Mas em nossa época, não existe nenhuma marca, nenhuma inovação, nenhum procedimento significativo de qualidade mundial que seja de origem chinesa. Se dermos crédito às estatísticas oficiais chinesas, a metade das exportações seria constituída de produtos de alta tecnologia, mas o governo embeleza essas estatísticas: ele inclui nessa categoria os aparelhos eletrônicos de uso doméstico, ou qualquer outra fabricação dotada de um pouco de eletrônica, que muito raramente são concebidos na própria China.

De fato, no setor eletrônico, vestuário, equipamentos domésticos, no setor automobilístico, as empresas chinesas montam, terceirizam, ou copiam; às vezes elas respeitam a propriedade intelectual, mas mais freqüentemente elas não levam isso em conta. A pirataria é a norma: entrar em qualquer loja da China permite comprar qualquer marca copiada do Ocidente, sejam objetos de luxo ou aparelhos eletrônicos. É fácil visitar uma fábrica de camisetas, mas não as indústrias que produzem em massa dvds pirateados, medicamentos copiados, drogas refinadas, com freqüência protegidas por quadrilhas, as tríades. Em que medida essa indústria da imitação traz proveito à China, ninguém sabe, mas certamente não se trata de um fenômeno marginal. Além dos objetos copiados há também os softwares, também pirateados, vendidos pela internet no mundo inteiro, o que inquieta as empresas ocidentais; em razão de sua característica virtual, o controle desse comércio é quase impossível. A criatividade dos piratas chineses não tem limites: durante o verão de 2005, podia-se adquirir nas livrarias do continente o sétimo volume das aventuras de Harry Potter quando na verdade seu autor britânico não o havia publicado e nem mesmo escrito! Como desculpa dessa atitude dos chineses, pode-se conjeturar que se trata de uma longa tradição: o missionário espanhol Navarrete observou, nos anos 1660, que os artesãos de Cantão eram "mestres na falsificação (que) revendem como se fossem autênticos no interior da China os objetos europeus que copiaram".

Em nossos dias, aqui e ali, o governo realiza prisões simbólicas para satisfazer suas obrigações internacionais: ele "pega um peixe pequeno para assustar um grande"; mas a pirataria não pode ser erradicada do sistema do qual ela constitui um dos fundamentos. Inclusive a própria noção de propriedade intelectual não foi interiorizada pelos produtores chineses; eles a percebem como uma forma de protecionismo dos ocidentais. Assim, na universidade de Shanghai, existe uma Escola da propriedade intelectual; mas o que diz o seu diretor encarregado de educar as novas gerações de empresários chineses? "As marcas internacionais são muito caras, o seu preço não permite que a humanidade inteira usufrua dos benefícios da economia mundial." Em outras palavras, para esse universitário, a propriedade intelectual é um roubo, e os piratas seriam filantropos.

Com a invasão dos produtos *made in China*, é necessário, portanto, compreender o que esse rótulo quer dizer: a maior parte das produções exportadas é montada na China, mas raramente são concebidas na China. Para ficarmos com o caso da fábrica visitada acima, Man Sum, no Guangdong, a manufatura utiliza tecidos vindos das Filipinas, acessórios importados da Coréia, e reproduz os modelos inicialmente desenhados pelos clientes americanos ou europeus. Essa divisão internacional do trabalho é comum a toda atividade industrial existente no mundo, mas, no caso chinês, a atividade é particularmente dependente de decisões, de capitais e de materiais vindos de fora. Na maior parte das empresas chinesas, o valor agregado propriamente local refere-se ao trabalho, não à criação, o que não constitui uma fórmula ganhadora a longo prazo.

Pode-se objetar que a Coréia e o Japão passaram por essa fase antes de criar sistemas e marcas internacionalmente reconhecidos; a China não vai reproduzir esse círculo virtuoso? De imediato é pouco provável, pois a ausência de inovação na China não se explica somente pela adolescência de sua economia; ela se deve às próprias instituições da China.

Vimos que a estratégia econômica do governo privilegiava o enriquecimento rápido através da exploração da mão-de-obra; os salários permanecem ainda mais baixos porque o Partido proíbe qualquer organização sindical, mas essa mesma estratégia favorece uma santa aliança do Partido e do patronato nacional e estrangeiro para comprimi-los. Acontece que na Coréia e no Japão a situação foi inversa: as reivindicações sindicais tanto quanto o êxodo rural obrigaram os empresários a se voltar para a mecanização e inovação. Nada disso acontece na China: a situação de sugar a mão-de-obra mantida pelo Partido preservará por um longo período ainda o lucro das empresas sem que lhes seja necessário inovar. Por que fariam isso? Na sociedade inteira o Partido promove um frenesi em relação ao enriquecimento imediato ao invés de promover o desenvolvimento sustentado: a absoluta indiferença em relação ao meio-ambiente e à saúde pública participa dessa preferência pelo curto prazo. Se o governo se esforça por reduzir a poluição em Pequim, mas em nenhum outro lugar fora dali, é para que os Jogos Olímpicos aconteçam ali; não se trata de um sinal de uma política geral que não traria nenhum benefício imediato.

Inclusive, a natureza do regime incita a não pensar muito no longo prazo: a instabilidade do direito, as incertezas planando sobre a propriedade intelectual, uma fiscalização imprevisível, os caprichos do Partido mantêm um clima onde cada um procura enriquecer o mais rápido possível e investir seus ganhos fora da China. Por que razão investir na pesquisa, visto que não produz lucros instantâneos? Uma patente na China não seria mais respeitada do que a propriedade intelectual estrangeira; é mais rentável enviar pesquisadores aos Estados Unidos para que tragam – legalmente ou não – alguma inovação a ser rentabilizada. Também é uma atitude hábil subordinar as compras no estrangeiro às transferências de tecnologias como acontecerá com o caso do Airbus[5]. Todos esses métodos podem se revelar eficazes para as imitações, mas forçam a permanecer um eterno imitador.

Novamente, ressaltemos aqui uma certa continuidade em relação ao regime comunista: nos anos 1960, Mao Tsé-Tung, em busca da arma nuclear para a China, imaginou ser mais rápido copiar os métodos russos, americanos e franceses, do que promover uma pesquisa chinesa independente. Os espiões satisfizeram amplamente esse objetivo e permitiram o experimento da primeira bomba em 1964. A China mudou? As estatísticas oficiais apontam um aumento incessante do número de engenheiros. Muito bem! Ficamos felizes por sua multiplicação, mas nos interrogamos sobre a qualidade de sua formação. A pedagogia das universidades chinesas não incita absolutamente à criatividade: os estudantes devem permanecer passivos, os debates são restritos por causa das interdições políticas, e os melhores partem para fora do país para valorizar sua qualificação; os chineses criativos tornam-se americanos. Raros são aqueles que retornam à China, e os poucos que voltam são celebrados por seu heroísmo.

Eis algo que relativiza a ameaça chinesa, supondo que uma China próspera constituiria uma ameaça, o que duvidamos muito: os países semidesenvolvidos são muito mais ameaçadores para a ordem mundial do que as nações satisfeitas com sua prosperidade. O termo "desenvolvimento" inclusive, seria adequado para o que acontece na China? Mais do que desenvolver o país, o Partido edifica uma potência política e militar; 80% dos cidadãos rurais são explorados por 20% dos cidadãos urbanos a serviço dessa ambição. Uma certa China enriquece, mas a maior parte não se desenvolve.

O fracasso de Shanghai diante de Hong Kong

Ninguém contesta o enriquecimento de aproximadamente dois milhões de chineses. Mas a China chegará a exercer algum dia a proeminência que desejam seus dirigentes, na Ásia de início, e em seguida sobre o resto do mundo? O fracasso de Shanghai permite duvidar disso.

Shanghai, um fracasso? Essa cidade simulacro, atravessada por estradas urbanas, polvilhada de arranha-céus, não seria o símbolo mesmo do sucesso

---

[5] Referência ao acordo de cooperação entre o governo chinês e a Airbus. (N.d T.)

chinês? Antes de tudo trata-se de uma vitrine concebida pelos dirigentes da cidade e de Pequim para atrair os capitais estrangeiros e, se possível, recuperar os de Hong Kong.

Nos anos 1990, enquanto Shanghai dormitava, com indústrias enferrujadas e palácios europeus decadentes, o projeto da cidade, tal como foi proclamado, era chegar a rivalizar com Hong Kong, ou mesmo tomar o seu lugar. Hong Kong era a medida do sucesso. Quinze anos mais tarde, quem ainda evoca essa competição? Shanghai perdeu.

Shanghai, capital financeira da Ásia? Sua Bolsa, depois de haver arruinado milhões de poupadores, é uma praça secundária, enquanto que as grandes empresas chinesas partem para se fazer cotar em Hong Kong. Os serviços? Não mais do que no resto da China não existe em Shanghai uma cultura do serviço, nem na hotelaria, nem no comércio, nem em nenhuma prestação de serviço que seja. E o urbanismo de Shanghai? Por trás de alguns êxitos devidos a arquitetos estrangeiros, a cidade é impraticável; apressadas em construir, as autoridades locais sacrificaram as comunicações e a saúde pública. A metade dos dezessete milhões de habitantes da cidade – o que equivale à população de um país médio na Europa – não tem uma rede de saneamento, como testemunha a cor do rio Huangpu. A criatividade, a moda, o design, a publicidade? Algumas galerias nos asseguram a respeito do gênio intacto de uma nova geração de artistas plásticos chineses. Mas não se cria quase nada em Shanghai, a despeito dos louváveis esforços da imprensa européia para fazer acreditar que aqui nasce uma nova civilização. Para justificar suas reportagens, os jornalistas de passagem gravitam em torno de uma dúzia de estrelas cujos endereços e telefones passam de mão em mão. Cinema, música? A ópera de Shanghai, concebida por um arquiteto francês, por longo período deserta, somente fatura ao convidar os musicais da Broadway.

Os dirigentes de Shanghai tinham acreditado que seria suficiente copiar o urbanismo vertical de Hong Kong para tornar-se Hong Kong. Mas Hong Kong é ao mesmo tempo uma cidade e uma cultura; como enuncia de maneira admirável o diretor da Hong Kong and Shanghai Banking Corporation (HSBC), Hong Kong é mais "confortável" do que Shanghai. Um conforto conferido pelo estado de direito, os tribunais e a liberdade de imprensa, enquanto que Shanghai, à imagem da China comunista, continua sendo uma selva. Os comunistas acreditaram que a economia de mercado obedecia à lei da selva e que os banqueiros eram fora-da-lei; mas os banqueiros preferem as leis de Hong Kong e não a selva de Shanghai. Atrás de sua fachada, Shanghai permaneceu, portanto, mais ou menos aquilo que era antes de 1990 e o que Mao Tsé-Tung havia desejado: uma cidade industrial.

Visto que Shanghai antes da revolução de 1949 era uma capital cosmopolita e financeira, os comunistas haviam convertido seus cidadãos às virtudes da indústria pesada para puni-los. Ainda hoje, quando nos distanciamos do cais de Bund, a fachada européia da cidade, miraculosamente preservada, a algumas centenas de metros do rio, começa o mundo das empresas mais tradicionais, vastas zonas industriais consagradas ao aço, aos materiais de comunicação, à química e à construção automobilística, os "quatro pilares" da economia de Shanghai. Essa é a verdadeira Shanghai: essas indústrias (nenhuma delas foi privatizada) gerenciadas diretamente pela cidade empregam a metade da população ativa e produzem o essencial das receitas orçamentárias. Shanghai não vive de seus serviços, mas de suas indústrias; preocupado antes de tudo com a situação do emprego e com seu orçamento, o governo local não presta nenhuma atenção nas atividades chamadas de criação, de moda ou de serviços.

Essas indústrias de Shanghai, que são de propriedade pública, têm a reputação de ser bem geridas, para a satisfação dos partidários do socialismo e aflição dos liberais. Mas, são mesmo bem geridas? Desde os anos 1990, o governo de Shanghai chamou especialistas estrangeiros para melhorar os modos e técnicas de produção; mas essas empresas não têm liberdade para gerir sua mão-de-obra: os efetivos excedentes são detidos pelo governo local. As contratações, portanto, têm uma participação na estabilidade social de Shanghai, o que não é economicamente quantificável. Essas empresas também se beneficiam de uma condição de monopólio, sendo que as autoridades locais, sob diversos pretextos, cuidam para que nenhum concorrente chinês ou estrangeiro chegue a lhes fazer sombra. Toda essa situação faz com que a eficácia relativa das indústrias de Shanghai se torne impossível de verificar.

Shanghai encontra-se assim numa situação oposta àquela de Hong Kong. As indústrias montadoras, têxteis ou de eletrônica, que asseguraram a fortuna de Hong Kong, em 1980 deixaram a cidade para instalar-se na própria China ou em outros países da Ásia; restam somente os serviços de concepção, comercialização e financiamento, que empregam uma mão-de-obra mais numerosa, mais qualificada e mais bem paga do que no tempo da indústria.

O destino de Shanghai só foi adiado? O futuro fica em aberto: a China é grande o suficiente para acomodar duas cidades financeiras, Hong Kong e Shanghai, tal como coexistem na Europa Frankfurt e Londres. Mas faltam a Shanghai, por um tempo indeterminado, os costumes e o direito, o conforto evocado no banco HSBC. O fato de ela permanecer mais distanciada ainda dessas características do que outras cidades da China explica-se pela ação do departamento de Propaganda e dos agentes da Segurança que a esquadrinham de maneira mais rigorosa. Enquanto que em Pequim e Cantão alguns jornalistas, escritores e advogados conseguem se expressar esgueirando-se através das malhas da rede policial, em Shanghai qualquer dissidência conduz à prisão. Shanghai é a cidade menos livre da China: muitos movimentos de revolta operária ou estudantil, de caráter democrático ou antidemocrático, nasceram ali – inclusive o partido comunista em 1925 – seus dirigentes atuais não autorizam nenhuma liberdade de expressão. De todas as cidades visitadas no curso deste Ano do Galo, foi a única onde não me foi possível entrar em contato com nenhum dissidente; bastava eu tentar contatar aqueles cujo nome eu conhecia, para que os agentes da Segurança, que controlam a internet e as chamadas telefônicas, os colocassem em prisão domiciliar. O fato de Shanghai ter perdido a concorrência contra Hong Kong deve-se tanto à preferência do governo pela indústria pesada, quanto ao sufocamento das liberdades. Shanghai é tão somente o cenário da modernidade, apresentado pelo Partido quando sonha a respeito do futuro da China; os estrangeiros de passagem, que perdem todo o espírito crítico quando chegam na China, se maravilham diante dessa fachada construída expressamente para eles.

É preciso investir na China?

Seduzir os financistas ocidentais é vital para a economia chinesa: sem aporte maciço de capitais estrangeiros, a China não se desenvolverá. Mas essas empresas estrangeiras chegam a realizar lucros na China? Essa pergunta, que foi muitas vezes colocada aos diretores de empresa ou a seus banqueiros, permanece no conjunto sem resposta. Existe uma boa razão para esse silêncio que é de ordem contábil: aquilo que é fabricado na China por grupos transnacionais inscreve-se num circuito onde uma mesma produção circula, desde sua concepção no Ocidente ou no Japão, para em seguida ser montada na China, empacotada fora e vendida não se sabe onde. Nessas circunstâncias, torna-se difícil isolar a participação da exploração chinesa no circuito.

Mas sobre esse silêncio embaraçoso dos investidores estrangeiros na China, a explicação que prevalece é a ausência de lucros reais: todos estimam que é necessário estar na China não com o objetivo de enriquecer, mas para estar no país com a esperança de enriquecer. Em resumo, convém estar na China para estar na China... Quando um empresário entra na China, observa o diretor do HSBC já citado, ele perde todo bom senso, como se as regras financeiras universais não tivessem aplicação no país. Os interlocutores chineses dos empresários estrangeiros se empenham, é verdade, em escapar dessas regras por todos os meios. A honestidade não faz parte do modelo econômico chinês: as contabilidades são falsificadas, os contratos assinados não obrigam ninguém, a justiça sofre influência exterior, a corrupção é obrigatória, a propriedade intelectual é pirateada. O próprio HSBC, sem dúvida para ilustrar essa perda de bom senso, inaugurou em 2005 uma onda de participações ocidentais nos bancos chineses notoriamente mal geridos, afundando em dívidas irrecuperáveis. No HSBC, como em todos que o seguiram, se diz que a China é um grande mercado, que é preciso estar presente esperando o dia em que a nova classe média chinesa vai adotar os comportamentos ocidentais. Se essa promessa chinesa não se realizar, as empresas ocidentais perderão o seu investimento, outras serão reembolsadas por seus seguros, e aquelas que forem afetadas por um "risco político", a conta será transferida para o contribuinte do país de origem. Porém, tudo isso, asseguram-nos, não acontecerá, pois, a China será um grande mercado, ela acabará sendo semelhante a nós e o governo comunista acabará sendo um Estado normal. Todo investimento é uma aposta: a China só é uma exceção pelo fascínio que ela suscita e pela ausência de cálculo racional. Os especialistas da China na realidade são ou crédulos ou incrédulos: o crédulo garante que tudo irá cada vez melhor; o incrédulo objeta dizendo que nada muda de fato. Tanto uns quanto outros, os que acreditam na China e os que não acreditam, têm as mesmas informações, dispersas e não verificáveis, e limitam-se a pintar essas informações de rosa ou de negro. É raro encontrar um especialista que fica na nuance: a paixão pela China não se divide, e quando se crê, não se conta.

A imprensa econômica européia, cuja profissão é esta, também fica fascinada: toda essa imprensa se extasia com o grande mercado chinês e as suas promessas, porém, não vemos nela análises de sucessos e fracassos já constatados nesse mesmo mercado. Como explicar que os exportadores italianos ultrapassam na China os seus concorrentes franceses? É o resultado de empresários europeus ou de seus parceiros chineses? Tanto uns quanto outros seguem métodos diferentes? Através dessas experiências, poderíamos aprender um pouco mais sobre o comportamento dos europeus na China ou sobre os chineses? Terra incógnita...

O banqueiro e o empresário ocidental que gastam ou investem capitais de seus acionistas na China abusam da confiança deles? Acontece que o acionista ocidental, iludido por suas leituras e pela modernidade, faz questão também de estar na China, porque *é preciso estar na China*. Toda empresa que vai para a China tem uma melhora imediata de suas ações na Bolsa. Nesse ambiente de bola especulativa, não estar na China o marginaliza; o empreendedor prudente – ainda existem – corre o risco de ser excluído do grupo que, numa próxima viagem oficial, escoltará todo chefe de Estado ocidental.

6

O falso desenvolvimento

Mao Yushi é o mais lúcido dos economistas da China, o que significa ser permanentemente vigiado por milicianos da Segurança pública. Ele mesmo se preocupa com isso, não por temor pessoal, mas porque calcula que o custo dessa vigilância para as finanças públicas: quatro homens, às vezes dois carros estacionados em frente do seu imóvel, e aqueles que o seguem quando sai de casa. Com cerca de oitenta anos, Mao Yushi vê esse luxo de precauções como totalmente inútil: para onde fugiria?

Como qualquer intelectual independente na China – uma espécie rara – Mao Yushi tem uma vida modesta. A casa onde mora em Pequim é velha: uma construção desconexa característica dos anos 1960, gelada no inverno, escaldante no verão; minúsculo e sem conforto, o apartamento que divide com a sua esposa está abarrotado de livros, objetos, e bacias de plástico para recolher a chuva que passa pelo teto. Se estivesse a serviço do Partido, seu modo de vida mudaria; o governo prefere comprar os intelectuais, é uma maneira de neutralizá-los menos cara que vigiá-los. Prevaricação eficaz: quase todos os intelectuais deixaram de ser rebeldes, se tornaram "especialistas" que respeitam a disciplina que lhes é imposta. O termo ocidental "intelectual" convém aqui? O romancista A Cheng, que viveu muito tempo nos Estados Unidos antes de voltar a Pequim, comparando a China e o Ocidente, acha que seu país tem agora "muitos letrados, mas poucos intelectuais".

Quanto a Mo Yushi, de saúde frágil, com audição difícil, duvida de sua capacidade de derrubar o Partido comunista. Suas intervenções na vida pública não são nem violentas nem revolucionárias; mas é um impertinente. No décimo quinto aniversário da repressão de Tiananmen, em 2004, endereçou uma carta ao chefe de Estado sugerindo que os responsáveis do massacre reconhecessem os fatos e pedissem perdão à nação chinesa; segundo ele, seria a melhor maneira de acabar com esse passado doloroso e passar para outra coisa. Esperar tornará o ódio mais grave. A carta de Mao Yushi circulou na internet, outros intelectuais com a mesma tendência liberal foram seus co-signatários, a imprensa estrangeira a divulgou. Puro desperdício. Os dirigentes da forte China não têm contradição, por mais modesta que seja. Porém, em 2005, Mao Yushi recidivou ao publicar uma coletânea de seus antigos artigos com o título "Para aqueles que amo, desejo a liberdade". Os censores não gostaram; o editor, depois de ter imprimido o livro, o retirou de venda. Mao tentou colocar um processo contra esse editor, pois, não seria possível processar o departamento de Propaganda. O editor perdeu o seu processo: acontece. O estado de direito progride realmente ou o Partido faz crer que é assim? Esse sucesso aparente não teve continuidade, pois, é impossível encontrar o livro de Mao Yushi. Na China não se queimam mais livros, o Partido se contenta em organizar o seu desaparecimento.

Que milagre econômico?

Ainda mais provocador, Mao Yushi pensa que o desenvolvimento econômico da China é mais um desastre que um milagre.

Ele não se alegra com os 9 ou 10% de crescimento anual de seu país? Ele ficaria contente se esse número fosse verdadeiro. Provavelmente não é, pois, o governo é o único a ter as estatísticas e elas são dificilmente verificáveis; não se pode ter a priori como verdadeiras informações que vêm de um governo para o qual a busca da verdade não é a primeira virtude. Entre 1960 e 1980, não havia mais nenhuma estatística; quando reapareceram em 1980, não eram isentas de dados estranhos. Assim, em 1980, a China estimava que tinha 95 milhões de hectares de superfícies cultivadas, ou seja, 0,08 hectare por pessoa, menos que em Bangladesh. Esse número não verificado fez surgir o fantasma da fome; parecia impossível que dessa forma os chineses pudessem se alimentar. Porém, as fotos por satélite revelaram o erro: em 2000, as estatísticas diziam que a superfície cultivada era de 130 milhões de hectares. Na verdade, ela é de 150 milhões, porém, manipulando os dados das superfícies, o Partido faz acreditar que a produtividade é extraordinária. Poderíamos multiplicar os exemplos de aberrações estatísticas que estão à margem, mas consideráveis.

Mao Yushi refaz, então, os cálculos identificando as incoerências ou as omissões; pois, quando um número preocupa os encarregados de estatísticas oficiais, eles o suprimem. De um ano para outro, a partir dessas brechas, Mao reconstitui a realidade e acredita que o índice de crescimento real oscila em torno de 8% ao ano: um bom número que se explica, antes de tudo, pelo efeito mecânico da transferência da população do campo, improdutiva ou ociosa para a indústria. Esse índice de crescimento é comparável ao do Japão ou da Coréia durante a mesma fase de decolagem: não é milagroso e, acima de tudo, em si não faz sentido. Primeiramente, seria conveniente reduzir os efeitos negativos que são característicos do modelo chinês: por exemplo, os desastres ecológicos, o desgaste do solo, a poluição e as epidemias que provoca, os problemas sociais individuais e coletivos provocados pelas migrações em massa. Mao Yushi, que é considerado no meio internacional dos economistas como um precursor nesse campo, avaliou em 10% da produção o valor anual das destruições do meio-ambiente: essa perda deveria sem dúvida ser subtraída da riqueza da China. Um modo de avaliação que, fora da China, não é de forma alguma contestado pelos especialistas.

Entretanto, Mao Yushi não nega que todo desenvolvimento passa pelo êxodo rural e certas destruições do patrimônio natural; o que ele contesta, é o modo de gestão selvagem. O ritmo de crescimento não lhe parece durável, pois, esbarra em obstáculos físicos; estes já são perceptíveis: a falta de energia, de matérias-primas ou água. Pois bem, na China, ela é rara e também mal administrada: quando é gratuita é desperdiçada; quando é poluída, não é tratada. O governo chinês não acredita que as estações de tratamento sejam um investimento útil: várias centenas de milhões de chineses não têm, portanto, acesso à água potável; muitos morrem em decorrência disso.

Depois de ter recalculado a taxa de crescimento e ter deduzido os efeitos negativos, Mao Yushi se pergunta sobre o conteúdo. Muitas produções são inúteis, não encontram compradores, ou por não ter mercado, ou porque a qualidade é inexistente. Este é o caso em particular das empresas públicas. A China tem ainda cem mil que funcionam segundo o antigo modelo maoísta. Elas produzem por produzir para justificar a sua existência e atingir os objetivos de crescimento exigidos pelo Partido; pouco importa o resultado contanto que os objetivos quantitativos sejam atingidos ou ultrapassados. A outra função dessas empresas públicas é a de utilizar uma mão-de-obra operária que o Partido não pode demitir ou colocar em novas atividades.

Fico espantado que essas empresas possam continuar a sua atividade em uma economia de mercado. Porém, diz Mao, a China não é uma economia de mercado! Como a maior parte das empresas públicas não tem de fato contabilidade, não se sabe se são viáveis ou não; pouco lhes importa, visto que há bancos para financiar as suas perdas. Na China são os dirigentes do Partido que intimam os bancos a dar empréstimos, por motivos políticos ou pessoais, e a não pedir o reembolso desses empréstimos.

Isso vai mudar, dizem em Pequim: os bancos serão verdadeiras empresas. Neste Ano do Galo, ainda não é assim: a dependência política dos bancos explica a proliferação dos imóveis, residências, escritórios, em geral vazios, e infraestruturas – estradas, aeroportos – freqüentemente inúteis. Os benefícios do crescimento, em particular as divisas ganhas com a exportação, são engolidos por esses investimentos improdutivos que não criam, com o tempo, nem novas riquezas nem empregos. Essa politização do investimento, que escapa à lógica do mercado, segundo Mao Yushi, é a falha principal da economia chinesa; ela explica em parte um índice de desemprego significativo, de que o Partido se orgulha menos do que do índice de crescimento.

20% de desempregados

O desemprego não estagnou em 3,5%? Esse número oficial, invariável, é anunciado antes, no início de cada ano. O que se pode dizer de fato é que é incalculável: não se pode atribuir ao emprego nem ao desemprego os cem milhões de migrantes que se locomovem no território e que, em função das circunstâncias, vão nas obras, minas ou voltam para o campo. Não se pode tampouco apontar os milhões de camponeses ociosos, sem terra, ou que vivem em uma parcela insuficiente de terra; se lhes fosse permitido deixar o campo para ter um emprego na cidade, eles o fariam. 20% de desempregados na China? É um número plausível. Esse desemprego afeta somente os humildes: dois terços dos engenheiros, diplomados pelas universidades chinesas, não encontram um emprego compatível com a sua qualificação nos três anos que seguem o final de seus estudos. Esse desemprego dos diplomados tem a ver com a natureza do desenvolvimento chinês, fundado mais sobre a utilização maciça de uma mão-de-obra pouco qualificada do que sobre a pesquisa e os serviços que exigiriam maior qualificação. Compreende-se por que tantos deles partem para os Estados Unidos ou Canadá.

Apesar de sua taxa elevada, e em razão do reinvestimento não-produtivo dos ganhos, o crescimento não gera, portanto, um número suficiente de empregos. Os investidores estrangeiros, por sua vez, criam essencialmente unidades de alta produtividade empregando pouca mão-de-obra. Quanto às empresas exportadoras, no setor têxtil ou de informática, recorrem prioritariamente a moças sem formação em contratos de curta duração. Os camponeses pobres, os estudantes e os operários despedidos pelas indústrias públicas encontram-se privados de perspectivas.

O que propõe Mao Yushi? Nada além do que imitar os modelos anteriores do Japão, Taiwan, Singapura, Hong Kong e Coréia: alocando os lucros da exportação em investimentos rentáveis, o emprego seguiria o crescimento. Também seria mais proveitoso investir nas cidades médias, ao invés de concentrar o capital nas costas orientais e criar aí gigantescos congestionamentos populacionais. Enfim, investir nos recursos humanos, na educação e na saúde, atenuaria as tensões sociais e permitiria à China passar de um estado primitivo do capitalismo a um desenvolvimento sustentado. Enquanto que os primeiros "dragões" da Ásia fundaram seu desenvolvimento na qualidade dos recursos humanos, o modelo chinês aposta na sua exploração.

Mao Yushi é ouvido? Não, porque o modelo econômico é o reflexo da organização política: como o país é dominado por uma classe urbana, o Partido é sustentado por burocratas, e os camponeses não têm nenhuma representação, as escolhas econômicas são realizadas à imagem dos interesses daqueles que detêm o poder.

Os bancos, bombas de atraso

De todos os cenários que ameaçam a China, qual é, segundo Mao Yushi, o mais provável? Sem dúvida, a falência dos bancos sob o peso dos empréstimos não reembolsáveis. De imediato, não correm perigo, pois os fundos que entram ultrapassam de longe os montantes emprestados: Os riscos são diluídos na abundância do dinheiro. Certamente a China conheceu alguns pânicos bancários recentes, particularmente em Cantão quando, em 2002, os poupadores souberam que o diretor de seu estabelecimento havia fugido com o dinheiro do caixa; mas imediatamente o Banco Central alimentou suas sucursais com dinheiro novo para acalmar os espíritos. No geral, os chineses, espantosamente, têm grande confiança em seus bancos, admite Mao Yushi, o que lhes permite conceder empréstimos a pedido das autoridades políticas, sem cálculos econômicos. Essa euforia vai durar? Sim, enquanto o mercado mundial mantiver seu suporte ao crescimento chinês, os investidores estrangeiros continuarem loucos pela China e que os chineses depositarem sua poupança – lendária – nos correios e nos bancos. Essa poupança permanece abundante e estável, pois, os poupadores não têm escolha: a Bolsa de Shanghai perdeu sua qualificação depois de ter arruinado os investidores, a exportação de capitais é legalmente proibida e as oportunidades de investimento fora dos bancos são mais ou menos desconhecidas. A única verdadeira alternativa aos depósitos bancários, mas que exige uma quantidade de dinheiro maior, é o investimento imobiliário. Ou o poupador chinês deixa seus recursos depositados, ou participa da grande loucura imobiliária, uma bolha com preços proibitivos com milhões de apartamentos e de escritórios vazios. Se, por acaso, o mundo desviasse sua atenção da China em razão de um conflito ou de uma epidemia, e se os chineses se mostrassem inquietos em relação à sua poupança, um pânico geral arrastaria os bancos e o país inteiro. Os chineses, conclui Mao Yushi, aceitam quando muito renunciar a toda sua liberdade ou a parte dela, mas perder suas economias, isso eles não perdoariam ao partido comunista! O Partido sabe disso e tenta evitar a falência.

Em 2005, os bancos chineses se engajaram numa reforma que deveria, em certo prazo, alinhar suas práticas às normas ocidentais. Convidados a participar dessa modernização, os bancos estrangeiros apressaram-se em investir nos bancos chineses, na esperança de utilizar suas redes e de vender aos cem milhões de chineses prósperos novos produtos, cartões de crédito e investimentos criativos. Mas será que esses bancos chineses são passíveis de reforma? O assunto parece técnico, mas atinge o coração do sistema comunista.

O governo central precisa de bancos com melhor gestão, capazes de financiar atividades reais e racionais; arruinando os poupadores, a falência desses bancos faria o Partido cair. Mas um banco, ao se tornar racional, deixa de obedecer às exigências dos chefes locais do Partido que obtêm atualmente créditos que não podem ser recusados; esses créditos sustentam empresas locais improdutivas, mas oferecem empregos e cargos rentáveis. Sem crédito, o que sobrará da influência dos executivos e do emprego em empresas públicas? Um outro tema delicado: se os bancos se tornarem racionais, não concederão mais empréstimos a estudantes, sabendo que estes jamais reembolsarão e desses futuros executivos ninguém hoje ousa exigir que honrem a sua dívida. A reforma dos bancos poderia assim levar à revolta dos estudantes, ao fechamento de milhares de empresas com déficit, à perda de influência dos dirigentes comunistas locais.

Como o Partido vai decidir entre essas exigências contraditórias, a da racionalidade econômica, evitar a falência bancária, e a da estabilidade social e do poder dos chefes sobre a concessão de empréstimos? Quem vai explodir em primeiro lugar, o poder local do Partidos, os estudantes não-subvencionados, os novos desempregados ou o sistema financeiro? Os dirigentes chineses e os investidores estrangeiros esperam, se o crescimento continuar, se os capitais afluírem, se os poupadores continuarem dóceis, que essas contradições sejam resolvidas com a abundância de dinheiro. Mao Yushi tem razão: o futuro do Partido depende do futuro dos bancos.

A classe média que não se encontra em lugar algum

A China não está "em transição" espontânea para a democracia? O crescimento não gerou uma classe média, independente do poder e que, com o tempo, reivindicará autonomia política?

Mao Yushi não acredita nisso. Prefere falar de uma classe de "novos-ricos" cujo poder aquisitivo é mais tributário de suas relações com o Partido do que com seu espírito empreendedor. No essencial, são burocratas, oficiais superiores e suas famílias, que vivem com seus gastos pagos, de favores e privilégios ligados à sua função. O destino dessa pseudo classe média se confunde com o do Partido: ou membros pertencem à casta dos burocratas, ou seus salários dependem da boa vontade dos dirigentes. Exceto um punhado de empresários individuais autênticos, os "novos-ricos" trabalham para administrações públicas, para o exército que é em si uma potência econômica autônoma, para empresas do Estado ou firmas juridicamente particulares, mas de propriedade do Partido, do exército ou de seus dirigentes. Os que não são apparatchiks poderiam ser chamados de "empresariochiks" – empreendedores pela graça do Partido.

Freqüentemente, o modo de vida dessa nova classe de novos-ricos não depende do montante do salário, mas de vantagens materiais, legais ou ilegais. Quase todos os carros de luxo importados, dois terços dos celulares, três quartos das receitas dos restaurantes e lugares de prazer, as prostitutas que neles se encontram, praticamente todas as viagens de estudos ao exterior, os gastos gigantescos nos cassinos de Macao e de Las Vegas são financiados por administrações e empresas públicas chinesas. A ausência de uma verdadeira propriedade privada e garantida faz também com que haja dependência dos novos-ricos em relação ao Partido. Em geral, a população só tem o direito de ocupação, quer da terra, da moradia quer da empresa. Essa "zona cinza" que é a propriedade cria grandes incertezas para os que a ocupam; dessa forma, em um prédio de moradias coletivas, tornou-se possível ter a propriedade real de seu apartamento, porém, o conjunto é construído em um terreno que o Estado, o exército ou o governo local concederam ao construtor com um contrato limitado. O que vai se tornar a propriedade da moradia no término do contrato, ninguém neste momento pode prever. Essas incertezas que pairam sobre a propriedade explicam a preferência dos "empresariochiks" pelo enriquecimento rápido, um retorno imediato do investimento, e o êxodo dos capitais. Antes de tudo, são os empresários estrangeiros que se envolvem em riscos de longo prazo, pois, são protegidos por seguros ou acreditam que estão menos submetidos a ameaças do que os chineses em relação ao seu governo.

Uma fonte de enriquecimento específico da classe dos novos-ricos é o crédito não-reembolsável: para aqueles que têm astúcia – *guanxi* – é fácil conseguir um empréstimo. A taxa parece alta, pois, aquele que consegue o empréstimo paga uma comissão de aproximadamente 5% para seus interlocutores bancários (em geral para o próprio banco), depois cerca de 15% para os dirigentes locais do Partido que aprovam esse empréstimo. Em princípio, os fundos são colocados em um investimento imobiliário ou industrial; porém, que isto se realize ou não, exceto os 20% iniciais, o empréstimo nunca será reembolsado. Com a condição, é claro, de que o Partido continue a ser benevolente com o credor. Inúmeras vantagens que o Partido pode recuperar quando quiser. É isto que acalma a dissidência e faz com que duvidemos da teoria mecanicista segundo a qual a economia chinesa faria nascer uma classe média que, necessariamente, exigiria a democracia: esse quadro com essa progressão em escada, à maneira coreana, no momento parece não se aplicar à China. A classe dos novos-ricos não é o esboço de uma sociedade independente do regime político ou que se insurgiria para que este se liberalize; ao contrário, essa classe é a mais apegada ao regime, responsável por sua prosperidade.

Porém, essa dependência não é material. À análise de Mao Yushi, eu acrescentaria as minhas observações pessoais sobre o espírito de dependência que é incutido através do ensino. Em todos os níveis, ele é de caráter autoritário, sem a participação dos estudantes: passar num exame significa decorar as aulas, não se trata de discutir nem de manifestar qualquer tipo de originalidade. Tanto quanto a dependência material em relação ao Partido, essa ausência de formação de espírito crítico afasta da tentação democrática.

Explicar tudo através do argumento da transição

«As suas críticas são corretas, mas estamos em fase de transição.» Este é o leitmotiv de qualquer entrevista com representantes do poder: os dirigentes chineses acham que não precisam de nenhum Mao Yushi nem de observadores ocidentais para criticar o seu modelo de desenvolvimento. Eles mesmos confessam as fraquezas desse modelo, todas sob o termo genérico de «transição».

As migrações em massa, os dramas humanos que suscitam, as epidemias, a prostituição, os investimentos mal calibrados seriam vários sintomas dessa transição tão falada. Para pôr um fim nela, só haveria, segundo me repetem, o caminho do próprio desenvolvimento. Com o tempo tudo acabará se resolvendo por si só : maneira cômoda de se livrar de cabeças impertinentes! Basta insistir um pouco para ser acusado de ser, escolham, inimigo da China ou totalmente ignorante das relações chinesas. Com os dirigentes e os oficiais do regime, todo tipo de discussão é impossível. Por causa do abismo ideológico que nos separa? Muito mais porque os dirigentes chineses, convencidos de estar com a razão, consideram que todas as críticas dirigidas a eles são estúpidas ou coléricas. É verdade que o seu fatalismo otimista – tudo vai dar certo, mesmo quando tudo vai mal – também é a opinião de certos economistas incondicionais da economia de mercado.

Ao comparar a evolução dos ex-regimes totalitários em direção a uma economia de mercado, Michael Bernstam, célebre economista do Instituto Hoover da Universidade de Stanford, constatou que os equipamentos escolares ou sanitários com freqüência tinham um bom nível no tempo do despotismo: Cuba, URSS e a China de Mao investiam nessas áreas que eram a vitrine de seu regime, e conseguiram assim realmente incrementar a expectativa de vida de seus habitantes. Estes eram prisioneiros, mas tinham relativamente boa saúde, e educação. A partir do momento em que essas nações se engajaram na economia de mercado, os investimentos não diretamente produtivos – hospitais ou escolas – foram sacrificados em proveito das indústrias. Durante a transição, a saúde e a educação se degradam; seria necessário ter paciência até o final da transição para que um novo patamar de desenvolvimento permita aos governos e aos indivíduos financiar a nova educação e a saúde. No caso da China, os mais afortunados pagam com seus próprios meios os seus gastos em matéria de saúde e escolaridade em estabelecimentos de uma qualidade superior àquela que o regime comunista fornecia gratuitamente antes da transição.

Bernstam aplica o mesmo raciocínio à situação do meio-ambiente: em uma sociedade autoritária com a economia estagnada, o estado do meio-ambiente é estável. Durante a transição, o desenvolvimento o destrói. Depois da transição, as empresas e a sociedade encontram os meios de proteger o meio ambiente, economizar água e energia, reduzir as poluições através de processos mais custosos.

Esse economista americano, emblemático de um liberalismo sem freios, em acordo com os estrategistas chineses, nos convida em suma a escolher entre a estagnação com boa saúde e o desenvolvimento que traz riscos.

Nas duas fases, há aqueles que ganham e aqueles que perdem; nos dois casos, não são os mesmos. O desenvolvimento exigiria, portanto, uma arbitragem, pois não podem só existir ganhadores. Mas quem arbitra? Na China, o partido comunista. Na Índia, único país atualmente comparável com a China, a arbitragem é diferente: trata-se de um país democrático.

Uma comparação entre a China e a Índia

Por que a Índia? Comparar a China e a Índia é uma idéia nova que apareceu durante o Ano do Galo. Essas duas nações vizinhas sempre foram estranhas uma em relação a outra. Quando, há quinze séculos, discípulos de Buda passaram da Índia para a China, os chineses transformaram de tal modo a sua mensagem, que ela se parece mais com o taoísmo do que com o budismo das origens. Nos anos 1960, algumas escaramuças militares no Himalaia tiveram por objetivo somente assegurar o exército comunista acerca de sua superioridade. Exceto esse incidente, cada um seguiu seu caminho: conservador na Índia, revolucionário na China. Nos dois casos, o resultado, até o fim do século XX, foi um crescimento nulo e uma miséria massificada. A queda da URSS e a reconhecida superioridade da economia de mercado fizeram despertar as duas nações em poucos anos de intervalo: Rajiv Gandhi converteu seu povo ao liberalismo em 1989, e Deng Xiaoping o fez em 1992. Indianos e chineses abraçaram ao mesmo tempo a globalização com suas exigências e sua eficácia.

Nessa corrida para o desenvolvimento, a China aparentemente tomou a dianteira com 9% de crescimento em média, contra 6% na Índia. Aparentemente, em termos de renda por habitante, os chineses, partindo do mesmo nível que os indianos, tornaram-se, em quinze anos, duas vezes mais ricos: 1200 dólares por ano em média, contra 600. Mas de que chineses estamos falando? Esse número global, não leva em conta de nenhum modo os valores não econômicos, que, entretanto, são tão reais quanto a democracia, a liberdade religiosa e o respeito pela vida.

O crescimento chinês deve muito aos investidores estrangeiros (que com freqüência são chineses). Por que esses investidores preferem a China à Índia numa relação de 12 para 1? Porque enriquecem mais rapidamente na China: o partido comunista se encarrega das formalidades, coloca à disposição massas de assalariados dóceis, não se preocupa com os direitos sociais nem com o meio-ambiente. Essa é a vantagem de uma administração autoritária. Na Índia democrática onde os cidadãos têm direitos, tudo se torna muito mais lento. A longo prazo, a Índia é mais previsível que a China, sem risco político maior. Mas os lucros rápidos se armazenam na China.

Ao mesmo tempo, os dirigentes chineses estão mais bem armados para a propaganda do que os indianos; toda grande empresa ocidental se sente obrigada a participar da «grande aventura» econômica da «Grande China». Hesite diante do mercado chinês e você será denunciado como ultrapassado e inimigo da China, inclusive no caso de uma certa imprensa ocidental.

Até 2005, portanto, nenhum economista chinês se interessava pela Índia, e poucos indianos olhavam para a China. Essa indiferença desapareceu no dia em que o economista britânico de origem indiana (e prêmio Nobel) Amyarta Sen examinou a China; em troca, missões chinesas partiram para descobrir a Índia. A conclusão de Amyarta Sen é que a China somente ultrapassa a Índia se nos fiarmos em estatísticas inexatas; e os chineses descobriram na Índia um modelo alternativo de desenvolvimento.

A China vista da Índia

Pode-se comparar a Índia com a China? Isolar um único elemento, como a taxa de crescimento, fazendo abstração das diferenças históricas e de civilização, não tem nenhum sentido; o interesse da comparação deve-se, sobretudo, à necessidade que sentimos repentinamente das duas partes, e à reflexão que poderá nascer disso. Amyarta Sen, desse modo, abalou as certezas chinesas: uma taxa de crescimento que não incorpora o fator humano, diz ele aos chineses, é falsa. Acontece que na China a expectativa de vida média estagna, chegando a diminuir nas províncias do oeste; uma visão exclusivamente quantitativa do crescimento sacrificou a educação, a saúde e o meio-ambiente. Inversamente, na Índia, que partia de um ponto mais baixo, a expectativa de vida aumenta no conjunto do território e para o conjunto da população. Em 1979, data do início das reformas econômicas na China, os chineses viviam em média quatorze anos a mais do que os indianos; essa vantagem se explica em parte por um sistema de saúde de base espalhado por toda a China e desconhecido na Índia. Vinte e cinco anos mais tarde, a esperança de vida na China não variou, enquanto que na Índia ela passou de cinqüenta e sete para sessenta e quatro anos. Em alguns estados da Índia, em particular em Kerala, ela chega a setenta e quatro anos e está muito acima da média chinesa; em Kerala também, a mortalidade infantil caiu para um terço do que ela é na China, onde varia pouco.

Um outro fator humano significativo: a proporção homens/mulheres, reveladora do nível de infanticídio das meninas e do respeito pela vida humana, é melhor na Índia do que na China: 107 meninas na Índia, contra 94 na China, para cada 100 meninos. Em Kerala, essa proporção é equivalente à da Europa Ocidental.

Entretanto, é preciso atenuar o otimismo de Amyarta Sen: em nações tão distintas quanto a Índia e a China, os casos particulares assim como as médias enganam. Pode-se, por exemplo, contestar a escolha de Kerala como representante de toda a Índia; e em Shanghai e Pequim, a expectativa de vida é superior à de Kerala. A tendência no conjunto não é negável: na Índia democrática, a qualidade de vida, tal como é medida pela expectativa de vida, a mortalidade infantil e a proporção homens/mulheres, cresce mais rápido que na China.

A China enriquece, mas se privilegiarmos o fator humano, pode-se dizer que ela se desenvolve? E se a Índia se desenvolvesse lentamente, ela não *progrediria* mais rápido?

Tudo depende do que entendemos por desenvolvimento e progresso. Amyarta Sen propõe mais o fator humano do que o crescimento como critério do progresso: não se trata mais de uma escolha filosófica que tem mais a ver com a Índia do que com a China? Porém a diferença entre dois conceitos do desenvolvimento é produto da civilização ou da democracia? Na China, não é porque o debate é proibido que a saúde e a escola são sacrificadas em nome do mercado? As vítimas são os mais pobres, que são os mais numerosos também; mas, na China, eles não são ouvidos. Na Índia, os pobres votam e a mídia vai atrás dos escândalos; os governos indianos são obrigados a não sacrificar os pobres de quem depende a sua eleição. Por essa mesma razão, a democracia indiana preserva valores não-econômicos, não-quantificáveis, que contribuem da mesma forma para o bem-estar, como a família, as tradições, as religiões. Na China, esses valores culturais ou espirituais, como não estão presentes no índice de crescimento, são negados.

A China cresce mais rapidamente que a Índia, mas o país que enriquece mais rapidamente é aquele que se desenvolve melhor? Um indiano pobre cuja religião e tradições permanecem intactas não é menos pobre, com renda igual, que um chinês? Um conservou valores tradicionais dos quais o outro foi privado.

Convenhamos que essa análise qualitativa do desenvolvimento apresenta para os indianos a vantagem de tranqüilizá-los sobre a sua indolência; porém, ela preocupa também alguns chineses...

A Índia vista da China

Chen Xin, economista da Academia de Ciências Sociais de Pequim, está nesse grupo de preocupados: desde que foi à Índia, ele vê a China de uma outra maneira.

Antes de 1989, essa Academia era o laboratório "liberal" do regime; foram concebidas nele a privatização das empresas do Estado e a abertura da China para o mercado mundial. Depois da revolta estudantil, que os acadêmicos apoiaram, os antigos pesquisadores foram excluídos; uma nova geração mais prudente os substituiu. Ouvindo essa geração, ela mostra o limite das reflexões que o Partido comunista aceita ouvir.

Chen Xin é um símbolo dessa nova tendência; ele fala razoavelmente inglês e não usa gravata, o que para um intelectual chinês revela quase uma dissidência. Estamos sós em seu escritório, sendo que normalmente um terço faz de conta que serve chá, toma nota e fica vigiando. Falávamos livremente? Que inocência! Os antigos que tomavam notas e arquivavam as mínimas banalidades foram substituídos por câmeras: a censura também faz progressos.

Depois de ter constatado *in loco* que a Índia se desenvolvia a um ritmo comparável ao da China, Chen Xin chegou à conclusão da impossibilidade prática, para essas duas nações juntas, ou seja, perto de três bilhões de seres humanos, de chegarem juntas ao modo de consumo ocidental. Se prolongarmos as curvas de crescimento e dermos a cada chinês e a cada indiano um carro e conforto ocidental, nos deparamos com impasses práticos e ecológicos. Mesmo tendo que fazer economias drásticas de energia e de matéria-prima, não haveria o suficiente para todos os ocidentais e asiáticos. Todo o planeta se tornaria um estacionamento de carros. A China só tem um carro por setenta habitantes, enquanto há um carro para cada dois americanos, Pequim e Shanghai já são cidades impraticáveis. Uma sociedade de consumo chinesa ou indiana poderia se erguer graças a um deslocamento de recursos em detrimento dos ocidentais? Chen Xin não acredita nisso; duvida que os ocidentais venham um dia a restringir o seu consumo de energia para dividir com os chineses e os indianos. Por outro lado, os Estados Unidos, dominando o mercado mundial das matérias-primas e dos recursos energéticos, bloquearão o crescimento da China ou da Índia se por acaso elas ameaçassem o seu nível de vida.

"Isto não é, diz Chen Xin, um discurso antiimperialista, mas uma constatação." O que ele deduz? A China deveria adotar um desenvolvimento diferente do modelo do Ocidente, que gravitaria ao redor do conceito oriental de "harmonia". Meu interlocutor esbarra na heresia, pois, o partido comunista não imagina hoje uma alternativa para a sociedade de consumo e a globalização. "Os chineses, diz Chen Xin, deveriam poder escolher entre dois modos de vida: ou o modelo ocidental, já adquirido nas províncias costeiras do leste, ou o modo oriental, que prevaleceria nas províncias do centro e do oeste." Para que essa escolha seja verdadeira, o Estado deveria insistir de forma maciça na educação e na saúde dos camponeses, orientá-los para atividades remuneradas, mas na sua própria região de origem. Essa China mais harmoniosa também deveria ter, segundo Chen Xin, mais liberdade política e autonomia de gestão. Um sonho naturalista entre o gênio da Índia e o socialismo utópico...

A sociedade harmoniosa, Chen Xin pensa que descobriu o seu modelo... em Kerala, Ah, Kerala! Esse Estado fascina todos os buscadores de alternativas. É um tipo de paraíso social: educação generalizada, igualdade entre homens e mulheres, bom entendimento entre as religiões, expectativa de vida longa. Mais ainda: Kerala é politicamente correto, governado por um partido comunista local. A vida parece ainda mais suave por se trabalhar pouco; se Kerala é "confortável", se o seu governo financia a educação e a saúde, é graças à renda que os seus emigrantes na Grã-Bretanha e nos Estados do Golfo Pérsico enviam para o país. Esse ciclo do dinheiro escapa à observação; escapa também aos utopistas que os trabalhadores de Kerala, quando voltam do Golfo, fazem com que se dobrem aos objetos de consumo. A harmonia, na Índia, nem sempre se funda sobre a ascese.

Dessa forma, Kerala é um mito difícil de ser reproduzido, mas que uma nova geração de universitários chineses busque nesse lugar a harmonia é significativo. É o sinal de uma evolução possível do modelo chinês, ou o prenúncio de uma surpresa que está por vir? Esta busca de harmonia da parte de Chen Xin, o economista, será vista como semelhante à busca dos "valores" em voga nos letrados, e à febre religiosa que toma conta de inúmeros chineses. Mas a busca de Chen Xin se depara com uma linha vermelha, intransponível: a ditadura do Partido. Sintomático do que é autorizado e do que não é. Ele pensa na harmonia sem passar pela democracia. Pois bem, se fizermos abstração da democracia, a Índia será incompreensível.

A democracia faz toda a diferença

A democracia, e nada mais, faz a Índia tender mais para a harmonia; e é por não ser democrática que a China é mais levada à busca do poder. Se o camponês indiano tem chances de ter no seu vilarejo eletricidade, estradas, escola, postos de saúde que o camponês chinês nunca terá, é porque o primeiro vota, e o outro não. O parlamentar indiano que não levar em conta as exigências dos seus eleitores, em particular daqueles que desejam permanecer no seu vilarejo, não é reeleito. Ao contrário, o secretário local do partido comunista chinês tem a missão de mandar os habitantes do vilarejo para as zonas industriais. Na Índia e na China, a autoridade política vem de legitimidades inversas que levam a estratégias econômicas contrárias. Certamente, nos dois casos, as forças do mercado levam ao êxodo rural, ao consumo individual, a uma materialização da vida; mas a democracia tempera o mercado e confere liberdade aos indianos – evidentemente relativa – de escolha; enquanto que o Partido não concede nenhuma aos chineses.

No modelo indiano, os dirigentes não pensam obstinadamente na ressurreição de um poder imperial que jamais conheceram; se forem tentados pelo poder, os eleitores os trazem rapidamente de volta para as realidades do desenvolvimento local. Isso foi constatado em 2004, quando o partido no poder, tendo se tornado demasiadamente nacionalista, fui derrotado por uma coalizão mais social: os pobres, na Índia, são a maioria política. Essa alternância de partidos, a existência de uma imprensa livre, sem proibir completamente a corrupção ou a tentação do poder, coloca permanentemente o princípio de harmonia no primeiro plano. Se os camponeses indianos podem se lançar em produções agrícolas remuneradoras que lhes permitirão ficar no vilarejo, é porque os políticos eleitos não têm outra alternativa a não ser apoiar essas iniciativas; elas não contribuem ao poder da Índia, mas ao bem-estar dos indianos mais humildes, aplicando o preceito de Mahatma Gandhi: "O progresso econômico, dizia, deve ter como base o mais pobre dos indianos."

Outra oposição radical entre a Índia e a China: a preferência indiana pelos serviços e pelas técnicas da informática – atividades descentralizadas – ao invés da predileção chinesa pela indústria. Essa divergência se deve ao temperamento nacional de cada uma dessas duas nações ou a escolhas políticas? As tradições têm um papel, mas a política reforça as tendências: descentralização na Índia, concentração de capitais na China. Na China a preferência pela indústria vem da estratégia comunista, com o poder nacional e não o bem-estar como finalidade; a fração – 20% – dos chineses que ganham com isso uma vantagem material ou moral (o orgulho nacional) constitui a China "útil" em busca de poder; todo o resto não passa de combustível humano.

Observemos também a relação – indemonstrável, mas real – entre a inovação nas profissões da informática, em particular criação de programas, e a cultura política; os países criativos parecem ser democráticos: a América do

Norte, a Europa do Oeste, a Coréia do Sul, Taiwan e Índia; e do lado oposto, a Rússia, o mundo muçulmano e a China.

Não concluiremos que a Índia é toda harmonia, nem que a China só é vontade de poder, nem que a democracia explica todas as suas divergências; porém, sem democracia, elas são inexplicáveis.

Neste Ano do Galo, o partido comunista, pela primeira vez em sua história, introduziu no vocabulário da propaganda o termo "harmonia". Temendo tumultos sociais, sem dúvida? Mas, nenhum chinês se engana: a "harmonia" tal como é evocada pelo Partido, me dizem unanimemente os estudantes da universidade de Fudan, em Shanghai, significa simplesmente que não é necessário criticar "nem seus professores, nem o Partido". Por mais que o Partido evoque a harmonia, não terá credibilidade e permanecerá na sua lógica de poder, porque é o Partido comunista chinês. Nunca veremos nesse regime um deslocamento significativo de recursos para o campo, saúde e educação: o discurso do Partido poderá evoluir, mas as prioridades não mudarão. O Partido condena um bilhão de chineses trabalhadores a serem os marujos do poder, porque o poder é a razão de ser do Partido.

À conquista do mundo

Entre o poder da China e o desenvolvimento dos chineses, o Partido escolheu: desde Mao Tsé-Tung, ele preferiu uma China conquistadora a chineses satisfeitos. Desde o início, a indústria pesada e o armamento foram suas prioridades: já no tempo de Mao, a massa de camponeses estava subjugada a esta ambição. O objetivo permanece igual: só o método se aperfeiçoou. Como no tempo de Mao Tsé-Tung, as intenções não são dissimuladas: são até proclamadas para quem quiser ouvir, mas segundo códigos próprios da China. É assim que no Ano do Galo o almirante Zheng He foi convocado para passar uma mensagem para o resto do mundo.

Em 1405 – foi ontem – o imperador Ming confiou ao almirante Zheng He uma expedição marítima de trezentos navios de trinta mil marinheiros que, em sete anos, atingiram as costas da Insulíndia, da Índia e da África Oriental. Depois de Zheng He, como os Ming haviam decidido que a China se fechasse nela mesma, a epopéia ficou escondida na memória coletiva: um fechamento que foi rompido pelos ocidentais somente em 1840 com as guerras do ópio. Seis séculos mais tarde, os dirigentes da China se lembram oportunamente dessa expedição e de seu comandante excepcional, um eunuco muçulmano do Yunnan promovido almirante. Durante o verão de

2005, o Museu Nacional da China, praça Tiananmen em Pequim, dedicou uma exposição a Zheng He. Não resta nada dessa epopéia extraordinária, ou pouca coisa, visto que os Ming destruíram os seus vestígios. Entretanto, uma maquete do navio foi reconstituída, bastante parecida, mas pouco documentada, e algumas fotografias contemporâneas das costas onde a frota chinesa deve ter estado. Não tendo relíquias, a exposição oferecia muita coisa para se ler, proclamações no estilo pomposo do Partido: os grandes cartazes que eram a verdadeira razão de ser dessa manifestação lembravam aos visitantes que Zheng He precedera Cristóvão Colombo, Magalhães e Vasco da Gama de quase um século, que seu navio era "três vezes mais comprido" que os dos genoveses, e que a frota chinesa transportara "trinta mil homens em oposição a somente oitenta e oito" de Colombo. Para o visitante que não tivesse compreendido a mensagem, um cartaz proclamava Zheng He como "o maior navegador de todos os tempos e o "primeiro". Portanto, a China que ultrapassara o ocidente não lhe devia nada ...

A esse avanço técnico, Zheng He e os Ming acrescentaram superioridade moral: "A China, podia-se ler, a nação mais poderosa do mundo naquele tempo, sem rival, poderia ter ocupado, conquistado, colonizado os territórios alcançados pela expedição. Mas ela não o fez, evitando ser nociva com quem quer que fosse." Como não o fizera naquela época, "por que ela o faria hoje ou amanhã? A exposição tinha o objetivo principal de legitimar a nova ambição da China e o caráter "pacífico" do seu crescimento, um dos slogans do Ano do Galo. A manifestação ilustrava também o costume imperial muito antigo, prolongado pelo regime atual, de reescrever a história para servir as necessidades do momento.

Efetivamente, a exposição ocultava as verdadeiras razões da expedição de Zheng He. Uma frota tão gigantesca não poderia ter como objetivo, como seria de se esperar, a descoberta de terras exóticas; o almirante tinha que restabelecer a autoridade da China sobre terras passíveis de tributação, se possível aumentar seu número, pois a dinastia Ming era muito nova e os vassalos distantes se aproveitavam disso para não pagar mais. Por mais pacífica que possa ter sido, essa reconquista da Ásia encontrou resistências: Zheng He teve que lutar no Ceilão, e o soberano de Sumatra foi decapitado por haver faltado ao respeito com a China. Nenhuma dessas violências, certamente modestas comparadas com as concussões dos conquistadores europeus, não aparecia na comemoração.

Qual foi a verdadeira diferença entre Colombo e Zheng He? O imperialismo? Os chineses o praticaram tanto quanto os Ocidentais. Os Ming anexaram o Tibet e os Qing, o Turquestão oriental: na sua época, as dinastias chinesas se consideravam superiores a todas as outras nações, da mesma maneira que os ocidentais em sua esfera de influência. Mas, ao contrário dos ocidentais que exportavam seus "valores" cristãos, considerando-os universais, os chineses não exportavam nada além de suas mercadorias, seda e porcelana. A diferença subsiste: os ocidentais persistem em difundir os direitos humanos, e os chineses mercadorias, sem nenhuma pretensão ao universal. Ao vender unicamente objetos (a exportação da revolução caiu no esquecimento com a morte de Mao), os chineses contemporâneos, como no tempo dos Ming, seriam mais modestos do que os ocidentais? Ou mais orgulhosos, convencidos da superioridade não transmissível de seus valores? A comemoração de Zheng He num país pluralista teria conduzido à interrogação sobre essas singularidades e essas diferenças; na China, o assunto não foi abordado.

No final dessa comemoração, o visitante tampouco soube por que razões essas expedições haviam sido interrompidas. Depois que a dinastia Ming se estabilizou, os mandarins proibiram as aventuras longínquas: porque eram muito caras ou porque com elas se arriscava introduzir no Império idéias estrangeiras? Não sabemos. Os arquivos das sete viagens de Zheng He foram destruídos e suas técnicas de navegação foram esquecidas: esse desenlace tampouco é evocado na exposição de Pequim.

Que ensinamento devemos tirar dessa epopéia? A China, que havia ultrapassado o Ocidente, deveria recobrar sua proeminência? A expedição, que foi relativamente pacífica, pressagia um renascimento também pacífico? A China contemporânea, como a dos Ming, só exigirá respeito e lucros? Poderia novamente voltar-se para si mesma? Esses futuros ponderáveis encontram-se todos em germe na odisséia do extraordinário almirante. Mas nenhuma das interrogações que ela levanta é discutida publicamente na China.

7
Sombras da democracia

Pastor tibetano, proprietário de mil iaques e de uma esposa enfeitada com colares e prata, Jiren nada compreendeu da versão comunista da democracia na China. Como os quatrocentos habitantes de Chala, no alto do planalto da província de Qinghai, ele respondeu à convocação da assembléia eleitoral. Porém, essa convocação fora escrita pelo secretário do partido comunista em chinês, que Caiban não lê nem escreve: vem daí talvez o mal-entendido que vem a seguir.

Qinghai faz parte do Tibet histórico, porém, em 1965, o governo chinês o dividiu em várias províncias na esperança de reduzir o sentimento autonomista dos tibetanos. Neste começo de primavera do Ano do Galo, quando a neve começa a derreter sobre os altos planaltos, os pastores de Chala obedeceram; a cavalo e, para os mais felizardos, em motos de terreno acidentado, nenhuma família deixou de ir. Quando se é tibetano na China não se escapa de uma convocação do secretário do Partido; neste Ano do Galo, tibetanos e chineses devem celebrar o quadragésimo aniversário da "liberação pacífica" do Tibet. É o termo, na novilíngua comunista para designar a colonização; este foi o pretexto para as grandes celebrações em que os tibetanos "regozijam de alegria", como diz a imprensa do Partido.

O secretário do Partido que convoca também é tibetano, porém, esse Cairang que fala chinês decidiu colaborar com a administração da região. O Partido é reconhecedor da sua colaboração. Cairang obteve um empréstimo bancário para comprar um congelador e um gerador de eletricidade: esse equipamento lhe permite vender a sua carne e manteiga por melhor preço do que os outros pastores. Enquanto Cairang for secretário do Partido e seguir a sua linha, o banco não exigirá o reembolso do seu empréstimo. Uma aventura pessoal que mostra de que maneira o Partido controla os tibetanos, aplicando um coquetel de repressão e subvenções; porém, esse não é o regime utilizado com todos os chineses, os tibetanos só estão se beneficiando de uma dose mais forte, quer se trate de punições ou de ajudas?

Marionetes eleitorais entre os tibetanos

Pastores, esposas e crianças, sentados na grama úmida, diante da sede do Partido, que é o único prédio de concreto do vilarejo e recoberto com azulejos brancos – sinal de modernidade em toda a China. Na verdade, esse vilarejo não existe: os pastores vivem dispersos em tendas e cabanas de terra num diâmetro de trinta quilômetros. O Partido que faz muitas coisas, trouxe um equipamento de som que toca o hino nacional chinês; os tibetanos, levantam-se, bem erguidos. Cairang começa então um longo discurso em chinês que evidentemente não pode ser ouvido pelos pastores. Porém, as pessoas sussurram entre si, e com alguns pedaços cada um reconstitui mais ou menos de que se trata.

A democracia, explica Cairang, chegou em Chala, só isso: os aldeões devem nesse dia designar o seu comitê local e o seu chefe. Com voto secreto. Cairang lhes mostra que uma urna de madeira, decorada com papel vermelho, está vazia e fechada à chave. Ele agita as cédulas: de cor amarela para o comitê e rosa para o chefe do vilarejo. Os nomes dos candidatos – seis para cinco postos no comitê, só um na cédula rosa – já haviam sido impressos. Para os observadores estrangeiros e jornalistas que foram exclusivamente para esse recanto da China, o secretário do Partido explica que os nomes dos candidatos são o resultado de um consenso anterior entre os aldeões. Os pastores trocam olhares perplexos. Em seguida, Cairang explica o procedimento do voto secreto: uma espécie de cabine foi instalada atrás de uma parede de terra que também serve de latrina. Ele lembra que a compra de votos é proibida – isso quer dizer que é freqüente – e apresenta dois policiais que vieram expressamente da capital do distrito para prender eventuais delinqüentes.

Cairang se dá conta de que o seu discurso, declamado de maneira estrondosa como fazem todos os dignitários do partido comunista, não atrai mais a atenção; as mulheres falam todas ao mesmo tempo, os homens fumam, garrafas de álcool circulam. Cairang coloca a música: música tibetana interpretada em ritmo de pop restaura a atenção de todos. As mulheres sorriem, maneira de exibir a sua fortuna de ouro grudada em seus dentes. A campanha eleitoral pode começar.

Cairang apresenta o candidato que o Partido apóia, um certo Caiban, criador de iaques também, mas proprietário do único carro de Chala. Mais um que tem um congelador comprado a crédito. Sobre o seu manto tibetano, ele colocou um desses capotes verdes de recuperação que os soldados chineses usavam antigamente; as pessoas olham para a sua roupa com inveja, pois, cada vez que uma nuvem passa, a temperatura diminui quinze graus. O candidato expõe o seu programa demoradamente, em chinês, mas com um sotaque tibetano tão pronunciado que parece que o público compreende. Promete não se corromper – isso quer dizer que a corrupção é a norma –, prestar contas do uso dos fundos públicos que lhe serão confiados, cobrir de pedras o caminho que liga o centro do vilarejo à estrada nacional e resolver da melhor forma possível as brigas de delimitação de terreno que opõem famílias de pastores. Enfim, ele promete seguir a linha do partido comunista, lutar contra a pobreza e fazer reinar o progresso. Essas proclamações não são aplaudidas sem surpresa. A campanha eleitoral está terminada; o secretário do Partido distribui as cédulas.

É nesse momento que Jiren estragou tudo. Levantou-se, tomou a palavra sem pedir, anunciou que se alegrava com a liberdade concedida aos criadores de Chala, agradeceu ao partido comunista do qual é membro, e candidatou-se ao cargo de chefe do vilarejo! Tudo foi anunciado com calma, sem ênfase, e em língua tibetana. Jiren sentou-se novamente, a sua mulher sorriu com todos os seus dentes de ouro. Os pastores também pareciam alegres, mas tente entender um rosto tibetano curtido pelo sol e meio século de opressão chinesa!

O secretário do Partido ficou numa situação embaraçosa; entrou na casa de azulejos brancos para conversar com as autoridades locais. Uma hora mais tarde, todos saíram: anunciaram que o governo chinês respeitava a democracia. Então, os eleitores podiam eventualmente escrever à mão o nome do dissidente Jiren sobre a cédula rosa. Mas, a maioria dos pastores não sabia escrever, e suas mulheres menos ainda. "Aqueles que sabem escrever devem ajudar os analfabetos", decretou o secretário do Partido, visivelmente contrariado. As operações, que deveriam se desenrolar de acordo com uma coreografia preparada muitos meses com antecedência, tornavam-se complicadas; os câmeras da televisão oficial chinesa pararam de filmar aquela desordem. Os cozinheiros, que haviam preparado para os observadores estrangeiros um banquete de iaque assado e chá de manteiga de sal, ficaram desamparados.

Passaram ao voto; as cédulas foram contadas e recontadas, lentamente, em público; nenhuma acusação de fraude era possível. Mas os tibetanos interiorizaram a sua colonização: o candidato oficial ganhou com ampla margem, com dois terços dos votos. Mesmo assim o imprudente Jiren conseguiu um lugar no comitê do vilarejo. Ele não pareceu estar decepcionado: "É a democracia", disse. A ordem se restabeleceu.

Uma limusine preta com vidros fumê, Buick, mas fabricada na China, apareceu no prado; um "executivo" importante saiu do carro. A importância se mede na China pelo terno escuro, camisa branca, gravata vermelha, e, antes de tudo, pela cabeleira espessa e negra. Um dignitário comunista, seja qual for a sua idade, não tem cabelos grisalhos, nunca é careca. O executivo não se apresentou, não disse o seu nome; sussurravam que era "diretor" e vinha de Xining, capital da província. Pegou o microfone e, na língua do Partido, num tom marcial e com um vocabulário ritual, felicitou a população de Chala por ter progredido em direção à democracia aplicando as diretivas do XVI congresso do partido comunista. Aquela eleição, acrescentou, era um passo a mais para o desenvolvimento da China e a demonstração do perfeito entendimento entre todas as etnias, as minorias e os han. Anunciou a disponibilização de um fundo de três mil yuans – soma ridiculamente pequena, mesmo em Qinghai – que seria gerida livremente pelo comitê eleito do vilarejo, sob a tutela vigilante do secretário local do Partido. Antes de entrar novamente na sua limusine, o "diretor" aceitou respeitar um costume tibetano: molhar o seu dedo em um copo de álcool branco com manteiga de sal na borda, com a ponta dos dedos espalha-se três gotas ao redor para benzer a terra, o céu e a família, antes de beber o resto. O calor que sobe o ajuda contra a geada e a vertigem proveniente da altitude.

O sol já se ia atrás das montanhas, a neve ameaçava. Regados de chá de manteiga, os assados de iaque e seus miúdos recheados com ervas foram tragados em alguns instantes. Os pastores se dispersaram rapidamente: uma família inteira por cavalo ou moto. Chala voltou ao silêncio e crepúsculo: um dos seiscentos e cinqüenta mil vilarejos onde o Partido decidiu instaurar a "democracia".

O que acontecerá com o rebelde Jiren? Certamente, não ficará preocupado, ele que é um peso pluma: a comissão de disciplina do Partido do qual é membro lhe dará uma lição de moral e nunca conseguirá o empréstimo bancário que lhe permitiria adquirir um congelador.

Ao voltar de Chala, na estrada de Xining, os anfitriões chineses do governo da província propuseram aos delegados estrangeiros uma escala turística: o nosso cortejo parou diante da ilha dos Pássaros; sobre o maior lago da China, é uma parada para milhares de migradores. Tiramos as fotos de praxe. No dia seguinte, lemos na imprensa internacional que pássaros mortos, recolhidos nessa ilha, tinham o vírus da gripe aviária, uma das piores ameaças de pandemia que paira sobre a China juntamente com a pneumonia atípica e a aids; toda aquela zona estava proibida para os viajantes, e aqueles que vinham de lá deviam submeter-se a uma quarentena. Fomos poupados da quarentena... indevidamente! Não, o Partido não tinha tentado se livrar de nós; simplesmente manifestava a sua inconsciência diante das ameaças sanitárias reais que pesam sobre a China, assim como a sua hierarquia invertida de prioridades: a eleição prevista e preparada há meses devia se realizar; a honra do Partido estava em jogo, renunciar significaria perder a sua dignidade diante dos tibetanos e, pior, diante dos estrangeiros. A pandemia podia esperar. A imprensa chinesa só anunciou a morte dos pássaros quatro meses depois do ocorrido...

Não, o Partido não evolui em direção à democracia

Com o que parece uma eleição em um país onde só existe um único Partido, onde a oposição é proibida, a informação substituída pela propaganda, debates ensaiados com antecedência e a crítica censurada? Por que razão o governo chinês, que não é eleito, e o Partido comunista, que se autodesigna, decidiram generalizar as eleições locais, visto que essa é a lei, desde 1980, para todos os vilarejos da China? E se o Partido decide que o chefe do vilarejo e as assembléias locais sejam eleitos, por que esse tipo de democracia local só vale para o campo? Nas cidades, onde essa lei não é aplicada, designam-se na maior discrição e com a abstenção geral comitês de bairro sem poder. Por outro lado, as eleições rurais se tornaram prioridade para o governo chinês. A estratégia deixa as pessoas perplexas e suscita, mesmo na China, uma gama de interpretações que vão do cinismo ao otimismo.

Uma interpretação que é ainda mais complexa quando se sabe que ninguém tem capacidade de avaliar os seiscentos e cinqüenta mil vilarejos e que as situações são as mais diversas possíveis. Um observador considerado na China como independente, Li Fan, diretor do World and China Institute, em Pequim, considera que todos os casos possíveis são representados, desde o pluralismo autêntico até as mais sórdidas manipulações. Se for preciso generalizar, ele observa que no norte da China se vota por clã porque os vilarejos são divididos em famílias hostis, enquanto que no sul, é a compra de votos que determina os resultados. Quanto maiores forem os interesses econômicos mais intensa é a prevaricação. Em um vilarejo tibetano, não há interesses, pois, o vilarejo não tem recursos. Porém, nas províncias prósperas, o vilarejo tem suas próprias empresas; o chefe do vilarejo torna-se o patrão efetivo.

Entre o chefe do vilarejo eleito pela população e o secretário local do partido comunista designado por sua hierarquia, quem dirige e decide? Ainda nesse caso, não há regra evidente: é tudo uma questão de relações de poder, influência ou dinheiro. Há também vilarejos – um terço, segundo o Ministério de Assuntos Civis em Pequim – onde o secretário do Partido foi eleito chefe de vilarejo. O Partido encoraja essa confusão de papéis? Ele deseja que representantes sejam eleitos e dessa forma confortados pelo sufrágio universal? Seria uma maneira de legitimar o partido comunista no campo: também seria, para o Partido, uma maneira de limpar o seu quadro eliminando os apparatchiks mais detestados pelos camponeses e substitui-los por outros que seriam pelo menos tolerados.

Essa política pareceria tradicional, mas, segundo as províncias, ouvem-se discursos contraditórios: às vezes, o secretário é estimulado pelo Partido a se apresentar às eleições para fazer o PC mergulhar novamente numa legitimidade democrática e tornar mais leve o custo da administração local (um chefe de vilarejo e um secretário de Partido, os dois sustentados pelos aldeões, isso representa o dobro de impostos). Em outras províncias, o Partido tem o discurso inverso: dizem então que a distinção entre o secretário do Partido e o chefe do vilarejo limita os riscos de tirania, faz com que haja consenso e introduz uma separação dos poderes autenticamente democráticos. Há também inúmeras províncias onde o Partido decidiu não organizar nenhuma eleição, ou organizá-las em certos vilarejos e não em outros, conforme um calendário que só ele conhece.

O que fica dessas infinitas variações é que o Estado central na China é muito mais fraco do que parece; se ele define uma linha geral, os representantes locais do Partido a aplicam como bem desejam, segundo seus interesses pessoais em função das influências e das relações de força. O centralismo na China é uma negociação permanente entre as autoridades de Pequim e os potentados locais do partido comunista.

Tampouco esqueçamos a idéia de que essa paixão súbita do Partido pelas eleições locais, por mais primitivas que sejam, responde à escalada de descontentamento dos oitocentos milhões de camponeses. São eles que fazem viver o exército dos apparatchiks que acampam em seu vilarejo: conta-se em média um apparatchik do Partido por vinte habitantes rurais, uma proporção que progride. De uma forma arbitrária, esses "executivos" impõem impostos aos camponeses, multas e trabalhos forçados. Os camponeses se revoltam: motins, alguns notórios e mostrados pela imprensa, e muitos outros que ficarão para sempre ignorados, revelam um verdadeiro ódio pelo Partido. Essas eleições nos vilarejos talvez não fundem a democracia, mas são uma mensagem do Partido para os camponeses: "Agora, estamos dispostos a escutá-los."

Pelo que vimos, essa mensagem não é bem vista, pois, a cultura do Partido não é a do diálogo: as eleições são organizadas com tanta inabilidade que parecem ser impostas aos camponeses. Depois de ter votado, duvida-se que um único pastor tibetano de Chala fique com o sentimento de ter sido escutado, de gostar mais do Partido, ou de querer aderir a ele. Provavelmente terá o sentimento de participar por obrigação a um desses inúmeros rituais impostos aos chineses desde 1949. As eleições locais podem ser vistas como semelhantes a outras campanhas – "Grande Salto Adiante", "revolução cultural", "reforma econômica" – que ritmaram a história da China popular. As eleições no Tibet lembram, por sua encenação, vilarejos-piloto, fábricas-modelo e outras representações teatrais exemplares da era anterior. Desde os anos 1960, os slogans variaram, mas o estilo predomina sobre o conteúdo, a música sobre as letras: o povo se dobra, a flexibilidade é a condição de sua sobrevivência.

A teoria do processo democrático

O que precede, confesso, é uma interpretação pessimista das eleições nos vilarejos; há uma outra mais promissora, que o Partido manifesta e que é dividida por certos observadores da China. Mas, trata-se em geral mais de ocidentais do que de chineses. Nós a chamaremos de "teoria do processo". A retórica do partido comunista jamais excluiu formalmente a democracia: as primeiras eleições que ocorreram na China, em 1954, durante o governo de Mao Tsé-Tung, foram pluralistas. Porém, com a ajuda da influência stalinista e cedendo a sua própria lógica totalitária, o maoísmo logo abandonou as aparências da democracia pluralista para proclamar uma democracia da unanimidade. Desde então, vota-se pouco na China, mas, quando se vota, é com unanimidade. Quando Deng Xiaoping substituiu Mao Tsé-Tung, ele não excluiu que no futuro – em cinqüenta anos, declarou em 1981 – a China se tornasse de novo uma democracia pluralista. Por que uma espera tão longa? Além do medo compreensível de perder o poder, Deng Xiaoping usava dois argumentos que continuam sendo a doutrina do Partido.

O pluralismo prematuro conduziria à fragmentação da China, até a uma guerra civil: prova disso, relembramos que depois das eleições livres que seguiram a revolução republicana de 1911, os falcões das províncias e os responsáveis militares locais se tornaram esses famosos "senhores da guerra" que arruinaram a China e espalharam a guerra civil. Esse quadro de fragmentação com choques internos se repetiria da mesma forma caso houvesse eleições livres? Não se pode afirmar: a China de hoje é mais homogênea do que em 1911 e do que em toda a sua história. As províncias estão ligadas entre si, os povos misturados por migrações gigantescas, e a economia unificada. O mercado de trabalho e de consumo, a televisão, a escola impõem progressivamente uma língua nacional e hábitos que convergem. Por outro lado – o que todos os porta-vozes da democracia preconizam – uma China democrática seria organizada segundo um modo confederado. Uma confederação resistiria ao pluralismo mais facilmente do que a manutenção a qualquer preço do centralismo.

O segundo argumento citado pelo Partido e que justificaria uma abordagem progressiva da democracia – começando por baixo, os vilarejos –, é que os chineses ainda não são cidadãos responsáveis. Essa condescendência justifica o luxo de precauções oratórias e práticas que acompanham os escrutínios dos vilarejos. Mas, compreende-se mal a razão pela qual esses mesmos chineses que souberam votar em 1913 ou em 1954 tiveram que aprender a votar em 2005. Os indianos ou brasileiros, limitando-nos a nações comparáveis a China, sabem votar sem que um partido tutelar tenha tido que lhes dar a mão durante cinqüenta anos. Não é ao partido comunista chinês e não ao povo chinês que deveriam ensinar a votar, e ensinar aos seus membros a pensar por eles mesmos? A eles também, mais que ao povo, seria preciso ensinar a perder uma eleição, quando isso acontecer...

Outros observadores, que não são nem comunistas nem chineses, em particular no seio de duas fundações americanas, Ford e Carter, muito ativas na China acreditam que as eleições locais começaram um processo irreversível: o partido comunista não controlaria, e *nolens volens*, ele será vencido, com o tempo, por essa lógica eleitoral. Em nome desse otimismo, essas duas fundações apóiam as eleições dos vilarejos na China; elas oferecem às autoridades locais que as organizam meios logísticos e conselhos. É o caso em Chala, onde os executivos se mostraram muito contentes em demonstrar que os tibetanos eram livres; além do mais, a fundação que o antigo presidente americano Jimmy Carter anima, ofereceu computadores ao governo local. Entretanto, a China não tem falta de computadores, mas quem se engana? Carter o inocente ou os chineses comunistas envolvidos em uma engrenagem eleitoral?

Parece-me, mas sem generalizar, que as eleições dos vilarejos, tal como foram organizadas, mostram que o Partido não pretende de modo algum ir mais além no caminho da democracia. Nós nos perguntaremos em particular sobre a legitimidade de uma democracia sem liberdade de se informar ou de se organizar por ela mesma.

Um grão de areia no caminho do Partido

Uma outra paisagem, um outro clima: a dois mil quilômetros ao sul do planalto tibetano, os fazendeiros de Guishou dividem a pobreza com os pastores du Qinghai. Em Chala, vive-se dificilmente criando iaques ou com a venda de manteiga. Em Maguan, cada família sobrevive cultivando arroz irrigado em minúsculos terraços. Aos fascinados com o milagre econômico, recomendaremos a visita dessa província de Ghizou onde a renda por habitante é da ordem de cem euros por ano, sem eletricidade, sem mecanização, onde há poucas escolas e nenhum posto de saúde. Os amadores de exotismo se alegrarão em encontrar aí uma China eterna: o camponês atrás de seu búfalo, as mulheres remexendo os pequenos diques de terra sob o olhar dos ancestrais, as montanhas rochosas ao redor com estelas funerárias espalhadas sobre elas. A imensa China é uma soma de épocas e de culturas distintas; somente o partido comunista é uniforme.

Após a eleição de Chala, assisti em Maguan a um outro avanço irresistível da democracia local, dessa vez era uma reunião do comitê do vilarejo. O comitê de Maguan havia sido eleito na proporção de um delegado por trinta e cinco famílias no interior de uma população de três mil habitantes. A assembléia, portanto, tinha grande importância: um tipo de democracia direta parecida com aquelas que acontecem num cantão suíço, convocada em praça pública, ao ar livre, em frente à sede do Partido. Em Chala, como em todos os lugares, o Partido ocupa um edifício revestido de azulejos brancos, sinal de uma modernidade sem estilo, própria dos apparatchiks sem gosto nem discernimento.

Sobre uma lousa preta, podia-se ler as notícias locais escritas com giz: informações sobre o número de mulheres grávidas, seu nome e o avanço de sua gestação constavam no início. Não devemos ver nesse fato uma certa solicitude em relação à maternidade em Guizhou, mas sim a aplicação severa, apoiada pela delação e emprego de multa, da política do filho único. Para escapar dessa situação, certos aldeões dessa província fazem-se passar por tibetanos ou yi, das etnias minoritárias que escapam à regra do filho único; em geral esse é um esforço em vão, pois a polícia conhece o estratagema.

O "executivo" que presidia a assembléia de Maguan se parecia muito com seu colega de Chala, a ponto de confundir-se com ele: mesmos cabelos pretos, mesmas entonações, mesmo vocabulário, idêntico triunfalismo. Zheng era um homem do vilarejo, educado, como a quase totalidade dos executivos. O Partido não corresponde em absoluto à imagem da sociedade: dos sessenta milhões de membros, o Partido tem em seu seio somente

5% de camponeses, quando na verdade, estes respondem por 80% do conjunto da população chinesa. O número de operários membros é insignificante e não pára de diminuir; as mulheres representam apenas 10% dos membros, e nenhuma delas ocupa um cargo de responsabilidade real, em termos locais ou nacionais.

Como Caraing havia procedido em Chala, Zheng em Maguan fica feliz com o "avanço da consciência democrática", com o "grande impulso em direção ao progresso", com a "eliminação da pobreza" que essa assembléia acabará criando. Os delegados, pensativos, fumam e nada exprimem. Zheng passa à ordem do dia que justifica essa reunião excepcional; a assembléia aqui se reúne somente uma vez por ano, o que constitui a norma na maior parte das instituições "eleitas". O papel de uma assembléia na China não é discutir, mas sustentar em público as decisões que o Partido adotou em segredo.

Na entrada do vilarejo de Maguan, podia-se notar há pouco tempo um lago cujo desenho evocava uma paisagem de montanha no estilo das antigas pinturas chinesas; mas essa propriedade coletiva progressivamente tornou-se um depósito de lixo público, Os peixes morreram, as lemnáceas recobrem o lago; garrafas de plástico flutuam na superfície. Esse atentado ao progresso e também à estética é ruim para a reputação de Maguan, declara Zheng; convém que a assembléia tome uma decisão em relação ao futuro do lago. O secretário do Partido propõe que ele seja coberto e transformado em um jardim público "na intenção dos velhos que merecem isso". Cinco ou seis oradores levantam o braço para tomar a palavra. Eles louvam a sabedoria do secretário do Partido: tudo se passa como previsto. Depois, tal como em Chala, o PC não consegue reprimir uma nota falsa. Um aldeão muito velho, vestido com um pulôver azul da época de Mao Tsé-Tung, toma a palavra sem ter sido convidado. Tira do bolso um texto redigido especialmente para aquela situação: trata-se de um poema, uma evocação do lago que até pouco tempo era a glória do vilarejo. Seria suficiente escavá-lo e tratá-lo para que os peixes voltassem, dessa forma, amanhã Maguan se parecerá com a Maguan de antes. Zheng fica furioso. Seus superiores, vindos especialmente de Guiyang, a capital, se reúnem entre eles. Zheng anuncia que haverá uma votação, uma vez que dois projetos se confrontam. Seria melhor cobri-lo ou escavá-lo? As pessoas votam através de cédulas secretas e, algo estranho, ninguém se interessa àquele que se opõe ao pensamento oficial. Zheng pode então proclamar que os partidários de cobrir o lago ganharam: o progresso tomou Maguan, aniquilando o poeta de pulôver azul. Considerar esse velho homem como um rebelde seria excessivo: ele idealizava uma China perdida que remontava, não se sabe bem, aos imperadores ou a Mao Tsé-Tung.

Não parecia um grão de areia que atrapalha a mecânica autoritária do Partido? A China está cheia desses grãos de areia que às vezes se agregam e se constituem na forma de revoltas passageiras contra os abusos do Partido.

Aconteceu ainda um acidente suplementar que Zheng não havia programado: o técnico encarregado pela sonorização, ao invés de tocar o hino nacional, fez ressoar A *Internacional*. A gravação com corais, que deve ser dos anos 1970, ressuscita a era Mao Tsé-Tung. Tanto os delegados, quanto a multidão de aldeões que assistiram à reunião do lado de fora ficaram desconcertados. Deve-se levantar? No caso do hino as pessoas se levantam, mas para a Internacional, que não é mais tocada há vinte anos, o protocolo se perdeu. Sem muita hesitação, os delegados deixam a praça pública, as palavras da Internacional são cobertas pelos gritos dos comerciantes que se voltam para suas bancas; é dia de mercado em Maguan; os odores mesclados de tripas de porco, legumes salgados e de palha fresca sobem no ar. A próxima assembléia se reunirá daqui um ano.

Tudo isso seria pitoresco se Maguan não fosse um dos vilarejos mais pobres da China, se seus tiranos locais não se tomassem por democratas e não se congratulassem em razão de seus progressos irresistíveis. Claro, os aldeões de Maguan não são idiotas; a seu próprio modo, com precaução, eles se fazem compreender.

Alguns delegados audaciosos ousam responder às minhas perguntas. Quanto à democracia? São favoráveis a ela, mas prefeririam eleger seus representantes no nível superior do distrito, e não do vilarejo. Essa reivindicação não é de ordem técnica, mas sim política: as verdadeiras decisões são tomadas pelo Partido no âmbito do distrito, e os aldeões de Maguan sabem que seu secretário é somente peão. Gostariam também de estabelecer a ordem do dia e não se ater ao que Zheng propõe. Sabem, portanto, que fazem pouco deles ao reuni-los uma única vez por ano para arbitrar acerca de uma poça de patos, quando o vilarejo não dispõe nem de eletricidade, nem de estrada, água potável, escola ou posto de saúde. Sabem que não faltam recursos ao seu governo: a pouca distância dali, através de vales e montanhas uma estrada atravessa a província de Guizhou de leste a oeste. Trata-se de uma estrada mais ou menos vazia: dado que o pedágio é acessível somente aos burocratas, os caminhoneiros percorrem os caminhos antigos, deteriorados, mas gratuitos. Em Maguan também se sabe que os executivos do Partido fugiram para a Austrália cheios de dinheiro, depois de haver desviado uma parte do financiamento destinado a essa estrada.

Assim circula a informação, como em todas os vilarejos da China: através dos rumores, pois esses escândalos não aparecem numa imprensa oficial que ninguém lê; baseando-se em sua experiência vivida é que os camponeses conhecem a natureza do regime, seus rituais e suas mentiras. Mas, a imensidão da China e a fragmentação das informações nacionais lhes impedem que conectem sua experiência pessoal a uma visão global do regime e do estado do país.

"Você gostaria de eleger o governo chinês?" Eu fiz essa pergunta, com freqüência, e me deparei sempre com o silêncio dos camponeses. O temor do Partido certamente os dissuade de responder, mas além do medo, o Partido impede que a China dos vilarejos chegue a conceber mentalmente um assunto tão vasto quanto esse.

O reformismo, uma teoria dos pequenos passos

Enquanto observador exterior, tentado a analisar a situação dos chineses tendo como referência a nossa história e nossos hábitos, não estaríamos subestimando a marcha da China em direção à liberdade? Essas eleições locais, a despeito do Partido, não propiciariam aos camponeses chineses experimentar o gosto da democracia? Como mencionamos antes, esta é a convicção das fundações americanas na China; esta também é a análise feita por alguns militantes chineses em favor dos direitos humanos que se definem mais como "reformistas" do que 'liberais". Entre esses temerários encontram-se os advogados: uma nova profissão na China, tanto quanto o direito e sua codificação, também de criação recente. A maior parte dos advogados se apegam a causas comerciais ou a assuntos civis que não se chocam com as instituições políticas; mas alguns deles, muito poucos, utilizam os processos e os tribunais para fazer com que o estado de direito progrida.

"Eu perco mais ou menos todos os meus processos", confessa um deles, Pu Zhiqiang, ativo advogado em Pequim, que se especializou nos processos de imprensa. Alguns jornais se aventuram em denunciar a corrupção de empresas ou de executivos do Partido; estes, por sua vez, intentam uma ação de difamação, que é uma maneira de afundar os jornais através de multas ou provocar a supressão do título, se eles não cederem à intimidação dos departamentos de Segurança e do departamento de Propaganda. Dr. Pu perde, mas ele defende a causa: gigante tonitruante, não se trata de um homem que se pode fazer calar facilmente. Nos meios de imprensa, se faz ironia com seu tamanho, fazendo compreender que se a polícia não o prende, é porque seriam necessários dez homens para controlá-lo.

"O importante, diz Pu, é postular a defesa da causa". Levando suas causas diante dos tribunais, ele instila na sociedade as noções de direito, de processo e de justiça; ele espera também desestabilizar os magistrados, atormentados pelos seus argumentos jurídicos e as instruções de seu verdadeiro chefe, o secretário do Partido. O paradoxo com qual Dr. Pu joga é que na China o direito existe: Constituição, leis e decretos. Porém, ninguém ousa pedir muito a sua aplicação. Visto que a Constituição cita desde 2004 os direitos humanos, apoiar-se nela, faz parte de sua pedagogia democrática. Ele também insiste que colocar em jogo juridicamente um chefe de empresa ou um dirigente político, nesse regime onde as decisões são tomadas, mas nunca se sabe quem as toma, faz progredir a noção de responsabilidade pessoal: desvendando a prevaricação, a corrupção, a violência infligida nos cidadãos, Pu dá nomes. Às vezes, ele ganha.

Alguns jornais defendidos por ele ganharam processos de difamação e obtiveram reparação financeira. Em outros processos, proprietários de apartamentos na cidade e terrenos no campo injustamente desapropriados conseguiram indenizações. Pu ganhou porque o Partido mandou que os magistrados o deixassem ganhar: dessa forma, ele não se torna refém do Partido, ilustrando com suas raras vitórias que na China os processos são reais, os juízes independentes, a imprensa livre e a propriedade garantida? É um jogo, Pu admite. Da mesma forma que se joga nas eleições locais. Porém, nesse jogo, o Partido não acabará cedendo ao estado de direito, porque o povo terá descoberto suas virtudes? Por menor que seja o passo nessa direção seria bom que fosse dado.

O reformismo do Dr. Pu é compartilhado por um dissidente notório, o líder operário de Tiananmen, Han Dongfang, refugiado em Hong Kong depois de ter purgado dois anos de prisão na China. Por ter colocado na cabeça, desde 1989, que tinha que organizar um movimento sindical na China, Han é muitas vezes qualificado como "Lech Walesa chinês". Uma comparação que recusa: "*Solidariedade*, diz, foi um sindicato político que tinha o objetivo de derrubar o regime comunista"; Han se atém a defender os direitos dos assalariados ultrajados na China. Desde a sua base de Hong Kong, ele observa os conflitos de trabalho que acontecem no continente, e tenta resolvê-los utilizando as leis chinesas, que, como os direitos humanos, existem, mas são inaplicáveis. Selecionando conflitos exemplares, de Hong Kong, ele convence por telefone os grevistas a renunciar à violência e a defender a sua causa diante de um tribunal. A sua organização, China Labour Bulletin, apoiada por sindicatos ocidentais, financia os honorários de advogados recrutados em Pequim, os únicos que são suficientemente independentes para enfrentar os magistrados da província. Na China, 70% dos processos se desenrolam sem advogado! Uma mistura de pressões da mídia, de defesas e negociações permite às vezes que os operários consigam uma indenização depois de um acidente de trabalho ou uma demissão sem justa causa.

Essas vitórias são minúsculas na escala da China, porém, elas mudam a vida de algumas pessoas que entraram com processo. Como Pu, Han celebra a sua virtude pedagógica: permitir que os operários passem do sentimento de revolta para o da descoberta do direito. Esses operários que ele inicia no direito, migrantes explorados por patrões coniventes com o Partido, são de fato os melhores discípulos. O caminho é estreito entre a confiança que se dá a juizes sem independência, a invocação de leis vagas e a despolitização anunciada do seu movimento, com base fora da China e apoiado por países estrangeiros.

Por tática ou convicção, Han Dongfang também insiste em sua posição de esquerda, uma nova esquerda chinesa, afirma, que não é hostil ao partido comunista, porém, que gostaria de purgá-lo de seu "desvio neoliberal" para trazê-lo para um socialismo autêntico.

Independentemente da nossa opinião, Han Dongfang e Pu Zhiquiang participam da grande efervescência das melhores cabeças que acreditam que um estado de direito é desejável e possível. Apoiados em seu reformismo, observam que uma nova geração de magistrados está surgindo na China, em geral mulheres, decididas a exercer as suas funções com independência e a lutar contra a corrupção. Uma francesa especialista em política, Stéphanie Balme, compara esses novos magistrados com a geração de "juízes de mãos limpas" que, na Itália, nos anos 1980, empurraram a máfia para fora da democracia: comparação ousada, visto que a Itália é uma democracia pluralista. Além disso, a estrada será longa: em 2005, 97% dos suspeitos levados diante de um tribunal criminal foram condenados. Dois terços não foram assistidos por um advogado, e as únicas testemunhas ouvidas foram policiais. Por enquanto, a primeira função dos tribunais é de fortalecer a ordem social, não de fazer reinar a justiça.

Isso não desencoraja os reformistas; cabe a um jovem universitário de Chengdu, Wang Yi, ter teorizado a sua abordagem da forma mais explícita. Ele acha que a legitimidade do partido comunista na própria China é inexistente, porém, ele não pretende nem deixar o poder, nem reformar o regime de cima, como Gorbatchov. Há, portanto, dois caminhos para conduzir a China para a "normalidade democrática": a dos "liberais", que pregam um enfrentamento direto – como Yu Jie, dissidente do interior, ou Wei Jingsheng, dissidente do exterior –, e a dos "reformistas", campo ao qual pertence. Os reformistas usam todos os meios legais de que dispõem para suscitar um estado de direito e despertar uma sociedade civil, ao mesmo tempo evitando o enfrentamento político com o Partido. Nenhuma das ações de que participam coloca diretamente em questão o poder do Partido, o que lhes permite conseguir algumas vitórias legais. Esse reformismo pouparia a China de riscos de violência, provenientes do Partido ou do povo em cólera. No fim dessa longa marcha para o estado de direito, os chineses se constituiriam em sociedade política consciente, e a passagem para a democracia seria a conclusão natural da modernização da China. Quantos anos para chegar nessa normalidade? Trinta anos, segundo Wang Yi, que terá então sessenta e cinco, a idade das responsabilidades.

Essa teoria reformista nos deixa perplexos, pois, ela supõe que em trinta anos nenhum incidente de percurso viria atrapalhar a relação entre reformistas e comunistas. Sem contar que esse reformismo não está isento de condescendência "confucionista" em relação ao povo: como os comunistas e os neoconfucionistas, Wang Yi considera que o povo deve ser educado pelos especialistas e intelectuais antes de decidir democraticamente o que é bom para ele.

Mas, pode-se julgar de fora? "Nós sofremos tanto, disse-me o romancista Mo Yan, que por menor que seja o passo para a luz, isso é vivido como uma imensa liberação." Nós, que não vivemos esse sofrimento, devemos ouvir Pu Zhiquiang, Han Dongfang, Wang Yi e Mo Yan, e seus irmãos de luta adeptos de uma concepção mais radical da democracia.

Quando os chineses votam em Supergirl

Atento à liberdade que está por vir na China, freqüentemente me perguntei se olhávamos para a direção correta. O legalismo, o reformismo, a resistência, o protesto, a dissidência são os lugares capitais da mudança? Será que uma sátira na internet, um SMS, um cartaz, um processo, uma missa clandestina, mudam a China? Essa China não mudaria mais rápido do que imaginam os militantes democratas e o partido comunista, mas, percorrendo outros caminhos, diferentes da política clássica, diferentes das evoluções já conhecidas da ditadura para a democracia liberal? Alguns pensam na religião; mas, por que não a mídia?

Admitamos por um instante que a Srta. Li Yuchun de vinte e um anos indique o caminho da liberdade com mais clareza do que qualquer intelectual ou militante democrata. Durante o verão do Ano do Galo, quatrocentos milhões de chineses não conheciam o seu nome e a sua existência. Li, moça da província de Sichuan, foi uma das duzentas mil candidatas em um programa de televisão calcado no *American Idol*, concurso de cantores amadores, criado nos Estados Unidos e copiado com uma fórmula idêntica no mundo inteiro. Na China, essa diversão popular adaptou o título para *Supergirl* e esse programa é transmitido por satélite por uma pequena empresa, a Televisão de Hunan; o concurso é patrocinado por uma empresa particular, O Iogurte Mongol, que vem se acrescentar ao caráter pouco cultural e minimamente nacional da aventura. Cada etapa da competição entre as cantoras amadoras, semana após semana, atrai cada vez mais espectadores: até quatro milhões no fim. Durante o último programa, os telespectadores escolheram a vencedora votando por SMS: Srta. Li obteve quatro milhões de votos, um escore eleitoral que nenhum oficial conseguiu alcançar na China, sendo que o voto por SMS é pago, o que constitui um sufrágio censitário e limita o número dos votantes.

A aventura de Srta. Li só existiria no mundo do espetáculo se nós não estivéssemos na China e se o partido comunista, perturbado com esses números, não tivesse tomado a decisão de anunciar a interpretação correta, a verdadeira moral de *Supergirl*. No dia seguinte da eleição da Srta Li para o título invejado, sabe-se por um editorialista da imprensa oficial que a sua epopéia revelava a nocividade da democracia: a Srta. Li não havia se candidatado "espontaneamente, sem educação artística", o que era "um mau exemplo para a juventude chinesa"? Mau exemplo também porque ela estava usando jeans e uma camiseta preta, e porque cantava em espanhol e inglês. Os seus eleitores estavam ainda mais errados do que ela, pois, tinham escolhido uma jovem não-profissional, "que mal sabia cantar" e "que não era a mais bonita". Esse editorialista, alguém chamado Raymond Zhou, visto como culpado pela imprensa de Hong Kong, achou necessário retomar esse assunto para dizer que a sua opinião era "autorizada" após ter consultado "meios culturais". Depois de decodificar, Raymond Zhou expressava a linha do departamento de Propaganda do qual o seu jornal, o *China Daily*, depende. É verdade que a Srta. Li Yuchun, uma grandalhona levemente "garçonne" ("com jeito de menino", escreveu Raymon Zhou), com o cabelo sabiamente desarrumado, com caráter mais determinado do que o timbre, não correspondia de forma alguma aos cânones estéticos e artísticos ditos normais, sem asperezas, que a televisão pública chinesa, CCTV, impõe cada sábado à noite aos telespectadores. O Partido estava vendo direito: a eleição da Srta. Li era uma rebelião. Vejam aonde leva a "democracia sem preparo", concluía pela voz de seu editorialista o departamento de Propaganda! Os chineses entregues a si mesmos, ao invés de um robô mecânico, escolheram para representá-los uma dentre eles.

8
O Estado selvagem

O Estado chinês não é um Estado como os outros. Para o observador ocidental a sua singularidade não é imediatamente visível: o partido comunista escondeu as suas origens revolucionárias para adotar a linguagem globalizada da eficiência econômica e da ordem social. Esse poder parece, portanto, normal; inspira-se no vocabulário político, diplomático e administrativo internacionalmente reconhecido. A China não tem presidente, primeiro-ministro, Assembléia, Constituição, leis? Uma fachada, pois essas leis não são de verdade. Atrás da cortina, os verdadeiros atores quase imperceptíveis, em geral desconhecidos, aqueles que acionam o Estado, pertencem a uma outra hierarquia, a única que conta, a do Partido. Alguém assiste às reuniões desse poder real, o comitê central do Partido? A maioria dos chineses não sabe de que pessoas é composto, suas deliberações permanecem secretas. Essa discrição da cúpula, que torna os dirigentes do Partido intocáveis e responsáveis diante de ninguém, toma conta de todo o aparelho até seus escalões mais modestos, aqueles que controlam e às vezes aterrorizam a população no cotidiano. Nenhum Estado é inocente, mas, o Partido comunista chinês se distingue por sua capacidade excepcional de matar, roubar e mentir. Foi assim que a Sra. Ming descobriu, em 4 de junho, de 1989, de manhã, que o Estado chinês era selvagem.

Ding Zilin, sem medo, contra os carrascos

Na noite de 3 de junho, se o seu filho de dezessete anos não tivesse saído, contra a recomendação de sua mãe, para reunir-se com os seus amigos na praça Tiananmen, Ding Zilin seria hoje uma professora digna de cabelos brancos, aposentada pela universidade. Porém, no dia 4 de junho pela manhã, ela teve que reconhecer o cadáver de seu filho Jiang Lianjie em um hospital de Pequim, cheio de balas. Dezesseis anos mais tarde, a sua mãe ainda quer compreender por que razão o Partido o matou, quem atirou, quem deu a ordem. Ninguém nunca lhe respondeu.

Durante os dois anos que seguiram o tiroteio, Ding Zilin, angustiada, só pensava em se suicidar; ela se sentia culpada por ter deixado escapar o jovem Jiang. Ela imaginava também que ele tivesse cometido um ato irreparável que deu origem à sua morte. Como o governo proibia que se falasse de Tiananmen, Ding Zilin não sabia que outros pais, no mesmo isolamento, compartilhavam a sua tristeza e a sua incompreensão. Só depois de dois anos ela soube que a Cruz Vermelha internacional estimava que o número das vítimas do dia 4 de junho chegava a dois mil oitocentos, e um número equivalente de feridos. Quem era, onde estavam? Muitas famílias nunca mais ouviram falar de seus filhos, de seus próximos, de seus amigos; a maior parte dos cadáveres parecia ter se volatilizado. O luto não era possível, o que condenava aqueles desaparecidos a uma divagação perpétua, e seus pais a um desespero sem fim. E não se trata somente do passado. O mesmo método foi reiterado em dezembro de 2005, depois do massacre dos aldeões de Dongzhou: a polícia fez desaparecer os corpos para que não fosse possível contar as vítimas, nem conhecer as causas exatas de sua morte.

Em 1991, o primeiro-ministro, Li Peng, que ordenara o massacre junto com Deng Xiaoping, o verdadeiro líder da China, fez conhecer a posição definitiva do Partido, desde então invariável: a lista das vítimas não será publicada porque as famílias desejam manter silêncio e segredo. Essa mentira a mais tirou Ding Zilin de sua prostração, transformou-a em uma combatente que não conseguiu mais deixar de ser. Ela escreveu ao primeiro-ministro para lhe dizer que as famílias das vítimas não desejavam o silêncio, mas sim a verdade; ela comunicou a sua indignação a um jornalista de Hong Kong que relatou as suas palavras. A mecânica da repressão foi desencadeada: ela e seu marido, professor também, foram presos, interrogados, ameaçados, perseguidos, vigiados, afastados do trabalho. Causa de incriminação: "atentado aos sentimentos do povo chinês". Mas há um sentimento que Ding Zilin e os de sua geração ignoram: o medo. Viveram muitos horrores, muitas campanhas de extermínio, de revoluções, de "limpeza" para ainda ter medo.

Ding Zilian usa as suas forças já fracas para fazer uma lista de vítimas de Tiananmen. Uma tarefa difícil, quase impossível: a maioria era de estudantes de outras províncias, suas famílias estão dispersas em todo o país.

E não havia somente estudantes: transeuntes, operários que trabalhavam em canteiros de obras vizinhos, camponeses que entregavam legumes na capital, médicos que tinham vindo ver os manifestantes, pereceram sob os tiros. Não foi uma repressão, mas um massacre. Quando Ding Zilin chega a identificar uma família de vítima, tem ainda que convencê-la: ela aceitará reconhecer o desaparecimento, viu o cadáver do desaparecido ou ele foi enterrado secretamente pelos militares? Como todos os gestos de Ding Zilin são vigiados pelos agentes de Segurança, as famílias solicitadas, por sua vez, são visitadas por policiais civis que não revelam nem a sua identidade, nem a sua função, mas interrogam, ameaçam, assediam.

Até este Ano do Galo, Ding Zilin só pôde reunir cento e oitenta e nove nomes, inscritos num folheto publicado em Hong Kong, acompanhados com a foto dos desaparecidos, vivos e mortos, quando essa imagem existe. Este é o esboço de um futuro Memorial, em um combate que evoca o das mães dos desaparecidos na Argentina e no Chile. Porém, enquanto o mundo inteiro apóia as mães de Buenos Aires ou de Santiago, Ding Zilin está só: raros são os apoios que lhe chegam do Ocidente. Só na China, ela tenta ajudar materialmente os pais das vítimas sem recursos; é o caso de famílias operárias ou camponesas cujo chefe de família ou o filho mais velho foram mortos. Na própria China, Ding Zilin consegue pouco dinheiro para eles. Os seus compatriotas não têm compaixão? Ela tenta desculpá-los: eles têm medo de serem pegos pela mecânica repressiva. E o regime comunista, destruindo as antigas redes de solidariedade religiosa, idolatrando o sucesso material, criou uma sociedade nova, sem generosidade. A ajuda vem do exterior, dos chineses do além-mar: são transferências de fundos modestos que fizeram com que Ding Zilin e seu marido fossem acusados de tráfico de divisas e ficassem na prisão por dois meses. Ding Zilin redistribui esses dons para as famílias necessitadas, porém, depois, agentes de Segurança vão visitá-los para convencê-los de que, na realidade, a sua benfeitora conserva a maior parte dos fundos que são enviados do exterior: a calúnia vem junto com a ameaça e, infelizmente, a obriga a se justificar.

Durante este Ano do Galo, entre os chefes de Estado estrangeiros que se sucederam em Pequim, o presidente francês veio e pediu que suspendessem o embargo das vendas de armas que fora decidido no Ocidente depois do massacre de Tiananmen. Para justificar a mudança de postura dos franceses, Jacques Chirac usou o seguinte argumento: "Viramos a página." Mas a página não está virada! Enquanto Ding Zilin e outros que continuarem o seu combate não puderem reunir os nomes das vítimas e celebrar seus funerais, a página jamais será virada, e o Estado chinês não será um Estado normal.

Em nome do planejamento familiar, crueldade absoluta

Em Pequim, a Sra. Hao Lina fica consternada: os anos de esforços para apresentar ao mundo o aspecto humano do controle de nascimentos na China acabam de ser destruídos por um camponês obscuro de trinta e quatro anos, da província de Shandong, Chen Guangcheng, cego desde a idade de um ano e além do mais autodidata.

Uma das raras mulheres de autoridade na cúpula do Estado, a Sra. Hao, elegante, fala inglês, diretora internacional da Comissão de Planejamento Familiar, conseguira praticamente reconciliar os estrangeiros, exceto os próprios chineses, com a luta da China contra a explosão demográfica. Ela conseguiu fazer esquecer os métodos brutais dos anos 1980, esterilizações forçadas, abortos obrigatórios, tortura dos pais recalcitrantes; somente os americanos hostis ao aborto insistem em condenar o planejamento familiar chinês. Em relação aos objetivos e métodos, a obrigação foi de fato suavizada. Se o princípio do filho único foi imposto a todos os chineses, há trinta anos, hoje o Partido, levando em conta o desejo geral de ter um menino, adotou variantes regionais; o princípio do filho único continua valendo nas grandes cidades como Pequim ou Shanghai, e as províncias densas como Sichuan. Em outros lugares, um segundo filho é permitido se o primeiro for uma menina. Restam as regiões pouco densas onde se pode ter dois filhos, mesmo se o primeiro for um menino, e as etnias minoritárias podem ter três: para os tibetanos, não há limites.

A atitude coercitiva de antes, afirmam, foi substituída pela persuasão, pela incitação à contracepção e por sanções, mas somente financeiras. A Sra. Hao está particularmente orgulhosa em anunciar que, nas regiões rurais, os pais que só tiveram um filho recebem, depois da idade de sessenta anos, uma aposentadoria de sessenta yuans por mês e por pai: o esboço de uma aposentadoria que substitui o sustento, tradicional, mas que está se perdendo, dos pais idosos por seus filhos. Em relação a multas, Hao Lina fica evasiva, sabendo que são de responsabilidade das autoridades locais assim como uma fonte de extorsão da qual os camponeses são vítimas.

Em trinta anos, a "pedagogia" do planejamento familiar, diz, fez diminuir o número médio de crianças por família de 5,9 a 1,8; este último número, comparável ao da Europa, anuncia uma diminuição da população da China a partir de 2033. "Graças ao planejamento familiar, a população total só atinge hoje 1,3 bilhão de habitantes, enquanto que sem planejamento, teria chegado a 1,6 bilhão." Essa "economia" de 300 milhões de nascimentos parece ter acelerado o crescimento econômico do país em 4% por ano.

A precisão das estatísticas da Sra. Hao não significa que estão corretas; é preciso considerá-las como boletins de vitória. Os números anunciados pelas autoridades chinesas são raramente verdadeiros e as extrapolações demográficas particularmente duvidosas; os demógrafos ocidentais estimam que o número médio de filhos por casal é de 2,3. É impossível também demonstrar que o crescimento da população não teria diminuído de qualquer maneira, como diminuiu em todas as partes do mundo em função das mudanças espontâneas de comportamentos ligados à educação das mulheres, à esperança de desenvolvimento econômico e à diminuição da mortalidade infantil. A situação demográfica da Índia não é comparável à da China, visto que as medidas coercitivas foram abandonadas desde 1975? É impossível também demonstrar que "trezentos milhões de chineses a menos" aceleraram o desenvolvimento, pois, esses chineses que não nasceram teriam se tornado por sua vez produtores de riquezas.

Porém, não era hora, naquele dia, em Pequim, na sede do Planejamento Familiar, de discutir essas questões fundamentais; a urgência é de se livrar do estorvo que se chama Chen Guangcheng. Hao Lina age dissimuladamente, expondo a política demográfica da China, mas, ela sabe que pedi para vê-la para falar de Chen Guangcheng; é por causa da repercussão internacional do "caso" Chen que ela aceitou me receber.

No mês passado, em setembro, o camponês cego desembarcou de trem na capital, acompanhado por sua esposa que o guia; ele se dirigia para o escritório das petições, escoltado por alguns militantes dos direitos humanos e por um jornalista americano. A polícia o interceptou antes que ele chegasse. A queixa, legal, que não pôde registrar nem na sua cidade de origem, Linyi, em Shandong, nem em Pequim, era uma bomba; ela estourou na imprensa americana antes de recair sobre a Sra. Hao e a sua política. A partir de um estudo feito por Chen na sua cidade, pelo menos sete mil mulheres, mães de dois filhos, haviam sido esterilizadas pela força, durante os últimos três meses, e várias centenas haviam passado por um aborto obrigatório mesmo quando estavam grávidas de oito meses; nesse caso, a equipe médica dos hospitais da cidade reconheceu que os fetos eram mergulhados em água fervendo para que não sobrevivessem.

E a Sra. Mao? Ela só podia ficar indignada. Ela mesma foi a Linyi para constatar a veracidade dessas práticas, denunciá-las, dar razão a Chen e anunciar uma reeducação dos agentes locais do Planejamento familiar. Estes "não compreenderam a lei". Dirigindo-se a mim, a Sra. Hao acrescentou que tampouco era conveniente exagerar a gravidade dos fatos: não houve "sete mil esterilizações, houve menos", nem todas foram "forçadas", e esses números devem ser relacionados ao número de nascimentos anuais em Linyi: da ordem de cem mil. Não seria somente um "erro" local?

Para o Partido, a verdade não é jamais uma prioridade. A Sra. Hao mente. O caso de Linyi não foi um erro: ao contrário, ele mostra o terrorismo do Planejamento familiar no campo da China e o pequeno conhecimento que temos. O que é extraordinário, em Linyi, é que a informação filtrou. As esterilizações e os abortos forçados tinham sido mandados pela municipalidade, por decreto publicado. Apoiados nessa medida extrema, as autoridades invocaram a terrível tendência das mulheres de Linyi a terem três filhos. Além disso, para escapar dos controles, as mães grávidas mudavam de vilarejo. Se o fato de ultrapassar a cota autorizada chegasse aos ouvidos dos dirigentes em Pequim, afetaria gravemente a carreira política dos representantes locais das autoridades; o seu cargo estaria ameaçado, era necessário ser duro. A polícia de Linyi e dos "milicianos" particulares, remunerados pelo Partido, empreenderam uma caça às mães com dois filhos e às mulheres grávidas. Os pais e vizinhos que não as denunciavam foram presos, agredidos, tendo que pagar multa de cem yuans por dia. Vilarejos inteiros foram cercados, cortados do mundo, até que entregassem os culpados. Maridos que se opunham ao seqüestro de suas esposas foram severamente agredidos. As vítimas levadas para os hospitais foram anestesiadas e operadas com o pouco de cuidado que já se conhece. Foi assim que Linyi atingiu a sua cota demográfica autorizada, e que os executivos do Partido pensaram estar salvando a sua carreira; não levaram em conta o camponês cego.

Há vários anos, Chen se iniciou por conta própria na legalidade emergente na China e nos processos que permitem que os camponeses façam valer os seus poucos direitos. A sua fazenda se tornou a sede de um tipo de conselho jurídico para os aldeões mal tratados, cheios de multas e extorsões. O militante local, depois do escândalo das esterilizações, se tornou esse herói reconhecido pela mídia estrangeira, tão inconveniente para a Sra. Hao. Como se livrar dele?

À maneira chinesa, reduzindo-o ao silêncio: determinaram que Chen residisse em sua fazenda. Os militantes dos direitos humanos que vieram de Pequim para garantir que a sua vida não estivesse ameaçada não conseguem encontrá-lo e são agredidos pela milícia local. Apesar da indignação manifestada por Hao Lina, nunca houve nenhuma sanção contra os autores das esterilizações e abortos forçados. A Sra. Hao, na verdade, conta com o esquecimento, dos chineses e dos observadores estrangeiros. "Não somos solidários, ela me pergunta, subitamente sorridente, vocês e nós, chineses e franceses, no que se refere à limitação da população global do planeta e à preservação de nossos recursos naturais?"

Não, não sou solidário. Penso até que o Planejamento Familiar na China só serve para manter o controle do Partido sobre a população; pois, nada prova que o aumento da população teria sido mais ou menos rápido sem o autoritarismo do Planejamento Familiar. Só são verificáveis as extorsões dos burocratas e o sofrimento dos pais. Além disso, os efeitos perversos da política do filho único são reais, enquanto que seus benefícios são incertos: a preferência pelos meninos leva a um infanticídio de meninas que se traduz por um desequilíbrio dos sexos inigualável no mundo. No futuro, o envelhecimento acelerado da população que provoca a redução forçada dos nascimentos fará mergulhar na miséria todos os velhos pais cujos filhos constituíam a segurança social do pobre. Uma população que envelhece, na Europa ou no Japão, pode ser sustentada pela aposentadoria, mas, em um país pobre como a China, essa situação não tem precedentes. Sabe-se também que o filho único cria uma situação cultural inédita, pois, os filhos únicos tendem a se comportar como "pequenos imperadores" e a sua sociabilidade futura deixa todos os chineses perplexos.

O Planejamento Familiar, enfim, não traz nenhuma resposta para a questão essencial da civilização chinesa: que lugar deve ocupar a mulher? Entre a obrigação que lhe é imposta pelo marido e sua família, a de ter um filho homem, e os agentes do Planejamento Familiar que lhes proíbe procriar, as chinesas estão encurraladas. Não é fácil ser chinês neste Ano do Galo; ser chinesa é ainda mais difícil.

A solidão de um abolicionista

Neste mês de outubro, duas mil crianças da escola da cidade de Changsha foram convidadas a assistir a uma sessão de condenação à morte organizada na própria escola: a pena capital é infligida a seis traficantes de droga, executados imediatamente depois. Cada ano, no período da festa nacional há essas encenações, destinadas sem dúvida a lembrar o poder absoluto do Partido-Estado.

A opinião pública chinesa não é hostil à pena de morte, pelo menos para os crimes sangrentos. Mas, quem é efetivamente condenado e executado? Os traficantes de droga de Changsha eram de fato culpados, ou isso só foi um pretexto? Quantas condenações são pronunciadas dessa forma e postas em prática por ano? É um segredo de Estado. As estimativas das organizações humanitárias, fora da China, variam entre 3.500 e 15.000 por ano; lembremos, por comparação, que o número das execuções nos Estados Unidos é da ordem de uns cinqüenta, praticamente o mesmo número que em Singapura, mas, para um número maior de habitantes. Os números da China são desconhecidos, assim como os julgamentos e seus considerandos, que não são publicados; entre os dezesseis motivos legais que podem valer a pena capital, os magistrados têm a escolha, desde o crime de sangue até a fraude fiscal passando pela corrupção, a caça ao urso panda, o tráfico de objetos antigos e a tentativa de derrubar o governo. Pode-se imaginar a extensão da interpretação, com chefes de acusação tão diferentes, com juízes que não têm nenhuma autonomia em relação aos superiores do Partido.

Quantos pretensos criminosos passaram pelas armas por causa de sua atividade política, de sua resistência à tirania? Quantos tibetanos e ouïghours foram condenados sem advogado, a portas fechadas, e executados por terem pretensamente feito complô contra a unidade da nação? Não é surpreendente, em um país onde todo o mundo frauda o fisco, onde a corrupção é generalizada, que alguns sejam fuzilados enquanto outros prosperam? São mortos como exemplo para desencorajar as crianças das escolas, ou pertencem a uma facção do Partido que está perdendo influência?

A pena de morte na China não é somente arbitrária, é fonte de comércio e de enriquecimento. O morto não está morto para todos: nas horas que antecedem a execução (não depois), órgãos vitais são retirados para serem comercializados. Ao pedido de enxertos cirúrgicos, vem se acrescentar o de células vivas com as quais, após injeção, esperam um prolongamento de seus dias. Depois, as vítimas são costuradas de novo rapidamente antes de serem fuziladas e incineradas: há diversos testemunhos sobre essas práticas.

O comércio não pára nisso. Durante o verão de 2005, uma exposição de corpos humanos esfolados e plastificados circulou em museus americanos de história natural, e mesmo em Taiwan, para fins pedagógicos. Durante essa exposição, supôs-se que os corpos vinham da China; nos Estados Unidos surgiu a pergunta se não se tratava de condenados à morte reciclados dessa forma. O governo chinês não respondeu; a exposição foi interrompida, mas a indignação ficou contida, pois, dos Estados Unidos ou da Europa, não se sabe ao certo se aos olhos da maioria um corpo chinês vale tanto quanto o corpo de um ocidental.

Na Europa, onde as pessoas protestam contra a pena de morte, elas se insurgem? Uma vez por ano, tradicionalmente, a mídia e os intelectuais na França tomam a iniciativa de fazer uma petição cuja receita resistente pertence a Paris. Esse texto que recolhe assinaturas de tudo o que conta no mundo das artes e letras, condena a pena de morte...nos Estados Unidos! Por mais detestável que seja, ninguém contesta que ela seja rara, lamentável resultado de um consenso democrático e de uma justiça independente. Fazendo parte do grupo de signatários, tentei em vão, durante estes últimos anos, condenar, nesse mesmo texto, os Estados Unidos e a China. Sem sucesso. Por que a China? Perguntaram-me.

Essas pessoas fuziladas desmembradas não seriam um pouco culpadas? A pena de morte, inaceitável nos Estados Unidos, seria suficientemente boa para os chineses? A violência na China é tão difundida que só a pena capital se mostra dissuasiva? O governo chinês disporia, para matar os seus cidadãos, de uma legitimidade que escapa ao governo e à justiça dos americanos? Uma vida chinesa não vale uma vida americana? Os direitos humanos não se aplicam ao homem amarelo? Ao contrário, dizem alguns, não seria conveniente respeitar a diferença cultural dos chineses e não lhes impor o nosso conceito ocidental do preço da vida humana, mesmo se a Constituição chinesa faz agora referência aos direitos humanos? Ou a sinofilia de um lado e a americanofobia não seriam duas paixões complementares que bloqueiam todo bom senso? Por que os chineses?

Porém, He Weifang é chinês e abolicionista. Abolicionista, ele o é pelas mesmas razões que o levariam a ser se fosse ocidental: o Estado não tem legitimidade para matar e a pena de morte, diz, não desencoraja a criminalidade. Além disso, no caso da China, há a incompetência e a prevaricação dos policiais e juízes sob a influência financeira e partidária. Professor de direito na universidade de Pequim, tendo cerca de quarenta anos, He conduz o seu combate de forma solitária, pois, a causa abolicionista não provoca o entusiasmo. Ele também se diz prudente por fidelidade à dinastia de intelectuais a que pertence: seus avós participaram da revolução comunista por idealismo, antes que se transformasse em tirania; seus pais acreditaram na revolução cultural e foram levados por sua degradação à guerra civil. Vacinado contra a violência política, como muitos chineses, He prefere a pedagogia. Mas, explicar aos seus alunos, e aos leitores do site da internet onde ele se expressa, por que é preciso abolir a pena de morte, não é simples. No direito, isso é até proibido: o Partido aceita mudanças nessa pena, mas não a sua anulação. He só pode fazer a sua causa progredir indiretamente, denunciando os erros judiciários mais manifestos, as execuções sem prova, e sugerindo pelo menos a existência de procedimentos de revisão dos processos no âmbito nacional; os juízes nacionais nas cortes supremas são menos incompetentes e um pouco menos dependentes do que no âmbito local. Nem por isso He lhes dá total confiança: um juiz na China, explica, nunca é, como no Ocidente, aquele que faz valer a separação dos poderes, somente responde por sua especialização; o direito não se impõe ao Estado, é o Estado que o concede – parcimoniosamente – a seus cidadãos. Um juiz nunca poderia contradizer o Estado-Partido.

De forma ainda mais laboriosa, He deve convencer os chineses, inclusive os mais abertos, sobre a universalidade do direito e a unidade dos direitos humanos. A noção de direito, reconhece He, vem do Ocidente, ela não tem raízes na China clássica, o que não a torna nem menos universal nem menos aplicável a China. O Partido aceita isso de uma certa maneira, mas, faz crer que há duas concepções dos direitos humanos: a concepção chinesa, que privilegia os direitos materiais (alimentar-se, vestir-se), e a concepção ocidental, boa para os países ricos, que insiste em direitos tão abstratos quanto a liberdade da informação ou a de se reunir. Impor a versão ocidental dos direitos humanos na China seria, segundo a propaganda do Partido, um complô imperialista contra a Grande China, argumento chauvinista em relação ao qual muitos chineses, tomados de dignidade nacional, são sensíveis. Cabe a He, sozinho ou quase contra o aparelho de propaganda, contestar qualquer validade desse relativismo moral. Ele consegue junto a grupos restritos, estudantes e outros que ele não conhece e que descobrem o seu argumento na internet. Ir mais longe, falar mais alto lhe faria perder a sua cadeira e a influência que vem daí. O caminho da reforma é estreito, se é que existe.

Diante de He Weifang, universitário calmo e sorridente, heróico, mas sem ênfase, nos sentimos humildes e tolos: caminhante na China, ouvinte atento, no máximo, mas não correndo nenhum risco, um pouco envergonhado de nossa impotência. Bem ancorados no nosso conforto ocidental, podemos ser útil para algo? O único instrumento, modesto, que temos fora da China é resistir às pressões comunistas que são exercidas sobre os dirigentes ocidentais, resistir a essa dança de sedução ou de corrupção, e fazer com que a próxima petição contra a pena de morte que circulará em Paris ou Nova York vise tanto a China quanto os Estados Unidos.

A corrupção, indispensável para o Partido

O assunto é sério. Sentados em torno de uma mesa de conferências, estão reunidos os dirigentes da Comissão nacional de disciplina do partido comunista. Há somente homens nesse lugar, o que é uma confirmação de que as mulheres não têm seu lugar nas instâncias de decisão do Partido, salvo para servir o chá. Nota-se imediatamente o vice-presidente, Liu Fengyan, porque ele ocupa o lugar central, mas também porque seus cabelos tingidos de preto ônix estão em conformidade com a moda dominante dos dirigentes. Um grande relógio pendurado na parede indica o tempo destinado à nossa reunião: duas horas. O que significa tratar-me com muita honra. Tendo conhecimento da importância que, nesse Ano do Galo, o governo chinês dá à luta contra a corrupção no seio do Partido, eu havia pedido um encontro com a mais alta instância em questão, a Comissão de disciplina. O mais espantoso é que eu obtive o encontro pedido; na embaixada da França, lugar de passagem obrigatório para poder encontrar a China oficial, todos ficaram surpresos também. Nenhum jornalista teria obtido essa audiência, mas, por sorte, eu não era jornalista, o que, na China, facilita as pesquisas. Na realidade, o Partido queria fazer uma "comunicação" sobre o assunto e imaginava, corretamente ou não, que eu seria receptivo. Eu me mostrei receptivo, mas a interpretação dos fatos permanece sendo minha e contradiz a do Partido.

Fiquei duas horas, portanto, escutando uma declaração lida pelo vice-presidente acerca da nova política de luta contra a corrupção. Não é previsto debatê-la, nem mesmo que eu faça perguntas: o método do Partido restringe-se à aplicação da verdade, não discuti-la. Ninguém se pergunta o que eu penso a respeito, se isso corresponde às minhas expectativas, ou ao meu interesse. E ainda sou tratado com consideração, enquanto convidado estrangeiro e não cidadão chinês. Dada a redundância das considerações tecidas, a exposição poderia ter sido mais breve, mas o tempo passado nessa situação e o alto nível dos membros presentes constituem códigos destinados a evidenciar para o visitante francês – depois das considerações habituais sobre a amizade franco-chinesa – que, para o Partido, a luta contra a corrupção é uma "questão de vida ou de morte". Muitos chineses concordariam com isso: a corrupção é uma das razões maiores do ódio do povo em relação aos executivos do Partido.

Essa comissão nacional de disciplina escapa a toda lógica ocidental. No Ocidente, nós esperaríamos de um órgão exterior à administração que a vigiasse, e no caso da separação dos poderes, que restringisse os abusos de poder. Mas, sob o reinado do Partido-Estado, a Comissão de disciplina pratica o que seu vice-presidente chama de "autovigilância" contra a "utilização do poder com fins de enriquecimento pessoal". Compreende-se que a tentação seja grande: os dirigentes locais, prefeitos, chefes de distrito e governadores acumulam as funções de administradores, legisladores, dirigentes de empresa e empregadores. Somente os santos poderiam resistir ao desejo de misturar essas responsabilidades e delas tirar alguma vantagem. Mas o vice-presidente não quer estabelecer uma relação entre a confusão dos poderes e as tentações que ela suscita. Se ele anuncia o número oficial de 162.032 casos de corrupção em 2004, dos quais 5.916 são executivos sancionados, 4.775 são membros do Partido levados à justiça e 900 efetivamente condenados, é para provar que a Comissão é intransigente. Não se trata de denunciar a confusão dos poderes. Inclusive, ele complementa, 900 casos graves em sessenta milhões de membros, é uma proporção que enfatiza a probidade do Partido. Para o futuro, ele me assegura que os novos planos de luta anticorrupção adotados este ano – compostos de trezentas leis e milhares de regulamentações – deveria resultar daqui até 2010 numa erradicação completa dos "maus costumes", "maus comportamentos" e situações de enriquecimento fraudulento. Até 2020, a própria lembrança da corrupção, maldição chinesa muito antiga, terá desaparecido porque "o povo inteiro terá sido impregnado pelo significado de probidade".

Nesse discurso sem falhas, aproveito uma interrupção possibilitada pelas serventes de chá para questioná-lo sobre o papel da imprensa. "É muito útil quando denuncia fatos exatos – respondeu-me sem surpresa – mas muito nefasta quando exagera." Existem até mesmo "meios de comunicação estrangeiros que utilizam o argumento da corrupção para desestabilizar o governo chinês"; mas "nenhum jornal francês participa desse complô antichinês." Eu não deixo isso passar.

Durante esse discurso temperado com citações de Marx, Mao Tsé-tung e Deng Xiaoping, felizmente ainda é possível perceber através das janelas as árvores de um parque onde a Sra. Mao Tsé-Tung praticava equitação quando era imperatriz. A comissão de disciplina encontra-se instalada em lugares que até pouco tempo propiciavam seus pequenos prazeres. Reconheçamos que o Partido progrediu em direção a uma maior dignidade; mas ele mantém um discurso dúbio.

Liu Fengyan louva o Partido por causa de sua luta resoluta contra um dos males imemoriais da China. Mas, através da imprensa chinesa ficamos sabendo que a quase totalidade das minas de carvão privadas, muito rentáveis em razão da penúria de energia, pertence a cônjuges ou primos dos executivos do Partido, encarregados de cuidar da gestão e da segurança dessas empresas. Acontece que não passa uma só semana sem que a mídia revele algum acidente monstruoso devido à ausência de medidas de segurança, sacrificadas em função da produtividade. O que faz a Comissão de disciplina do Partido? Nenhuma investigação é instalada, nenhum executivo é destituído: o número de mineiros mortos desde o início deste ano se aproximaria dos trinta mil.

Tanto quanto essa notícia trágica no Ano do Galo, a história do comunismo chinês ilustra como a luta contra a corrupção é tão antiga no Partido quanto a própria corrupção. Essa relação indissociável entre o Partido e a corrupção evidentemente é refutada pelos comunistas; e também pelos ocidentais que mantêm relações com os executivos chineses. Esses empresários e esses políticos que conhecem de primeira mão as exigências dos dirigentes comunistas propõem outras teorias para inocentar o Partido. A corrupção não estaria inscrita na própria civilização chinesa? Isso também nos foi lembrado por Liu Fengyan. Tradicionalmente, os mandarins compravam seu ofício e vendiam seus serviços; por serem mal pagos, os funcionários públicos tinham que viver às custas da população. O Partido e seus executivos estariam assim, somente perpetuando essa tradição "cultural"? Um inspetor de impostos contemporâneo que ajusta o montante das taxas em função dos subornos do contribuinte, um executivo do Partido que compra um diploma universitário para seu filho, um ministro que emprega sua família na função pública, um outro que joga o montante do orçamento de sua administração em um cassino de Macao – todos casos repertoriados e às vezes sancionados – seriam tão somente os herdeiros de um hábito especificamente chinês. Como ousaríamos nos indignar com hábitos tão autênticos, até mesmo destinados à erradicação no horizonte do ano 2010?

Mas esse determinismo cultural não resiste a uma análise mais séria: o Partido tomou o poder precisamente para lutar contra a corrupção, acontece que hoje ela se encontra mais disseminada do que antigamente, entre outras razões, particularmente porque o freio ético do confucionismo desapareceu. Inclusive, fora da China, os burocratas chineses também instalados em Taiwan, Singapura ou em Hong Kong não são corrompidos no mesmo grau que os comunistas. Enfim, os chineses da China execram a corrupção dos executivos comunistas, em quem não reconhecem de forma alguma os guardiões de uma tradição de valor.

Uma outra explicação na forma de justificativa, apreciada pelos conselhos de administração e chancelarias do Ocidente, louva a eficácia da corrupção: nesta sociedade complexa onde o espírito das leis ainda é pouco difundido, "passar pela porta de trás" permitiria encontrar soluções rápidas sem perder-se nos labirintos da burocracia. Por essa porta de trás, os empresários estrangeiros obtêm um resultado não alcançável pela porta da frente. A experiência da China confirmaria desse modo que a corrupção tempera de maneira positiva o totalitarismo, teorema que valia também para o caso da União Soviética. Mas a porta de trás, acessível para os poderosos e os ricos, encontra-se fechada para todos os outros que, para conseguir um lugar na escola, uma casa, um documento de identidade, a menor das autorizações para fazer isso ou aquilo, são conduzidos à ruína.

Uma terceira explicação-justificação da corrupção, invocada pelos sinófilos do Ocidente e freqüentemente pelos próprios dirigentes chineses, teria a ver com seu caráter *transitório*. Numa economia em transição do estatismo em direção ao mercado, certos abusos seriam inevitáveis; quando ocorre a transferência de propriedade do público para o privado, os dirigentes de empresas públicas utilizam créditos bancários, ou mesmo a tesouraria da sua empresa, para adquirir suas ações e tornar-se os proprietários privados. No término dessas privatizações, em princípio essas práticas cessariam. Os adeptos dessa teoria da transição concluem disso que o Estado chinês tornou-se frágil diante das forças do mercado e que seria conveniente intensificar seus poderes. Mais Estado para conseguir mais mercado: essa também é a tese do atual governo chinês.

Porém, essa transição já dura vinte e cinco anos e a corrupção aumenta; as sanções usadas como exemplo que o Partido inflige às vezes aos seus membros são reveladoras disso. E como o Estado poderia ser mais forte, visto que já é onipresente e que ninguém, na China, pode fazer o que quer que seja sem obter uma infinidade de autorizações? Ao contrário da tese de transição, é provável que o modo de privatização adotado pelo Partido garanta a continuidade da corrupção, porque está inscrita no sistema: uma privatização na China nunca é integral, trata-se somente de um direito ao enriquecimento concedido a uma pessoa privada sob o controle permanente de um tutor público. Como o mercado privado continua a ser vigiado e a propriedade só é concedida, o Partido se certifica que esses concessionários continuarão a serem "agradecidos" a ele. E isto nos leva a nossa hipótese inicial: a corrupção é indispensável para o Partido desde as suas origens até os dias de hoje.

No início, o partido comunista foi uma máquina de poder e uma máquina econômica construída ao mesmo tempo para conquistar a China e para garantir a prosperidade de seus membros. Desde a sua primeira "base", instalada em Yanan, em Shaanxi, entre 1934 e 1949, o Partido criou as suas próprias empresas para ser auto-suficiente e satisfazer as necessidades de seus membros. Recusando toda distinção entre a economia e a política, Mao Tsé-Tung nunca contou com a sociedade civil para produzir riquezas. Ele estimulava os executivos do Partido a enriquecer, inclusive pelo contrabando. Dentro do Partido, a paixão pelo ganho é antiga, a sua denúncia também. "Os executivos só desejam a decadência da cidade e uma vida de luxo", denunciava em 1946 um general íntegro, Huang Kecheng. Chegando em Pequim em 1949, esses executivos obtiveram tanto a decadência quanto o luxo: Mao Tsé-Tung, grande construtor de palácios e colecionador de prostitutas, mostrou o caminho. A sua mulher, Jiang Qing, não ficou para trás. O próprio

Mao Tsé-Tung, usando as suas metáforas de que o Partido tanto gosta, exigia em 1963 que fossem exterminados "os tigres e os piolhos", ou seja, "os grandes" e "os pequenos", da corrupção. Mao definiu dessa maneira uma constante do regime: um Partido corrompido e anticorrupção – desdobramento que não será jamais contestado.

Por que se adere ao Partido se não é para viver dele? Desde o camponês-soldado das origens até o estudante ambicioso contemporâneo, a segurança econômica é a razão determinante de adesão ao Partido. Quantos, entre esses sessenta milhões de membros, ainda se encontram nele por um ideal? E de que ideal se trata uma vez que o Partido só incita e estimula o enriquecimento pessoal?

Essa palavra de ordem do enriquecimento colocou o Partido num dilema: como incitar a população a "se lançar no oceano dos negócios" sem que os executivos encarregados de aplicar essa política enriqueçam? Em Singapura, a solução adotada é remunerar os funcionários a um nível equivalente dos executivos das empresas e sancionar brutalmente qualquer tipo de abuso; mas, trata-se de um país pequeno com poucos funcionários, portanto, é fácil vigiá-los, onde a colonização britânica inculcou o sentido da lei. Na China comunista, a solução implícita é a corrupção implícita: os executivos do Partido aderiram à "revolução liberal" de 1979 porque nela encontraram vantagens. Deng Xiaoping tinha outras escolhas? Nenhum dos executivos ex-maoístas resistiu às privatizações impostas, porque todos viram nas mesmas seus interesses. Há vinte e seis anos, todo o Partido acompanha a liberalização sem tropeços, porque os seus executivos e suas famílias são seus beneficiários, convertidos em empresários ou corrompidos por eles.

Simultaneamente, o Partido deve denunciar a corrupção: ritual obrigatório, tão essencial quanto a corrupção. Desde 1949, há uma campanha anticorrupção a cada dois anos, cujos nomes ilustram a criatividade dos responsáveis da Propaganda: campanha contra os privilégios dos oficiais e as tendências doentias no Partido em 1980; campanha para acabar com os crimes econômicos em 1982; contra a "poluição espiritual" em 1983; campanha para edificar um governo "limpo" em 1988; "olhos pequenos contra olhos grandes" em 2005 (ou seja, os filhos devem denunciar os seus pais). O governo não pára de publicar manuais de luta contra a corrupção, regulamentos, estudos de casos, cartazes. Trezentas leis, nos diz Liu Fengyan: não se conhece o conteúdo, mas há trezentas.

Essas campanhas, manuais, decretos e cartazes fazem parte, antes de tudo, de um ritual expiatório destinado a convencer a opinião de que o Partido não brinca com a corrupção; da mesma forma, os processos espetaculares contra alguns dirigentes do Partido, a pena de morte infligida a alguns, isso tem toda a aparência da determinação. Mas esses processos, assim como as campanhas de propaganda, não visam tanto a eliminar a corrupção, mas, sobretudo a contê-la em limites toleráveis para a população e aceitável para os executivos do Partido. Levar longe demais a luta contra a corrupção seria, para o Partido, um suicídio: o risco de desmobilizar os executivos seria grande demais, poderia até incitá-los à revolta contra as reformas econômicas liberais.

Corrupção e reformas são indissociáveis? Sair do socialismo para ter acesso à economia de mercado é possível sem ter a corrupção que facilita a transição? Em todos os países do ex-bloco soviético, as privatizações de empresas permitiram aos apparatchiks comunistas que se reconvertessem; porém, no fim dessas transições reais, o partido comunista em geral deu lugar a uma burocracia administrativa por um lado, a uma nova classe de empresários, por outro. Essa não é a situação da China. O Partido não se transformou em uma administração, o estado de direito não substituiu o clientelismo; na ausência de alternância democrática, a prevaricação do Partido continuou tendo como único controle a boa vontade do próprio Partido.

Aqui temos a ilustração dessa ambigüidade. No mês de maio do Ano do Galo, a municipalidade de Nanquim ordenou a seus executivos que comunicassem, junto a uma agência criada com esse objetivo, as suas relações extraconjugais. Nos considerandos desse decreto, mostrava-se que o governo local, constatando que 95% dos executivos condenados na China por corrupção tinham uma amante (o Partido gosta de estatísticas precisas), esperava dessa forma eliminar a corrupção ou pelo menos identificá-la. Comentando essa iniciativa, *O Jornal do Povo*, jornal oficial do Partido, anunciava na primeira página: "Contra a corrupção, o Partido é sempre mais criativo." Ele lembrava, para amedrontar os executivos e contentar o povo, que o Partido não havia hesitado, em 2000, em executar o antigo vice-presidente da Assembléia Nacional Popular: o mais alto dirigente condenado à morte por corrupção tinha várias "segundas esposas".

Alguns juristas de Pequim duvidaram da legalidade do decreto porque o casamento e o divórcio na China são decididos livremente pelos indivíduos. No que a lei quer influenciar, retorquiram em Nanquim, quando se trata de lutar contra a calamidade maior do país que é a corrupção?

Durante o Ano do Galo, a agência de casos extraconjugais de Nanquim não registrou nenhuma confissão. Os executivos tinham se tornado castos e "limpos"? Eles esperavam alguma declaração? Os dirigentes de Nanquim tinham acreditado em sua própria proclamação? Alguns sem dúvida acreditaram, pois, a repetição há mais de sessenta anos nas campanhas contra a corrupção ficaria incompreensível. Os partidários sarcásticos da democracia concluem que o Partido comunista acabará desaparecendo sozinho, dissolvido na corrupção. Mas essa dissolução é muito pouco provável: como o Partido controla o poder político e econômico, duvida-se que renuncie a um ou outro.

Big Brother fala

"Uma nova ameaça na China: a obesidade." No dia 10 de agosto do Ano do Galo, é o que publica um editorial do *China Daily*. A leitura desse jornal, um dos inúmeros jornais porta-voz do departamento de Propaganda do partido comunista, nada diz sobre a verdadeira China, mas nos fala sobre a natureza do Estado.

Nesse dia, um dia banal, o departamento de Propaganda descobrira ou mais exatamente decretara que 12% dos chineses sofriam de obesidade: tinham que comer menos. O editorialista anônimo – esses textos são produzidos por uma agência do Partido – propunha uma nova campanha, uma a mais, contra os excessos da mesa, uma das únicas distrações autorizadas à maioria dos chineses. Esse convite à frugalidade é uma constante do discurso comunista: castidade e frugalidade, ladainhas, mas, trata-se também de maneiras de controlar um povo suspeito de individualismo e hedonismo. Pouco importa a contradição com os comportamentos pessoais dos executivos do Partido, raramente castos e frugais. Esse perigo de obesidade foi artificialmente criado para que acreditassem que a China só tinha agora o problema da superabundância. A campanha permitia negar que cem milhões de chineses estivessem sob a ameaça não de superalimentação, mas de subalimentação: cem milhões de vítimas de desnutrição, nos confins da fome (estatística que se pode encontrar em diversas publicações científicas), mas cuja existência o Partido nega, assim como minora as devastações da aids e de outras pandemias: um bom comunista na China vive em perpétua euforia.

Ainda no *China Daily*, na mesma semana, um dia banal também, um outro editorial lembra como, "tradicionalmente, os dirigentes da China colocam os interesses do povo acima dos seus próprios". Três séculos antes da nossa era, Mencius não escreveu que "o povo vem em primeiro lugar, a terra e os grãos em segundo, e o soberano em último"? Essa tradição da dedicação, acrescenta o autor anônimo, empregado nessa mesma agência que inventou a epidemia da obesidade, foi modernizada por Sun Yat-sen quando colocou a revolução de 1911 sob o signo dos "três princípios do povo": *minsheng*, o bem-estar do povo, *minzu*, o povo como nação, *minquan*, o poder do povo. Enfim, veio Mao, que transformou definitivamente a relação entre o Estado e a nação pelo princípio: "Servir ao povo é a única recompensa dos dirigentes."

Essa conversa fielmente retranscrita está tão distante da experiência concreta dos chineses que, no dia-a-dia, a expressão "servir ao povo" se tornou motivo de piada: diga "servir ao povo" e o seu público vai morrer de rir.

Como a imprensa pode remoer todos os dias tamanhas idiotices sendo que mesmo na China quase todos as ridicularizam? Acredita-se, no departamento de Propaganda, que a repetição acabará lavando o cérebro dos leitores? Longe de anestesiar os chineses, as historinhas oficiais os vacinam contra a ideologia. Deduziremos disso que os "jornalistas", em particular os autores editoriais que refletem o pensamento do dia, obedecem à regra das seitas: acreditam no que escrevem, embora o que dizem não tenha relação com a realidade.

Um outro tema de crônica nesta mesma semana banal: a espionagem. Lê-se que o correspondente na China do jornal de Singapura, *Strait Times*, titular de um passaporte britânico feito em Hong Kong, preso pela polícia e incomunicável há quatro meses, confessou: Ching Cheong é de fato um espião a serviço de agências estrangeiras, termo que serve para designar Taiwan. Ele reconhece ter recebido "quantias importantes por seus serviços de espionagem". O tal Ching Cheong, na prisão e sem advogado, nunca pôde se expressar. Através da imprensa de Hong Kong, sabe-se que esse jornalista obteve documentos internos do partido comunista revelando um conflito entre uma linha dura e facções relativamente mais liberais. Mas o que pensa disso o *China Daily*? Ele explica que os jornalistas de Hong Kong, "por muito tempo oprimidos pelo colonialismo inglês, enfim independentes desde a sua incorporação a Pequim em 1997, tendem a abusar de sua recente liberdade".

Evidentemente, a imprensa de Hong Kong era, na época britânica, uma das mais livres do mundo; ela se tornou um pouco menos livre desde a transferência do poder para o governo comunista. Como sobre a obesidade ou a dedicação dos dirigentes, os "jornalistas" do departamento de Propaganda acreditam no que escrevem sobre o "espião" Ching Cheong e sobre Hong Kong? A partir da leitura dessa imprensa chinesa, a única explicação plausível é que o Big Brother acredita no que o Big Brother diz. Inclusive, ele é o único a acreditar, ou quase, junto com alguns sinômanos ocidentais. Nenhum deles exigiu a libertação de Ching Cheong, como se dessem mais credibilidade a essa acusação de espionagem ou tivessem alguma vantagem acreditando nisso. Até onde o Partido deveria ir para que no Ocidente os amigos da China se insurjam?

Crônica da repressão cotidiana

Aqui temos algumas outras notícias da China obtidas durante o Ano do Galo, em nada mais secretas do que as anteriores, publicadas na imprensa local ou em sites da internet. Nenhuma foi manchete da mídia ocidental. Por causa de sua banalidade? Ou então não correspondem ao que os ocidentais querem ouvir da China?

Zheng Enchong, cinqüenta e quatro anos, advogado em Shanghai, é condenado a três anos de prisão por ter revelado "segredos de Estado". Na verdade, ele preparava o dossiê de queixa de famílias expropriadas ilegalmente por um construtor imobiliário próximo do Partido. Zheng está preso em um quartel de segurança máxima e não pode encontrar advogado.

Segundo o ministério chinês da construção, quatro mil associações e dezoito mil indivíduos deram queixa contra a confiscação ilegal de sua terra durante o primeiro semestre de 2005. No mês de setembro, trinta e seis mil peticionários lesados pelas confiscações de terras foram presos em Pequim.

No vilarejo de Shijiahe, em Henan, a polícia dispersou com balas de borracha um grupo de camponeses que se opunham à confiscação e à destruição ilegal; a polícia estava auxiliada por arruaceiros contratados para aquela situação.

A polícia de Shanghai criou um cargo de urgência responsável pela repressão das "ameaças políticas" que empregará cento e oitenta pessoas equipadas "com material de vigilância de alta tecnologia".

O tribunal de Luwan, distrito de Shanghai, proibiu o acesso da sala de audiência a um grupo de acusadores e seus advogados, partes civis contra um construtor imobiliário acusado de ter destruído ilegalmente o bairro deles; na sua ausência, a corte deu razão ao construtor.

A companhia telefônica estatal China Mobile suprimiu vinte e dois serviços de SMS que permitiam aos utilizadores difundir "mensagens pornográficas"; a difusão dessas mensagens por internet ou por SMS pode ser punida com prisão perpétua. Os SMS são vigiados através de um programa de censura que contém umas mil palavras: entre elas, além do jargão sexual, encontramos *Falungong, Tiananmen, prisioneiros políticos, centro de correção, Taiwan, Tibet, Xinjiang, fronteira sino-russa, corrupção, ultranacionalismo* e também as palavras *verdade* e *idéia*.

Na véspera da reabertura do templo budista Dari Xingyuan, na Mongólia Interior, restaurado por doações do exterior, o líder espiritual do templo, que devia presidir a cerimônia, foi preso pela polícia por "incitação à superstição".

Du Hongqui, operário na fábrica Mingguang, em Chongqing, que protestava contra as demissões anunciadas pelo diretor, foi condenado a três anos de prisão por "atentado à ordem social".

Na província de Fujian, a polícia prendeu uma gangue de traficantes de bebês: cinqüenta e três meninos foram recuperados. Cada um havia sido comprado por dois mil yuans de seus pais e revendidos por quinze mil yuans. A mesma rede também vendia meninas de várias idades para servirem como esposas, prostitutas ou domésticas.

Xiao Weibin, redator-chefe da revista *Dong Zhou Gong Jin* em Cantão, foi demitido por ter deixado publicar um artigo escrito por um antigo chefe do partido comunista que recomendava uma reforma política baseada na separação dos poderes segundo um modelo ocidental.

Dez mil aposentados da indústria têxtil manifestaram em Bengbu, Anhui, para protestar contra a diminuição de sua aposentadoria e a ausência de cobertura de saúde.

O *China Daily* estima em trezentos e sessenta bilhões de yuans os salários devidos pelas empresas particulares e públicas aos trabalhadores migrantes. O vice-presidente da República, Zeng Peiyan, teria exigido que esses salários fossem pagos até... o fim de 2005!

Huang Jinqin foi condenado a doze anos de prisão pelo tribunal de Changzhou por "tentativa de subversão". Esse jornalista havia divulgado textos inspirados pela defesa dos direitos humanos na internet.

O fórum de discussão na internet da universidade de Pequim, "Yi-TaHuTu (À boa desordem)" foi fechado pelas autoridades; os participantes evocavam nesse fórum temas sensíveis como a corrupção, direitos humanos e Taiwan.

A agência de "diminuição da pobreza" junto ao governo deu seu Prêmio de eliminação da pobreza a nove organizações particulares merecedoras. O governo anunciou que a pobreza na China seria erradicada em dez anos.

Uma boa notícia, enfim: o procurador junto a Corte suprema inculpou 1780 funcionários e magistrados por atentados aos direitos humanos: roubos de propriedade, detenções ilegais, torturas, abusos cometidos com prisioneiros, atos que causam a morte, fraudes eleitorais. Essas inculpações resultam da nova emenda na Constituição que introduziu em 2004 a proteção dos direitos humanos. Como a possibilidade de uma luz...

9
Fim de Partido

O regime chinês ainda é comunista? O próprio Partido é ele mesmo verdadeiramente comunista? Já vimos esse debate sobre a União Soviética: não era preciso fazer a diferença entre ideal comunista e comunismo real, o segundo só era a perversão do primeiro? A distinção permitia preservar o ideal. Mas todos aqueles que já viveram o regime soviético já responderam definitivamente a essa tentativa de salvar o marxismo-leninismo: não há outro comunismo senão aquele que existe. A União Soviética era tão comunista quanto queria ser, e a China permaneceu comunista porque seus dirigentes invocam o marxismo e o leninismo.

A decolagem econômica não torna a China menos comunista, visto que o desenvolvimento é a justificação primeira do marxismo; a negação das liberdades individuais sempre foi marxista-leninista, a ditadura e o partido único também. Aliás, o Partido chinês não tem a intenção de mudar de nome, renunciar a sua ideologia nem a seu monopólio. Os seus executivos continuam a ser formados pelas idéias marxista-leninistas, obrigados a aprender o catecismo, mergulhados na ideologia e periodicamente reciclados por estágios obrigatórios nas escolas do Partido. O que se aprende exatamente nessas escolas? A gerir a China moderna? É oficialmente a sua vocação, e agora a sua denominação. Em março de 2005, em Shanghai, foi inaugurada The Leadership and Management Academy – a denominação inglesa foi mantida para torná-la "global". Os executivos comunistas receberão nessa Academia um "treinamento de ponta para uma liderança inovadora e internacional"; a Academia ensinará aos executivos do Partido a "capacidade de coordenar o desenvolvimento da economia e da sociedade". Os cursos ministrados nessa Academia e nas escolas do Partido em geral respondem à essa ambição? Infelizmente, constataremos que é o catecismo marxista-leninista que se repete, e nada mais; é preciso se acostumar com a idéia de que o Partido funciona como uma seita, não como um lugar de "liderança internacional e inovador".

Como se aprende o jargão

Há poucos lugares no mundo onde reinam ainda Marx e Engels. Durante muito tempo seus retratos ornaram a praça Tiananmen; incomodavam o tráfico, o fluxo de carros os levou. Em Pequim só restou o retrato de Mao Tsé-Tung. Mas, diante da Escola do Partido em Shanghai, os dois velhos filósofos barbudos, talhados em granito, ainda estão lá, estátuas gigantes erguidas diante da fachada de vidro da Escola. Pergunto ao diretor dos programas, Chen Xichun, quais são as matérias ensinadas que permitirão aos executivos "coordenar o desenvolvimento da economia e da sociedade". Encontrei a seguinte expressão no programa e, para não ser rejeitado de cara como inimigo da China, busco utilizar o vocabulário dos meus interlocutores, para entrar se é que é possível na lógica deles.

O diretor, cabelos grisalhos à escovinha, pequenos óculos com aros de ferro, mais com jeito de oficial do que de universitário, fica agradecido com a minha presença; fica ligeiramente à vontade e me agradece por "interessar-me à pedagogia do Partido". Com um mínimo de esperança no tom, Chen deduz que "gosto do Partido". "Será que gosto do Partido?" Fico hesitante, Chen fica decepcionado, porém, vai responder a minha "pergunta honesta".

Os executivos, ele me explica, devem voltar à Escola cada dois ou três anos "para aperfeiçoar o seu conhecimento sobre o marxismo", para refrescar a sua ideologia erodida pelo excesso de contato com as realidades. A administração moderna da China passa, portanto, por um melhor conhecimento do marxismo? É isso, entendi. Chen não se pergunta se as realidades chinesas, tão diferentes das descritas por Marx e Engels no século XIX, não coincidiam com a vulgata das origens? A pergunta lhe parece importante, visivelmente sou um interlocutor sério. Chen convoca três outros professores da Escola, pede para servirem chá e dedica-me tempo, sinal de respeito por este visitante que lhe faz perder a sua tarde. Sou recebido aqui em nome da amizade entre a França e a China: impossível se livrar de mim.

"O ensino na Escola do Partido, explica Chen, permite que os executivos encontrem a resposta marxista certa para as novas exigências da sociedade". Exigências da sociedade? "Vocês não imaginam, responde Chen, a que ponto os chineses se tornaram exigentes em relação ao Partido: querem que o Partido lhes represente e que responda as suas questões."

Tudo isso seria normal em uma democracia, mas Chen descobre que, mesmo sob a ditadura, o princípio de autoridade não é mais suficiente.

"A essas duas exigências o Partido deu três respostas." É uma característica da ideologia comunista e uma antiga prática chinesa: tudo o que é sério se enumera; a enumeração é às vezes mais importante que se decore do que o conteúdo. A pergunta número um, a da *representação*, o Partido, pela iniciativa do antigo presidente Jiang Zemin, respondeu pelo princípio das três representatividades"; sabem que há três, como era necessário, no tempo da revolução lutar contra as "quatro velharias" (pensamento, costumes, hábitos e tradições), e, com Deng Xiaoping, engajar-se nas "quatro modernizações". Mas raros são os chineses capazes de citar o conteúdo das três ou das quatro. "Um centro, duas bases" é um ditado popular, mas aqueles que o utilizam esqueceram que se tratava na sua origem, em 1987, de um slogan do Partido: o desenvolvimento como o centro, a fidelidade ao Partido e a abertura como bases. Isso não impede, segundo Chen, que as três representatividades resolveram "uma vez por todas" todas as contradições entre o Partido e a sociedade. "As três representatividades são um pensamento importante", diz Chen; em toda a mídia, todos os discursos, as palavras "pensamento muito importante" acompanham obrigatoriamente as palavras "três representatividades".

Antes de três-representatividades-pensamento-muito-importante, o Partido representava – a repetição alucinante é parte integrante da doutrinação – a vanguarda dos camponeses, dos operários e dos soldados. O Partido era então um partido revolucionário, mas não representava toda a sociedade; ele deixava de lado os "especialistas de vanguarda". Não faço a pergunta, pois, conheço a resposta: um especialista de vanguarda é o patrão de uma empresa privada a quem os antigos estatutos do Partido proibiam a adesão. Visto que o Partido conta com esses "capitalistas" para desenvolver a China, como reintegrá-los? Tudo foi resolvido com as três-representatividades-pensamento-muito-importante: o Partido saiu da representação dos pioneiros revolucionários e passou para a representação das "forças produtivas mais avançadas (trata-se dos patrões), da cultura mais avançada (aqui não se sabe do que se trata, levando em conta o triste estado da cultura chinesa; os professores, sem dúvida) e dos interesses fundamentais da maioria do povo chinês". Graças as três-representatividades-pensamento-muito-importante, o Partido representa – repetição alucinante – a "vanguarda", os "especialistas" e os "interesses de toda a nação". Acabo de resumir em algumas frases o que, para Chen, foi preciso uma hora de discurso.

Na Escola, os executivos do Partido ouvem essas aulas durante um tempo interminável, embalados pelo ruído do ar-condicionado. Continuemos: "A nova classe dos empresários, graças as três-representatividades-pensamento-muito-importante, pode agora participar plenamente da construção do Partido." Resumindo, os patrões entraram no Partido enquanto que os camponeses e os operários desapareciam! O Partido tem mais tranqüilidade: não são os patrões que vão reivindicar ou exigir a democracia. O status quo lhes convém, e é graças ao Partido que prosperam. E as mulheres? Elas só foram figurantes. Além dessa confusão, o não-dito é a metamorfose do partido revolucionário em máquina tecnocrática, a substituição dos vermelhos pelos especialistas. Chen conclui: representam agora toda a sociedade, "o Partido está aqui para durar". E como o Partido representa todo o mundo, para que outros partidos? Então o multipartidarismo não representaria ninguém? É isso, compreendi, diz Chen.

Com a questão da democracia eliminada dessa forma pelas três-representatividades-pensamento-muito-importante, resta agora ao Partido "ouvir as exigências do povo para satisfazê-las". Chen chama isso de "pergunta do bom governo", para a qual o Partido também encontrou uma resposta correta. Os professores que estão ao redor de Chen se iluminam: "Ah! Vamos falar da agência das petições, essa solução perfeita para a questão do bom governo em uma sociedade complexa!"

Cada administração tem agora uma agência de petições onde todo membro insatisfeito pode fazer um requerimento que é registrado. Não é maravilhoso? Os requerimentos são registrados graças à informática: a China nos surpreende! Um peticionário que não obtém o que deseja num nível inferior pode fazer valer os seus direitos numa instância superior, passando, por exemplo, do município para o distrito, até do distrito para a cidade. O professor em petições – um certo Wang – sugere aos seus alunos que façam estágios nas agências de petição; ele próprio passou seis meses na agência de Shanghai. Ele concluiu que 90% das petições eram legítimas. Deduziu também que os chineses "gostam de sua administração e do partido comunista". Como assim? "Se os cidadãos não tivessem confiança em nós, não viriam até nós para queixar-se." Fico sem fala.

Quantos cidadãos ousam fazer uma petição? Quantas petições são de fato registradas – o dossiê tem que estar completo – e quantos conseguem o que desejam? Wang acha as minhas perguntas excelentes; mereceriam ser "estudadas longamente". Na verdade, um estudo sobre o assunto acaba de ser publicado pela Academia de Ciências Sociais de Pequim; acontece que todas as petições têm fundamento, porém, só 0,3% tem resposta satisfatória. Wang não conhece esse estudo, duvida de sua validade científica, não corresponde a sua própria experiência. Os executivos efetuam realmente o estágio que lhes é sugerido junto às agências de petições? Infelizmente, estão "muito ocupados", lamenta Wang.

Mas nós nos perdemos em detalhes muito concretos. O importante, diz Chen que retoma a discussão em mãos, é que o Partido tenha encontrado a resposta ideológica certa para uma questão social evidente: os chineses protestam cada vez mais. Chen fala de "questões importantes" e "espontâneas" dos cidadãos. Espontâneas? Sim, admite, a China se tornou "uma sociedade de cidadãos". "Mas, a força do Partido permanece intacta, afirma Chen, pois, foi capaz de se adaptar através das três representatividades e das agências de petições." Como o Partido compreendeu a evolução da sociedade, ele governará por muito tempo", Wang acrescenta.

Minha intérprete, que traduz essa ladainha palavra por palavra, fica surpresa, em me ver tomar nota de tudo. Eu lhe explicarei, porém, mais tarde, que o verdadeiro pensamento do Partido e a forma como o divulga se baseiam menos no conteúdo e mais na repetição incessante dessas frases circulares. "Acreditam no que dizem?" pergunta-me. Essa pergunta se coloca em todos os regimes totalitários. Sem dúvida, entra-se no Partido mais por ambição do que por convicção, mas dentro dele, o sectarismo deve tomar conta de todos: a repetição ideológica anestesia qualquer crítica, e, sem acreditar completamente, torna-se difícil pensar por si mesmo.

"O senhor tem ainda alguma pergunta a fazer?" diz Chen, uma maneira de se livrar de mim. Ainda tenho uma: a pergunta sobre os direitos humanos. Chen procura ganhar um pouco de tempo; temos que nos refrescar. Faz muito calor em junho em Shanghai. Distribuem toalhas úmidas. Passamos pelo rosto, pelas mãos, e com uma grande energia esfregamos o pescoço.

Chen, conhecendo a mania humanitária dos europeus, não ficou verdadeiramente surpreso; tem a sua disposição um especialista no assunto. Aqui temos mestre Yang. Ele se apresenta: professor na Escola do Partido, advogado, especialista em direitos humanos e aids. Aids? Yang representa a China nas instâncias internacionais onde a questão da aids é discutida. A China não faz nada que seja eficaz para conter a doença, porém, Yang sempre conduz delegações importantes, que, em função de ser numerosa, paralisa qualquer crítica.

"Como o senhor sabe – começa mestre Yang, considerando que um ocidental, por definição, não sabe nada da China –, os direitos humanos constam na nossa Constituição." Foram efetivamente inscritos nela em 2004, para a grande satisfação dos governos ocidentais. Porém, Yang revela que essa concessão feita aos humanistas da Europa e dos Estados Unidos não custou nada para o partido comunista.

Pergunto se um cidadão chinês, considerando que os seus direitos individuais estão ameaçados, pode comunicar tal fato à agência das petições. Ele pode referir-se à Constituição em um processo? Yang constata que não sei nada sobre a China, mas, quer ajudar-me. A Constituição, na China, é a "mãe do direito", mas o texto "é muito sagrado para que possamos invocá-lo". Então, para que serve? Ela "esclarece o caminho dos legisladores", explica Yang. Os direitos humanos foram retomados em um texto de lei que o cidadão poderia invocar? Ainda não, diz Yang, "ainda é muito cedo"; a China está *em transição*. Eu havia esquecido o *passe-partout* da transição que justifica tudo, inclusive a nossa credulidade.

Nesse salão reservado para as recepções, havia Chen, Yang, Yang e Deng, porém, Deng ainda não dissera nada. Era o mais jovem, tinha sem dúvida quarenta anos, enquanto que os outros três já estavam grisalhos. O seu silêncio revelava que ele era o verdadeiro chefe da Escola, o secretário do Partido encarregado de vigiá-la. É assim em todas as instituições. Chen voltou-se humildemente para Deng, pedindo-lhe que concluísse. Deng esboçou artificialmente uma recusa, marca de falso respeito pelos mais velhos. Reconheci, então, as maneiras do chefe, invariáveis em toda a China: Deng era mesmo o "secretário". Ele tomou a palavra em um excelente inglês, enquanto que os outros só falavam chinês. "O senhor tem dificuldade em admitir, disse, mas, o Partido ultrapassou todas as sua objeções. Não precisamos da democracia, porque estamos à frente da *sua* democracia. O Partido ouve o povo e responde a todas as suas preocupações. A democracia à maneira ocidental seria para a China uma regressão."

Tudo foi dito, e entrevista acabara. Mal nos despedimos; a amizade entre a França e a China acabava de retroceder.

Como se faz carreira no Partido

No Ocidente, ouve-se dizer que todos os chineses se parecem; os chineses têm em relação aos ocidentais o mesmo preconceito. Isso não impede que todos os executivos do partido comunista chinês se pareçam. Primeiro motivo: entre os estudantes da Escola do Partido, não vejo nenhuma mulher. Talvez uma ou duas, mas tão discretas que se confundem com as servidoras de chá. Os homens? Todos adotaram o terno à maneira ocidental que é na China sinal de modernidade: terno escuro, mesmo no verão, camisa branca e gravata. Fora do Partido, essa roupa é rara, da mesma forma que se torna rara no Ocidente. Com o tempo, pode-se imaginar que o terno e a gravata se tornarão o uniforme do partido comunista chinês.

Os executivos podem ser identificados também pela maneira física como ocupam o espaço, uma mistura de presença e ausência, arrogância e modéstia calculada, polidez excessiva (uma exceção na China) e um modo de fazer compreender que eles *são* o poder. Essas atitudes de clones não são aprendidas, são cultivadas por mimetismo; esse também é o objetivo da Escola: ensinar a ficar parecido, a criar um corpo.

E também ensinar a trocar cartões de visita: em todos os lugares da China, na classe dominante, trocam-se cartões no começo de qualquer encontro; sempre faz falta e convém ter um bom estoque, caso contrário, você é visto como um grosseiro. Na Escola do Partido, essa troca é particularmente intensa; é uma maneira de criar uma rede – o Partido é ao mesmo tempo uma seita e uma rede – e de aumentar o seu capital social, o *guanxi*, ou seja, a influência e seu tráfico. Graças ao *guanxi*, os executivos passam pelos circuitos hierárquicos; através do *guanxi*, o executivo progride. Um executivo que tem *guanxi* é respeitado por seus subordinados, por seus pares, por seus administrados; se não tem *guanxi* suficiente, será desobedecido, até ridicularizado. Ao resolver os problemas que encontra em sua administração, o executivo demonstra que tem *guanxi*; o *guanxi* lhe confere uma aura com efeito mágico. Nas escolas do Partido, as pessoas vão se reformatar ideologicamente – "ficar na vanguarda" – se diz no jargão do Partido – e acumular *guanxi*. Em um país onde as leis não têm importância, a energia carismática do *guanxi* comanda as decisões administrativas e jurídicas. Isso se admite, se diz. Para fazer carreira, há também três princípios não formulados, porém, conhecidos no meio; sei disso graças a um renegado do Partido, uma espécie rara, pois, não se sai facilmente da seita. Quando se adere ao Partido, pronuncia-se o seguinte juramento: "Desejo tornar-me membro do Partido comunista para apoiar a linha do Partido, respeitar os estatutos do Partido [...] aplicar as decisões do Partido, trabalhar com todas as minhas forças e lutar toda a minha vida pela causa do comunismo [...] permanecer fiel ao Partido, guardar os segredos do Partido e nunca trair o Partido." Então, o Partido tem os seus segredos?

"Para progredir no Partido, explica-me Cao, é necessário obedecer a três princípios." Cao Siyuan, que exerceu no Partido uma grande influência, é jurista, autor da primeira lei sobre a falência das empresas; é apelidado como "Cao da falência"; tem orgulho disso, pois, essa lei, em 1988, permitiu a reestruturação do setor público. O primeiro princípio, diz Cao, exige que "se goste do seu chefe": é preciso gostar dele e que ele goste de você. Deve-se dizer sim ao chefe e sempre estar de acordo com ele; não se deve criticá-lo, contradizê-lo, deve-se admirá-lo. Diante dele, se fala em voz baixa, mostrando um ar de modéstia. O segundo princípio dar presentes, discretamente, ao chefe, à sua família e a seus amigos. De uma maneira geral, "recomenda-se aplicar os princípios número um e dois com todos aqueles que são próximos do chefe, amigos e família". Terceiro princípio, como diz muito bem Cao: "O chefe tem dor de cabeça." Ele não quer problemas, não que ouvir falar de nada, não quer que seus próprios chefes ouçam falar dele. Para evitar a enxaqueca do chefe, seus subordinados cuidarão para que nenhum protesto, petição, qualquer tipo de movimento chegue até ele. Esse silêncio total da contestação, por mais modesto que seja, é gerido o mais perto possível da população pelos comitês de bairro que contam com a força da polícia; no Partido, ninguém vai economizar forças em relação aos meios que garantem a ordem, o que importa é que o chefe não saiba de nada. Respeitando esses três princípios, um executivo chega ao topo.

Pude verificar que Cao dizia a verdade. Haviam me explicado na Escola do Partido que o número de petições registradas na agência determinava a carreira de um executivo: um número muito pequeno de petições vale uma boa nota. Para os professores da Escola, era a prova de que a administração era bem feita; para Cao, era a prova de que um executivo aterroriza os administrados a tal ponto que não ousam se queixar mais. Qual é a versão correta? A de Cao, sem dúvida.

Como o Partido se americaniza?

O discurso e os métodos do Partido tal como acabamos de descrevê-los não são antes um retrato do Partido passado do que a sua fisionomia no futuro? Enquanto eu acabava de criticar esse ensino medíocre diante de um líder da nova geração, ocidentalizada e com aparência moderna, meu interlocutor me surpreendeu declarando estar de acordo com a minha análise: sim, a formação dos executivos tinha ficado para trás em relação às necessidades atuais e a complexidade da nova sociedade chinesa. Propuseram-me descobrir uma outra instituição pedagógica, mas "de vanguarda", que ilustra o futuro brilhante do Partido modernizado.

The Leadership and Management Academy é a escola encarregada de fazer entrar no século XXI as elites superiores do Partido, os governadores, os prefeitos, os diretores de ministério. Com essa Academia, o Partido espera obter a sua metamorfose em tecnocracia moderna e "globalizada"; semelhante à enarquia, me diz o diretor. Com esse elogio ambíguo, ouso dizer que estamos mais dispostos a nos livrar da enarquia do que enaltecê-la. Em Pudong, o novo bairro de Shanghai, à margem direita do rio Huangpu, uma versão inferior de Manhattam, torres de escritórios, residências e cruzamento de estradas, a Academia, concebida – certamente o fascínio pela enarquia[1] – por um arquiteto francês, Antoine Béchu, é uma representação teatral do Partido tal como ele se vê e como o imagina um ocidental que trabalha para ele. O edifício central que contém as salas de conferência está sob uma mesa de aço de cor vermelha: explicam-me que o vermelho é utilizado por ser uma cor dinâmica, e a mesa como referência ao letrado. O conjunto monumental é coroado por uma torre de escritórios cuja forma deve lembrar o pote de pincéis do letrado. A denominação americana, a arquitetura francesa, a fusão da modernidade e as citações clássicas formam um discurso simbólico e caro: não se ousa perguntar sobre o preço dessa realização no meio de um parque com jardins à moda chinesa, inglesa e francesa. Este é o recipiente: o Partido idealizado por ele mesmo. O conteúdo? Não há. A situação é banal, a paixão imobiliária leva a construir antes de se perguntar sobre o destino do prédio; em Pequim, também, a construção da Ópera concebida pelo arquiteto francês, Paul Andreu, acaba sem que seu programa musical exista.

Na Academia, apesar de sua denominação internacional, não encontro ninguém que fale inglês nem qualquer outra língua estrangeira, a não ser o homem encarregado das relações públicas. Os alunos? Já não têm mais a idade de aprender, visto que a Academia se destina aos altos executivos que chegaram ao topo da carreira politico-administrativa. Então, qual é o objeto da formação – no máximo algumas semanas – que se dá aos dirigentes extremamente ocupados com as suas funções? A vocação não revelada e verdadeira da Academia, parece-me, aquela que as escolas do Partido não satisfazem, é fazer os executivos entrarem na fôrma da modernidade aparente: aprende-se na Academia a se portar como os ocidentais, a imitar as maneiras do mundo exterior, a se desfazer dos hábitos provincianos, como coçar a garganta ou subir a parte de baixo da calça para refrescar as pernas. Para aprender essas boas maneiras, os executivos da província são colocados em contato com os dirigentes de firmas e de altos funcionários de Shanghai: chineses e modernos, esses são os modelos a serem imitados. Durante esse estágio,

---

[1] Termo derivado de *énarque* – antigo aluno da Escola Nacional de Administração (E.N.A.) na França, considerado como detentor do poder, tecnocrata. (N.d.T.)

os executivos em formação visitam empresas e administrações, inspiram-se no seu estilo de "vanguarda". "Vanguarda" é o termo politicamente correto, porém "americano" seria mais exato: para esses executivos, não há melhor modelo invejável que não seja os Estados Unidos, começando pelas maneiras até os modos de gestão. É a linha do Partido, mal dissimulada.

O prefeito de uma província do oeste não ficaria aborrecido com o luxo da Academia, a prosperidade das administrações e com as empresas de Shanghai? Ao contrário, o diretor da Academia, que ignora o conceito marxista de alienação, me garante que é bom impressionar os executivos da província para que imitem Shanghai e Pudong. A Academia funciona, portanto, como todos os vilarejos e fábricas modelo que, desde a era maoísta, caracterizam a pedagogia comunista; antes deviam-se imitar os valiosos operários dos campos de petróleo de Daqing; agora se deve copiar os gerentes americanizados de Pudong. Porém, não se tem a intenção de propor uma formação crítica que incite a pensar por si mesmo.

Como eu me preocupava com a aptidão dos executivos em administrar os movimentos sociais antes que ficassem violentos, certificaram-me que essa situação já estava prevista: nas portas de Shanghai, há um vilarejo modelo, Wujiang, onde os executivos do Partido administram da melhor forma a "coexistência pacífica" entre reivindicações camponesas e modernidade. Em grupo, os alunos da Academia não deixam de visitar essa vitrine.

O diretor da Academia convidou-me para dar algumas palestras. Quando perguntei sobre o assunto que deveria tratar, disse-me que isso pouco importava, o essencial era que os executivos da província vissem de perto como era um palestrante francês. Prometi a mim mesmo, quando chegasse o dia, pensar no terno que eu usaria mais do que no conteúdo da minha palestra visto que, evidentemente, os palestrantes não eram ouvidos, mas observados. Concluí também – conclusão sem dúvida apressada! – que se o futuro idealizado do Partido se parece ao seu passado, ele não tem futuro.

O Partido em busca de uma legitimidade perdida

A história do Partido chinês pode ser lida como uma busca de legitimidades sucessivas que vão se degradando. Na sua versão de origem, o Partido se colocou como movimento patriótico em luta contra os invasores japoneses e contra a corrupção do Estado nacionalista; a realidade foi mais confusa, o exército de Mao evitou tanto quanto possível um encontro cara a cara com os japoneses, pois, seria desastroso para as suas tropas. Quando, em 1949, tomou o poder, o Partido restabeleceu a ordem e prometeu a democracia; movimentos liberais associados a ele, como na Europa do leste depois da colonização soviética, acreditaram que os comunistas manteriam sua promessa de eleições livres. Mudança de discurso de Mao Tsé-Tung: a China não tinha necessidade de um regime autoritário para se modernizar como a União Soviética? Essa modernização conduzida pelo absurdo – Grande Salto adiante, uma siderurgia em cada vilarejo, etc. – foi um desastre. Após uma primeira legitimidade pela liberação, uma segunda pela modernização, Mao Tsé-Tung passou para a legitimidade através da revolução permanente: sabe-se como ela eliminou a velha China e as suas elites. Com a morte de Mao, a revolução suspensa, veio Deng Xiaoping. Ele decretou uma quarta legitimação da ditadura: através do enriquecimento pessoal.

O desenvolvimento econômico será suficiente para garantir ao Partido a eternidade que busca? Os ocidentais, que subestimam o desejo de liberdade e justiça nos chineses, estão dispostos a acreditar nisso. Porém, o Partido, que constata o aumento das reivindicações religiosas, as manifestações dos desempregados, de camponeses espoliados, e das petições dos intelectuais, deduz que o desenvolvimento não é o suficiente, pois, três quartos da nação não se beneficiam disso. O Partido busca, portanto, uma quinta legitimidade; talvez o nacionalismo, e a guerra que sempre marca o seu apogeu.

Como tornar os chineses nacionalistas? Espontaneamente, são pouco nacionalistas. Nesse império de tradição agrária, são antes de tudo solidários com a sua família, seu clã, seu vilarejo, com a sua província. Ser chinês vem de uma ordem de coisas imutável que não exige nenhuma agressividade em particular; a emigração maciça há vários séculos revela essa preferência pelo bem-estar individual ou familiar e ao mesmo tempo permanecer chinês, mesmo longe do território nacional. Certamente, há uma outra tendência, o nacionalismo das elites, inicialmente provocado pela guerra do Ópio em 1840: mescla de humilhação e de revanchismo, esse nacionalismo é um fio vermelho que corre ao longo da história contemporânea até o partido comunista. Como Estado soberano, no fim do século XIX, a China ficou próxima do aniquilamento: "um cadáver prestes a ser decepado, que se oferece à faca" escreveu Paul Claudel, cônsul da França em Fuzhou em 1897, em sua correspondência diplomática. Claudel, que procura estender o Império francês, parece hesitar entre lamentação e jubilação.

Na história oficial do Partido e nos livros escolares dos jovens chineses, é o imperialismo ocidental que é inteiramente responsável por todos os infortúnios que afligiram o país; não há qualquer autocrítica. Não se pergunta, na China comunista, como o Império se tornou uma presa tão fácil? Nem o que foi: a responsabilidade dos dirigentes chineses, a sua incapacidade em modernizar o país, a sua corrupção? Ao contrário, todas as revoltas xenófobas – ou nacionalistas, segundo o ponto de vista que se adota –, em particular a dos Boxers em 1900, são santificados como instantes de redenção, precursores da "liberação" de 1949. O Partido é aquele que lava as humilhações contra os japoneses e os americanos. Contra Taiwan também, traidor da nação, pois, é não-comunista e o comunismo é a nação.

Falta compartilhar com o povo esta história reescrita. Para uma ideologia é preciso um santuário. Para o novo nacionalismo, tudo começa em Xian: foi, há vinte e dois séculos, a primeira capital do Império chinês, fundada por um dos tiranos mais terríveis da história da humanidade, Qin Shi Huangdi.

A invenção do nacionalismo

Desde que a legenda de Mao começou a se desintegrar, esse imperador Qin parece estar muito bem. Em Pequim, na praça Tiananmen, nos anos 80, peregrinos vindos de toda a China e as crianças das escolas ficavam horas, às vezes dias para entrar e dar a volta, em alguns segundos, no caixão de vidro refrigerado onde jazia o grande timoneiro. Era preciso ir rápido, empurrado pelos guardas; a fila atrás também empurrava, e mal se tinha tempo de constatar que Mao morto se parecia pouco com Mao vivo. Dizem que os embalsamadores vietnamitas não tiveram êxito com a múmia: verde pálido, ela não tem ar sadio, mas, a verruga sob o queixo está no lugar certo. Esse mausoléu de Pequim se tornou um palácio de correntes de ar.

Os peregrinos, os mesmos ou seus descendentes, assim como as crianças das escolas, agora se dirigem a Xian. Em Xian, no centro da China, arqueólogos e arquitetos restauraram ou mais exatamente reconstruíram a necrópole do primeiro imperador; é para esse lugar que se dirigem agora as multidões. Chineses e visitantes estrangeiros.

Todo monumento público é um manifesto político. O gigantismo do túmulo de Qin, as construções de estilo pomposo evidenciam sua nova legitimidade: o pai da revolução foi desalojado pelo fundador do Império. Tanto quanto Mao Tsé-Tung, Qin não era um humanista: guerreiro bárbaro, sem dúvida vindo dos altos planaltos do Tibet ou de estepes da Mongólia, conquistou, no século III antes de nossa era, todos os reinos que constituíam a China. Modelando os povos, ele os amalgamou em um só império. No norte, fez edificar a Grande Muralha onde provavelmente morreu um milhão de pedreiros escravos; seus ossos se misturaram com a cal. Tentou queimar todos os livros anteriores a seu reinado, fixando assim o ano zero de uma nova era. Decretou que todos os chineses pertenciam à mesma raça ou nação, fundando o mito étnico do povo han. Na sua morte, milhares de soldados e servidores foram enterrados a seu lado para acompanhá-lo no inferno; esta tropa foi também representada em argila. Nos anos 1990, a necrópole foi coroada com enormes pórticos de granito e mármore, inspirados no peso emblemático dos monumentos comunistas da Rússia ou da Coréia do Norte. Para contribuir com o novo culto nacional do primeiro imperador, Zhang Yimou, o realizador quase oficial do governo de Pequim, um Leni Rienfensthal chinês, dedicou-lhe um filme de propaganda de caráter épico, *Hero*: vemos nele um imperador Qin venerado por seus inimigos, mais do que é compreendido por seu próprio povo, por ter unificado a China.

Convocado em Xian para celebrar o culto da poderosa China e seu próprio aniquilamento como indivíduo, o visitante fica reduzido ao tamanho de uma formiga estupefata. Os turistas não incomodados por esse fascismo chinês tiram fotos; os chineses, isso é bem conhecido, não são indivíduos, mas sim uma grande massa amarela. Perdido nos meus pensamentos, esmagado por uma estátua gigante de Qin em pedra branca, fui abordado por um guia de turistas que falava um pouco inglês e que murmurou "Qin é Stalin", antes de desaparecer na multidão.

Qin emblema da China, é também o de sua instabilidade. Ele tinha a intenção de fundar uma dinastia que duraria "dez mil gerações"; dois anos depois de sua morte, seus herdeiros foram derrubados. Depois, o poder imperial circulou entre vinte e seis dinastias sucessivas, em geral de origem não chinesa. O Partido deveria talvez se distanciar do seu fundador?

Em busca de um bode expiatório: o Japão

Na primavera de 2005, perto do décimo sexto aniversário da revolta da praça Tiananmen, como cada ano na mesma data, os jornalistas estrangeiros constataram os preparativos policiais; era difícil aproximar-se da praça; todo grupo, por minúsculo que fosse, era dispersado. A cada ano, o Partido teme que uma celebração volte a acender a chama do movimento democrático, porém as únicas manifestações significativas na praça há dezesseis anos só reúnem fiéis do Falungong, só em Hong Kong, multidões comemoraram a repressão de 4 de junho de 1989, porque ainda podem fazê-lo.

A surpresa veio de outro lugar: cortejos de "estudantes" desfilaram em Pequim, mas também em Shanghai e Shenzen, sacudindo bandeirolas antijaponesas. Atacaram consulados do Japão, destruíram algumas mercadorias de marca japonesa (embora fossem fabricadas na China e pertencessem a chineses). Eram mesmo chineses, como dizia a mídia? Pareceram-me bastante jovens, e os que estavam ao lado, velhos demais. Essas manifestações eram espontâneas? Essa foi a versão oficial. Associações antijaponesas teriam convocado os seus membros por internet e SMS. Sabendo que na China tudo é controlado, inclusive as mensagens eletrônicas, duvida-se que o poder tenha sido pego de surpresa. As manifestações se desenrolaram sem excessos, sob o olhar de uma polícia anti-rebelião, o governo pediu o fim da desordem; ordenaram que os professores universitários acalmassem seus alunos. As manifestações pararam com a mesma "espontaneidade" que começaram.

Em toda a China, essas rebeliões só reuniram vinte mil pessoas, mas o efeito foi espetacular, pois, em geral ninguém participa de manifestação, ou então as manifestações em províncias longínquas são imperceptíveis. Os jornalistas e diplomatas com posto em Pequim se perguntaram sobre o significado desses eventos, seu grau de espontaneidade, a implicação ou não do Partido: ele era o organizador ou o moderador de um sentimento popular? Assistia-se ao despertar de uma sociedade civil que escapava do controle do Partido?

Esse debate, que agitou os observadores da China, era surpreendente: como o Partido vigia tudo, era impensável que as manifestações antijaponesas tivessem escapado. Tudo não passava de uma coreografia feita por ele, e a mensagem antijaponesa se dirigia mais ao resto do mundo do que à nação chinesa. Uma mensagem simples: o povo chinês está com raiva, mas, por sorte, o Partido está presente para conter essa ira. Era preciso então que os ocidentais ficassem preocupados com o ressurgimento do nacionalismo chinês, mas, que se tranqüilizassem com a capacidade do governo chinês de acalmá-lo: não era melhor, para a China, para o Ocidente e os japoneses, que o Partido fosse o mestre na China? Sem o Partido, o fascismo e a guerra não tomariam conta da Ásia? A mídia ocidental, na França em particular, engoliu a isca; os nossos cronistas achavam que o Partido mantinha bem a ordem na Ásia contra a cólera dos povos.

Para quem se encontrava na China naquele momento, a manipulação pelo departamento de Propaganda era evidente. Bastava ir na internet para ver slogans antijaponeses e imagens do massacre de Nanquim. Em Nanquim, em 1937, no começo da segunda guerra com o Japão (a primeira havia começado em 1894), militares japoneses haviam massacrado a sangue-frio, segundo os chineses, trezentos homens civis. Em todas as grandes cidades da

China eram organizadas exposições públicas sobre esse massacre: viam-se imagens atrozes como as que estão nos livros escolares, soldados japoneses perfurando com a baioneta crianças chinesas. Em Pequim, no Museu Nacional de História, uma comemoração insistia no número de vítimas: trezentas mil, lembravam os cartazes aos espectadores, e não duzentas e quarenta mil, como pretendem os japoneses. Enquanto as tensões diminuíam, o governo de Pequim relançou a controvérsia marcando para o dia 14 de dezembro a comemoração nacional do "Primeiro dia do massacre de Nanquim". No Japão, esse massacre não é negado, porém, os historiadores discutem sobre os números e as circunstâncias – julgadas, entretanto, não atenuantes. Durante essa onda antijaponesa, não houve um único jornal na televisão que não lembrasse o massacre de Nanquim e a gloriosa resistência do exército comunista contra o fascismo japonês. Lembrança ainda mais necessária posto que Mao Tsé-Tung não fez a guerra contra os japoneses, preferiu preservar as suas forças para concluir a vitória da China.

Além da manipulação, qual a importância verdadeira da causa chinesa? O pretexto das manifestações do Ano do Galo foi a publicação no Japão de um livro de história que dava menores proporções ao massacre de Nanquim; o tal livro nunca foi difundido, pouco importa. Os dirigentes japoneses, inclusive o imperador, várias vezes apresentaram suas desculpas ao povo chinês pelos horrores perpetrados na China. Os dirigentes chineses estimam que essas desculpas são insuficientes, porém, quando os japoneses expressam o seu pesar, a mídia chinesa nunca fala disso. Um chinês que não tem acesso à internet está convencido de que os japoneses nunca reconheceram o massacre de Nanquim e que seus livros escolares negam a sua existência, o que não é verdade. O Partido acusa também os japoneses de "recusar de se confrontar com a sua própria história". Uma crítica, que ao emanar do Partido chinês, deixa perplexo: o Partido alguma vez se confrontou com a sua própria história, e os chineses com a deles? É preciso toda a ousadia de um Yu Jie, no momento da comemoração do sexagésimo aniversário da "vitória do Partido comunista contra o fascismo japonês", em agosto de 2005, para lembrar, como fez na imprensa de Hong Kong, que "Mao Tsé-Tung matou muito mais chineses do que o exército japonês".

Os japoneses, é verdade, não fizeram a sua autocrítica como os alemães, mas se recusam a ser comparados aos nazistas e a confessar um genocídio; o nazismo alemão e o imperialismo japonês não são efetivamente comparáveis, e o massacre de Nanquim não é equivalente ao holocausto. Os japoneses também fazem valer que dão à China ajudas consideráveis para o desenvolvimento para reparar os erros que lhe causaram. Não é suficiente, diz o

PCC; nada nunca será suficiente, porque além do massacre de Nanquim, o Japão constitui uma crítica permanente, a imagem humilhante do que a China poderia ter se tornado. Esse Japão limitado que importou no passado da Grande China a escrita, o budismo, a arquitetura, a etiqueta da corte, conseguiu a síntese da identidade e da modernidade. Não sofreu nem revoluções nem guerras civis e, contrariamente à teoria marxista, não teve necessidade nem de revolução nem de partido único para se desenvolver; não precisou inventar inimigos exteriores para se consolidar. Para os dirigentes chineses, pode-se imaginar que o Japão é insuportável. O que o povo chinês pensaria disso, se fosse informado, seria sem dúvida atenuado; durante os eventos antijaponeses do Ano do Galo, muitos universitários dissuadiram seus estudantes de manifestar, denunciando as manipulações que o Partido inflige a uma história complexa. Em Pequim, um estudante disse-me: "Eu detesto o Japão, mas não sei por que razão. "Porém, vários jovens diplomados procuram trabalhar em empresas japonesas na China e quinhentos mil chineses, em geral qualificados, estão agora estabelecidos no Japão.

Em uma China mais esclarecida, a xenofobia sem dúvida diminuiria, mas é de interesse do Partido que os chineses não sejam esclarecidos. O Partido mantém o ódio do Japão para construir uma ideologia patriótica unanimista que ele encarnaria: o Japão é necessário para a sua quinta legitimação. Por que o Japão e não os Estados Unidos? Atacar o Japão é pouco arriscado; no pior dos casos, os turistas deixariam de vir, os investimentos estagnariam, mas outros se substituiriam a eles. Os Estados Unidos? Seriam um inimigo perigoso demais cujo apoio ainda é indispensável para o que o Partido, em 2005, chamou de "crescimento pacífico". Pacífico, de fato...

Neoconfucionismo, falsa alternativa para o Partido comunista

"Quando o Partido desaparecer, não é a democracia que o substituirá. Conte comigo para impedir que isso aconteça!" Meu interlocutor, que não tem ainda quarenta anos, não parece ter condições para influenciar o curso da história. Pan Wei é somente o professor de ciências políticas na universidade Tsinghua de Pequim. É verdade que Mao Tsé-Tung era somente um bibliotecário. No campus – uma cópia das universidades americanas – os estudantes estão vestidos como jovens ianques; a maior parte deles inclusive, expressa o desejo de prosseguir seus estudos nos Estados Unidos e de permanecer lá. A cada ano viajam sessenta e cinco mil estudantes e somente a metade volta para a China. Os mesmos participam com entusiasmo nas manifestações antiamericanas: nos manuais escolares chineses, a história reescrita pelo Partido faz acreditar que por trás das incursões coloniais dos britânicos e dos franceses no século XIX já se exercia a influência oculta dos Estados Unidos. O Partido prepara os espíritos para um confronto futuro?

Pan Wei pertence a uma geração dividida entre essas tentações contraditórias, um desses novos intelectuais que retornou para a China depois de passar dez anos na universidade de Berkeley, na Califórnia. Após haver "aprendido nos Estados Unidos o que lhe parecia útil para a China", ele voltou, trazendo um projeto político, uma obra intitulada *O Mito da democracia*, uma crítica simultânea ao Partido e à democracia. "A democracia é uma desordem", diz Pan Wei: essa convicção, muito corrente na China, orquestrada pelo departamento de Propaganda, é um de seus grandes sucessos. "A democracia, insiste ele, gera a desordem na Rússia, na Índia, nas Filipinas, na Indonésia e em Taiwan." E no Japão? "Reina a ordem ali, mas não se trata de uma democracia." Tratando-se da Rússia ou do Japão, esses países são como cartas num jogo retórico onde inexistem os conhecimentos reais. É constante ouvir na China que a Rússia encontra-se mergulhada no caos e na miséria porque a democracia foi instaurada muito rapidamente e porque as reformas políticas precederam as reformas econômicas: esses lugares-comuns não constatados servem somente para louvar o caminho escolhido pela China e funcionam como demonstração dessa opção.

Meu interlocutor faz afirmações, ele não discute: trata-se de um neoconfucionista reconhecido e eu não o sou. Confúcio não admitia nem nuances nem a ironia; Pan Wei nunca sorri.

"O Partido deve deixar o poder, diz Pan Wei, e isso por duas razões. Antes de tudo em função da corrupção, que é a forma suprema da desordem na tradição chinesa. Em seguida, por causa do modelo econômico: o crescimento chinês está a reboque do Ocidente." Pan Wei mostra seu computador: montado por operários chineses, ele funciona graças a um software americano. "Se copiarmos esse programa, diz, Microsoft produzirá um novo que será superior à nossa falsificação." Para atingir o nível de criatividade do Ocidente, seria necessário que "os chineses fossem livres e que o espírito crítico reinasse aqui". Essas idéias só podem ser aprovadas. Mas sua apologia da criatividade exclui a democracia. "Depois de haver estudado as instituições ocidentais", Pan Wei concluiu que a superioridade do Ocidente não repousa sobre a democracia, mas no estado de direito. Os chineses confundiriam o estado de direito com o modo de seleção das elites dirigentes. A China teria necessidade de um estado de direito, mas para que designar os dirigentes através de eleições uma vez que, desde sempre, a China praticou uma seleção mais eficaz: os exames universitários?

Talvez a democracia não chegue a selecionar os melhores, mas será que ela não permitiria gerir as paixões e excluir os dirigentes sem violência? Pan Wei conhece meus argumentos: eles lhe parecem não adaptados à sociedade chinesa. "O povo chinês é homogêneo, não dividido em classes, como no Ocidente"; os conceitos de maioria e de minoria seriam, portanto, inaplicáveis na China. Realizar arbitragens entre grupos sociais através de eleições seria útil no Ocidente e supérfluo na China.

"Olhe ao seu redor, diz Pan Wei, você verá os melhores filhos da China, vindos de todos meios sociais e de todas as províncias. Sacrificaram sua juventude para ter sucesso em seu exame universitário e chegar até este ponto." Aqui estão os futuros dirigentes, não há necessidade de eleições! Mas os exames em que eles passaram avaliam a acumulação de conhecimentos, não a reflexão pessoal nem o espírito crítico. O mesmo acontece no caso dos cursos: os professores não toleram nenhuma contradição, os alunos não fazem nenhuma intervenção, as universidades chinesas produzem mecânicos eficazes, não indivíduos criativos.

Pan Wei ainda não se sente abalado por minhas críticas: ele percebe a sociedade como sendo uma máquina a ser manobrada/dirigida, não como um corpo percorrido por paixões. Evidentemente, seu projeto elitista remete ao mandarinato que governa a China imperial, a "burocracia celeste" tão bem descrita pelo sinólogo Étienne Balazs. Essa burocracia exerceu um poder total que ele chamou de "funcionarismo", sendo que o confucionismo exercia o papel de ideologia. "Sem os mandarins, escreve Balazs, a civilização chinesa teria naufragado; mas os povos que eles obrigaram a viver juntos não teriam se desenvolvido melhor separadamente?" Pode-se discutir ao infinito acerca dos vícios e virtudes dessa burocracia celeste, mas fato é que ela reinou unicamente sobre um mundo fechado: tão logo esse mundo foi exposto ao exterior, a partir de 1840, ela desmoronou.

Um século após a queda do Império, como alguém pode se dizer confucionista? Essa ideologia que invoca Pan Wei é corrente nos meios universitários, junto aos dirigentes de empresa e no seio da direção do partido comunista. Pobre Confúcio, pedestal do Império, fonte de todo atraso sob Mao Tsé-Tung, reabilitado por Deng Xiaoping! Marx disse que não era marxista; Confúcio por sua vez não teria se reconhecido no confucionismo do Império e muito menos no neoconfucionismo atual. Seria esse confucionismo chinês?

Certamente houve, no início da dinastia dos Qing (nosso século XVII), um primeiro movimento neoconfucionista de letrados em revolta contra a autocracia do Império manchu; apoiando-se nos escritos de Confúcio, essas neoconfucionistas queriam impor regras de boa conduta ao soberano e o respeito das autonomias locais. Esse antigo movimento tinha, portanto, adotando o vocabulário contemporâneo, uma essência liberal, e se levantava contra um Império que se vangloriava (desde aquele momento) de sua eficácia; certos democratas invocam hoje em dia esse precedente. Mas os neoconfucionistas à maneira de Pan Wei, que caberia melhor chamar de neoneoconfucionistas, de Confúcio só ficam com a ordem moral e o hierarquismo. Essa ideologia neoneoconfucionista na realidade é *made in USA*, seus grandes pregadores são universitários chineses que ensinam nas universidades americanas, particularmente os professores Du Weiming em Harvard e Theodore de Barry em Colúmbia. Os neoconfucionistas importaram dos Estados Unidos essa ideologia, e devem seu integralismo à nova direita americana: o Confúcio absolutista de Pan Wei é uma cópia chinesa do Cristo político dos neoconservadores americanos. Uns e outros partilham do mesmo moralismo, do mesmo gosto pela teocracia; o neoconfucionismo tem na China o mesmo papel que o neoconservantismo tem nos Estados Unidos. Há também uma terceira via entre liberalismo e marxismo: invocar Confúcio permite opor-se ao partido comunista sem muitos riscos, criticar a corrupção – o que fazem todos os chineses – e refutar o liberalismo colocando-o como estrangeiro. Essa terceira via permite, enfim, aos novos mandarins escapar da democracia que certamente daria o poder a homens rústicos sem educação, desprezados tanto pelos universitários quanto pelos apparatchiks.

    Prossigamos. Vamos admitir com Pan Wei que se realize seu projeto de uma tecnocracia baseada nos exames de seleção: é certo que temos um mandarinato na França... Quem vai dirigi-la? Como encontrar um bom mestre num regime que não é nem hereditário nem democrático? Mencius, discípulo de Confúcio, propõe três métodos que, segundo Pan Wei, valem para a China contemporânea. O soberano pode ser designado por um colégio de sábios. Pan Wei sem dúvida dirigiria essa assembléia filosófica; tem somente quarenta anos, mas esforça-se por parecer mais velho, produzindo o semblante severo de um sábio. Segunda hipótese: o chefe no poder designa seu sucessor. Coloco uma objeção: "A cooptação não é a regra já em curso no seio do partido comunista?" Pan Wei rebate: "Os resultados não são excelentes porque Mao Tsé-Tung, fundador da linhagem, era comunista e não confucionista." O erro de Mao foi introduzir um pensamento estrangeiro na China". Terceira solução: o golpe de Estado que elimina o mau soberano e o substitui por um bom. Não é necessário, estima Pan Wei que visivelmente não deseja se ver preso, porque "o Partido não é totalmente mau": ele garante a estabilidade social, reunificou a China e lhe conferiu reconhecimento internacional. Falta reorganizar a transmissão do poder dos comunistas aos neocunfucionistas.

A "transição" ideal estaria em uma passagem, após uma retirada espontânea dos dirigentes comunistas em benefício do colégio de filósofos. Esse colégio designará o soberano certo que libertará a China de um caos ideológico e policial supérfluo: o dirigente certo não terá necessidade de proteger o seu regime, visto que o povo se reconhecerá nele. Todas as propriedades poderão ser privatizadas; pois, para o dirigente certo uma economia de Estado não servirá para nada; o setor público, a planificação, são ideologias ocidentais, não chinesas. A imprensa poderá ser livre, as religiões aceitas, e o direito de associar-se reconhecido, pois, o dirigente certo não terá que temer a liberdade de expressão.

Esse belo projeto supõe que o povo chinês tende à unidade: haveria um homem chinês diferente do homem ocidental? Pan Wei não duvida: a sociedade chinesa deseja reconstituir-se em comunidade virtuosa.

O que acontecerá com o rebelde em um regime neoconfucionista? Minorias irredutíveis subsistirão, porém, se o príncipe for bom, diz Pan Wei, só serão minorias; se fossem numerosas, seria sinal de falha do príncipe. Pensa-se em Singapura onde reina a família de Lee Kwan Yu, grande apologista do neoconfucionismo, e onde a oposição se reduz a um lugar no Parlamento. Citar Singapura em Pequim é um insulto para a "Grande China", Pan Wei não nota.

A nossa conversa mudava de tom; felizmente, uma melhora permitiu que nos separássemos com cortesia, sem perder a compostura. Nem ele, nem eu. Estávamos de acordo em admitir que, sob a égide do Partido, a China combinara o pior do socialismo com o pior do capitalismo. De acordo também em imaginar três futuros possíveis: o comunismo perpétuo, a democracia liberal, o neoconfucionismo. Porém, o que Pan Wei chama de neoconfucionismo, na Europa, chamamos de fascismo: nos dois casos, os adeptos se expressam em nome de uma ordem superior às escolhas pessoais, com a mesma ênfase na ordem moral e na castidade. A ideologia neoconfucionista é de fato mais chinesa do que o socialismo ou o liberalismo? Pan diz que é, mas é para imobilizar a crítica. Façamos a aposta que em nome do princípio das três-representatividades-pensamento-muito-importante, o partido comunista acabará acolhendo-o. O neoconfucionismo parece ser uma alternativa menos ameaçadora para o Partido do que de fato é, como o nacionalismo, uma de suas máscaras.

A nostalgia do maoísmo

Classificaremos He Qing entre os nacionalistas, os neoconfucionistas, os de esquerda? O Partido o trata como de esquerda, sendo que ele mesmo se define como conservador. Jovem autor de ensaios filosóficos, publicados na França ou em Hong Kong, é professor de história da arte em Hangzhou. A crítica do regime comunista feita por He Qing é radical: ele afirma que a direção do Partido se aliou às empresas multinacionais como num pacto diabólico que enriquece uma minoria, sacrifica a maioria e destrói a civilização chinesa. O discurso parece enfático, mas descreve um sentimento presente na geração dos intelectuais posteriores à revolução cultural. Portanto, é preciso ouvir He Qing.

Para analisar a China, ele utiliza um pouco de confucionismo, bastante marxismo, Pierre Bourdieu e Samuel Huntington, dois autores na moda que oferecem aos intelectuais chineses artigos úteis na sua missão de desconstruir o poder. He Qing usa "o conflito de gerações" do americano Huntington: seria uma aberração acreditar numa convergência das nações para uma paz planetária e uma síntese democrática, sendo que a realidade do mundo leva à diferença entre as civilizações e seu enfrentamento inelutável. Huntington, vale dizer, promete uma guerra sino-americana. Abrindo a China para uma economia globalizada, o partido comunista parece ignorar a natureza singular da civilização chinesa, e o capitalismo aplicado na China é uma espécie de crime contra os seus valores. Que valores? A ocidentalização, segundo He Qing, conduz ao individualismo materialista e ao desprezo do outro, enquanto que a civilização chinesa se fundamenta não na eficiência egoísta dos indivíduos, mas na relação entre sujeitos: uma intersubjetividade própria ao confucionismo no seio da família, do clã, da nação. A conversão à globalização estaria mergulhando os chineses na esquizofrenia: cada um é obrigado a se tornar eficiente no modelo ocidental, sendo que internamente ele permanece profundamente chinês. Por um punhado de dólares investidos na China, o Partido parece ter vendido a alma do povo.

Retomando a teoria do complô, importante para o sociólogo Pierre Bourdieu, He Qing acredita que a globalização não surgiu por si só: foi imposta à China pelos capitalistas que tinham interesse nisso. Porém, o povo chinês não tem nenhuma vantagem nisso? "A vantagem, responde He Qing, só é material, favorece exclusivamente as pessoas da cidade em detrimento dos camponeses sacrificados." Em relação a esses ganhos destinados a uma minoria, a destruição espiritual parece ser imensa. A China não progride?

He Qing refuta a noção ocidental de progresso. A civilização chinesa, para ele, não se baseia no progresso, mas sim na harmonia; os ocidentais introduziram o progresso na China no século XIX e fizeram com que os chineses tivessem vergonha de seu suposto atraso. Desde então, as elites chinesas não pararam de imitar o ocidente para alcançá-lo: corrida suicida. Portanto, seria preciso rejeitar menos o Partido do que a sua ideologia progressista e materialista para retomar os valores chineses e curar a esquizofrenia nacional. Para a infelicidade da China, He Qing se entristece, o partido comunista é verdadeiramente materialista e progressista; ele é autenticamente comunista por sua própria refutação da cultura e da espiritualidade.

Como não se pode reescrever a história da China, pelo menos, acredita He Qing, seria preciso interromper o seu curso; portanto, ele milita simplesmente escrevendo para que a China se volte para si mesma, para seus valores e seu mercado interior. Sim, mas ela deve passar por que caminho?

A democracia? Os chineses, diz He Qing, não sabem o que ela é, suas exigências não são políticas, são espirituais. Mas quais são, então, os valores da China? São imutáveis? He Qing identifica a civilização chinesa e o pensamento confucionista; como os missionários jesuítas, ele qualifica o taoísmo e o budismo de "superstições". Ele surpreende ainda mais quando se aventura na reconstrução do regime ideal: o seu modelo é nada mais nada menos que Mao Tsé-Tung! Segundo ele, Mao teria fundado o desenvolvimento nos camponeses, na autonomia econômica e numa enorme independência nacional. De fato, esse foi o discurso maoísta, porém, não na prática: Mao Tsé-Tung queria transformar a China em potência industrial, sacrificou os camponeses, mas fracassou, enquanto que seus herdeiros triunfam. Que um universitário de quarenta anos confunda a mitologia maoísta com a história real do maoísmo é difícil compreender.

A confusão existe para muitos. Não somente para certos nostálgicos dos velhos bons tempos; ela também existe na geração pretensamente esclarecida. Aí reside talvez a verdadeira esquizofrenia denunciada por He King: ela não divide os chineses entre seus valores coletivos e a obrigação de individualizar-se, porém, ela traduz a recusa das novas elites chinesas para enfrentar a sua própria história. Que o Partido comunista se oponha ao estudo honesto da história da China no século XX só pode contribuir para criar essa esquizofrenia, e vamos convir com He Qing que, para uma nação como para um indivíduo, é uma doença dolorosa.

Os últimos dias do partido comunista

O cinema chinês não é sincronizado: no filme projetado pelo partido comunista, a trilha sonora é baseada em sucesso, progresso, estabilidade, harmonia; em termos de imagem, há a alternância de proezas econômicas, o luxo dos novos-ricos e a miséria para todos os outros. Estamos em *transição*, diz a trilha sonora, enquanto que projetam imagens de massas de camponeses desesperados, migrantes angustiados, operários rejeitados, velhos e doentes abandonados. Não foi uma diferença parecida que provocou a queda dos imperadores? Sob os Qin, a última dinastia, a corte se fechava em ritos imutáveis, os do confucionismo, enquanto que o povo já havia entrado na era moderna: consultado pela primeira vez da sua história depois de vinte e dois séculos de império, o povo votou em 1912 em um partido republicano.

Se essa longa história da China informa sobre algo, o Partido deveria ficar inquieto: vinte e seis dinastias caíram em vinte e dois séculos, sempre na violência. A história interna do Partido é tão brutal quanto a das dinastias; desde que começaram a reinar, seus dirigentes não pararam de mudar de direção, numa sucessão de mudanças que refletiram mais as lutas internas do Partido do que uma situação de mudança do país. Salto adiante, revolução cultural, Reforma: a era dos golpes de Estado internos ao Partido teria terminado? A mesma direção não é mantida desde 1979? Sejamos céticos: como não existe no Partido nenhum modo de sucessão a não ser a cooptação, a guerra das facções é provável. Uma direção mantida. Mas não satisfaz a maioria dos chineses. Dentro do Partido progridem um movimento de esquerda hostil ao liberalismo econômico e um movimento nacionalista hostil à americanização dos costumes. Entre essas facções só existem relações de forças; nenhuma forma de diálogo nem de compromisso. É parecido entre o Partido e a nação: as eleições nos vilarejos e as agências de petições, as duas únicas formas de expressão pública autorizadas pelo Partido, não estão à altura das reivindicações de massa. O Partido escuta pouco, compreende mal, não negocia; sendo de essência totalitária, não pode evoluir. Só sabe reprimir, proibir, prender: o poder está na ponta do fuzil, disse Mao Tsé-Tung em 1930. Continua na ponta do fuzil.

Entre o povo e o Partido há uma espécie de corrida: a redistribuição do crescimento econômico acalmará ou não as reivindicações? Provavelmente, as distâncias ficarão maiores: na ausência de contrapeso democrático, os ricos serão ainda mais ricos e os pobres logo não terão mais nada a perder. Bastaria uma revolta local mal controlada, um rumor sobre a poupança, uma epidemia terrível para que milhões de chineses ousassem exigir o fim do Partido. Como o exército agiria? Ao invés de um só massacre de Tiananmen, os chineses teriam que suportar dez, cem, um em cada cidade? Wei Jingsheng, exilado em Washington, prediz que os soldados não atirarão. Em 1989, o exército do Povo era o exército do Partido; mas a obrigação de massacrar compatriotas dividiu oficiais e soldados. Confrontados a uma nova revolta, não se pode excluir a idéia de que o exército pode não se solidarizar com o regime. Porém, em uma tirania – Mao Tsé-Tung tinha razão – aquele que não atira morre. Quando Gorbatchov hesitou em mandar atirar nos manifestantes bálticos e alemães, assinou o decreto de morte da União Soviética. Apesar desse precedente que os ocidentais não souberam adivinhar nem analisar, a mesma cegueira se aplica agora a China. No caso da França, onde há o maior número de amigos do partido comunista chinês, só nossa própria ideologia pode explicar essa paixão pelo despotismo.

Uma ideologia francesa: a sinomania

Os arquivos chineses permanecem fechados, as fotografias são raras, os filmes inexistentes: o grande massacre dos chineses pelo partido comunista no século XX continua invisível, não ficou marcado nas consciências. A paixão francesa pela China pode assim continuar, só que modernizada. Os governos franceses, depois do luto diplomático de Tiananmen, transferiram a admiração que existia antes pelo imperador chinês para o partido comunista. Este é visto com mérito pela paz que reina na China e pela nova prosperidade. Que essa ordem social seja imposta por um Estado policial e pelo medo de um retorno da guerra civil pouco importa para os dirigentes franceses. Como dizia Alain Peyrefitte em 1995, só se pode governar um país tão grande com pulso de ferro; ele não imaginava essa China confederada que a maior parte dos democratas chineses almeja hoje. À questão da democracia na China, Valéry Giscard d'Estaing, que se vangloria de sinologia, opunha ainda em 2005 considerações práticas e culturais: a China seria "grande demais para que eleições sejam organizadas", e "os chineses, sendo politeístas, não sabem o que é a liberdade individual, nem a democracia". Ouvindo o ex-presidente, não seria necessário proibir os canadenses e brasileiros de votar em seu país demasiadamente grande, e os indianos de praticar a democracia, visto que são ainda mais politeístas que os chineses? Em geral, em relação a China, a diplomacia francesa se inspira no princípio de respeito das diferenças culturais: como os chineses não são como nós, não vamos impor que respeitem os direitos humanos! Esse relativismo cultural – paixão pela China, mas, condescendência pelo povo chinês – se alimenta do estoque da sinologia francesa; esta não deixou, há três séculos, de tecer considerações sobre uma China vista como eterna.

Os sinólogos franceses Édouard Chavannes, Marcel Granet, Henri Maspero, Paul Demiéville e Étienne Balazs produziram um imenso edifício sobre o pensamento chinês, uma arqueologia cujo sentido histórico será eliminado por seus tardios alunos. Na universidade francesa, se critica de maneira hostil a tradução de Confúcio feita por Pierre Ryckmans (Simon Leys) na Austrália, dissertando como se Confúcio não tivesse vivido há dois mil e quinhentos anos e como se nada tivesse acontecido deste então. Em 2005, François Jullien, filósofo entre os sinólogos e sinólogo entre os filósofos, escreve que não se pode compreender a China de hoje se não se conhece o confucionismo tal como ele mesmo o revela. Sem dúvida, tampouco compreenderíamos a França se ignorássemos tudo sobre o cristianismo; mas, compreenderíamos tudo sobre a França de hoje lendo os Evangelhos traduzidos pelo padre Cardonnel? Toda a China de hoje está presente nos *Analectos* de Confúcio usados para tudo?

Além do mais, deveria o estudo da China ser reservado a especialistas do chinês clássico cujos resultados em termos de língua e de literatura antigas não parecem nada extraordinários? É só através do estudo da língua que se pode conhecer, por exemplo, os Estados Unidos ou a Alemanha?

É verdade que paralelamente a essa sinologia acadêmica, uma outra escola mais recente, ilustrada por professores e pesquisadores como Jacques Pimpaneau, Marie Holzman ou Jean-Luc Domenach, distingue entre a China dos museus e a China real, a literatura e a sociedade. Mas essa escola que nutre uma maior intimidade com as realidades chinesas ainda não encontrou, na classe política e administrativa, a conexão e o eco de que se beneficia a primeira com seus porta-vozes tão influentes quanto o foi Alain Peyrefitte. A diplomacia francesa, no conjunto, permanece com a imagem da sinologia clássica, porque se beneficia com isso; os mandarins franceses sentem-se à vontade em companhia dos mandarins chineses. Além do mais, na tradição de De Gaulle que inspira a política exterior da França há meio século – tanto à direita quanto à esquerda – prefere tratar de Estado para Estado ao invés de interrogar-se acerca dos direitos humanos. Enfim, o discurso dominante sobre a diversidade cultural se mostra bastante sensível a respeito da diferença essencial chinesa, deixando para os americanos grosseiros a tarefa de defender universalmente a democracia e os direitos humanos.

Por sorte, com a banalização da aprendizagem da língua chinesa, uma nova geração começa a se interessar pela China passando pela sociologia, economia, demografia, ecologia, teologia. Pouco a pouco a China deixa de se limitar aos sinólogos; mas a pesquisa factual é deliberadamente reduzida pelo partido comunista chinês. O sinólogo apaixonado por Confúcio será sempre bem-vindo, pois ele serve ao regime autoritário; por outro lado, o sociólogo ou economista, vistos como estudantes da realidade, ao se tornarem muito curiosos, não serão autorizados a trabalhar na China e permanecerão presos na periferia, Taiwan ou Hong Kong. Os jornalistas são particularmente vigiados; se eles colocarem em jogo o regime abertamente ou revelarem suas atrocidades, serão expulsos. À pressão que sofrem diretamente acrescenta-se a censura efetuada por sua direção: ela filtra os despachos de maneira a não incomodar a grande China e acomodar alguns interesses econômicos. Terá sido necessário, em dezembro do Ano do Galo, os mortos de Dongzhou, massacrados pela polícia durante uma manifestação, para que as rebeliões chinesas cheguem enfim à primeira página da imprensa francesa. Não é preciso dizer que o politólogo que se interessar pelos direitos humanos ou pela democracia na China dificilmente obterá um visto. Entre a sinologia francesa de modelo clássico e o partido comunista se perpetua, portanto, uma aliança objetiva mais para privilegiar uma certa idéia da sinitude do que da China real.

Como dizia Jacques Chirac em viagem oficial em Pequim em 2005, "na China o tempo passa mais lentamente do que em outros lugares". Essa bela fórmula – que poderia ter servido em outro lugar – agradou aos sinólogos-sinófilos cujas pesquisas arqueológicas ela legitimou; agradou também aos dirigentes comunistas que atribuem suas incapacidades à necessidade de demorar. É muito cedo, dizia Deng Xiaoping, para avaliar os resultados da revolução comunista! Estamos *em transição*, respondem em coro – organizado – os executivos comunistas a quem se ousa dirigir uma observação crítica. Porém, a *transição* se eterniza. Essa longa paciência compartilhada entre comunistas chineses e sinólogos franceses passa por cima de nossas próprias divisões ideológicas. Na França, junto com a esquerda, que se apaixona pelos direitos humanos, o social-realista Hubert Védrine teme que as eleições levem ao poder um partido nacionalista mais perigoso para a ordem mundial do que o partido comunista. Esse argumento, bastante presente entre os socialistas, dá a entender que o partido comunista chinês não é perigoso. Porém, ele é para seu próprio povo, que vive no temor; também é para suas minorias anexadas, tibetanos e ouïghours; é para os seus vizinhos, visto que o governo de Pequim tem reivindicações territoriais em relação a Taiwan, Coréia e Vietnam. Em que sentido um governo democrático na China seria mais temeroso?

Seria preferível, na França, tanto para a esquerda como para a direita, o despotismo esclarecido à democracia? Por não terem direito à democracia, os chineses seriam diferentes de nós, e em que? Quanto ao argumento da transição, não vale nada: não será sempre cedo demais? E o bilhão de chineses que vivem *em transição* na espera de "mil anos de felicidade"? De voltar um pouco mais tarde? Que uma intelligentsia francesa e dirigentes políticos tenham essa visão anistórica de uma China que não seria feita de chineses que a compõem, mas moldada por uma sinitude eterna, nos deixa perplexos. Concluiremos que a China muda mais rápido do que os sinômanos.

10
Republicanos

É costume chegar adiantado em qualquer encontro e muito adiantado para um jantar, especialmente em Taiwan, esse conservatório das culturas da China. Mas, Li Ang está atrasada.

Li Ang marcou um encontro comigo em um bar barulhento e popular do centro de Taipei. Aqui se respira o ar da democracia, pode-se falar em voz alta, sem que os chineses temam ser presos, sem que eu tema tampouco ser espionado. Vindo de Pequim, chegando em Taipei, subitamente você se sente mais leve. Os que vivem na democracia falam à vontade, sem pensar duas vezes; será que sabemos o que é o ar da democracia? Às vezes seria necessário que fôssemos privados dela para que pudéssemos redescobrir os seus encantos e densidade.

Aqui a temos, sem fôlego, com os olhos vermelhos, os cabelos despenteados; está chegando de uma manifestação a favor das lésbicas chinesas. Ela? Não, ela não é dessas paragens: prova disso são os seus romances e a sua vida particular, tumultuosa. As mulheres de Taiwan estão na moda, não Li Ang. Pequena, arrumada apressadamente, a sua sedução reside em seu olhar que une o fogo e a ironia. "Toma cuidado, fui advertido por seu amigo Wuer Kaixi, o líder de Tiananmen, que se tornou cidadão de Taiwan; ela vai comer você vivo." Essa reputação vem do romance que ela publicou em 1983, aos vinte e cinco anos, e que a tornou célebre, *Matar seu marido*. Nele, ela falava do casamento forçado de uma camponesa de Taiwan com um açougueiro inflamado por duas paixões: violar a sua esposa e decepar porcos no abatedouro do vilarejo; ele próprio acabou como um porco, cortado por sua própria mulher. Ela escreveria hoje um romance desse tipo, inspirado num fato real, mas metáfora da condição feminina? "Certamente não, diz Li Ang. A democracia em Taiwan liberou a política, assim como liberou as mulheres em direito e de fato. Elas votam, se expressam. "Todas as nossas reivindicações feministas vingaram", acrescentam. Mas, os esposos de Taiwan continuam a manter um segundo lar a despeito de sua primeira esposa? Li Ang refuta e ri: "Não têm mais meios para isso!" Os bígamos irredutíveis foram reduzidos a levar a sua vida dupla na China comunista; fingem investir lá para ter prostitutas a bom preço. Restam as lésbicas.

Os homossexuais masculinos dominam a vida cultural e o cinema em Taipei; mas, as lésbicas, segundo Li Ang, continuam a ser desprezadas. Ela lhes dedicou o seu último romance; ela manifesta diante dos escritórios dos jornais ou das televisões que hesitam em falar sobre isso. "Estou um pouco só", queixa-se. As lésbicas, diz, não ousam acompanhá-la, nem se revelar "temendo represálias de suas famílias ou do empregador".

Livre, mulher e chinesa

A defesa das lésbicas, último combate de Li Ang. Quer dizer que todos os outros foram ganhos? Sem dúvida; chineses e chinesas não poderiam ser mais livres do que são em Taiwan. Não há opinião que não possa se expressar, atitude que não possa ser adotada – exceto o lesbianismo. Depois da publicação do livro de Li Ang, isso deve se resolver.

Lembro a Li Ang que muitos europeus acreditam ainda que os chineses não sabem o que é a liberdade individual, que não teriam vocação para serem livres. Ela se revolta: "Nós deveríamos explicar que somos seres humanos?" Nada a deixa mais indignada do que as feministas européias; ela tem contas a acertar com duas dessas militantes emblemáticas: Maria-Antonietta Macciocchi e Julia Kristeva. A primeira, no seu tempo uma autoridade moral na França e na Itália, viu na China de Mao a revolução esperada que os stalinistas haviam traído. Finalmente temos – escrevia em 1971 – a abolição de qualquer distinção entre trabalho material e intelectual, a igualdade! Ela qualificou Mao como "genial" e viu na revolução cultural "a inauguração de mil anos de felicidade depois de três anos de dificuldades". O seu livro, *Sobre a China* – onde ela reproduzia as mesmas ladainhas repetidas por seus guias comunistas – caiu no esquecimento. Por sua vez, Julia Kristeva, psicanalista e escritora de renome, pensou ver nessa mesma China a solução para o "conflito eterno" entre os sexos; nas *Chinesas*, suas heroínas se chamavam Sra. Wang ou Sra. Zhao, operárias de manhã e artistas de noite. O marido delas estava sempre ausente, o que, escreveu Kristeva, era uma liberação; que o marido estivesse em reeducação em um campo de trabalho, ela não sabia. Esse livro, destinado originalmente para a Editora das Mulheres, também teria sido esquecido se Kristeva não tivesse decidido deixá-lo reimprimir em 2001 sem praticamente nada mudar, porque, dizia ela no seu prefácio, não havia nada a mudar. Ela mesma na China não havia pessoalmente "constatado nenhuma violência"; ela não excluía que a China de Mao pudesse ser totalitária, mas deixava para outros o cuidado de denunciar. O que lhe interessava, era a liberação das mulheres, mais adiantada na China do que na Europa.

Li Ang está indignada com Kristeva em 2005 como ficou em 1974. Como ela não viu que as chinesas que encontrava na época estavam sob as ordens do partido comunista: atrizes que faziam o papel de mulheres livres? No século XVII, os jesuítas na China tampouco viram, Kristeva continua a sua tradição, mas sem construir os pavilhões ocidentais do palácio de Verão e sem o enorme volume de traduções em chinês e em manchu. Li Ang fica perplexa: boa amiga, ela atribui essa confusão à juventude. Em 1974, Kristeva não tinha trinta anos e era influenciada por Roland Barthes e Philippe Sollers, os dois simpatizantes da revolução cultural. Mas, que Kristeva reedite a sua obra trinta anos mais tarde sem mudar uma palavra, Li Ang não encontra nenhuma explicação para isso. Ela ainda ignora que mulheres livres e chinesas vivem em Taiwan?

Passemos ao próximo combate de Li Ang; ela parece não ter motivo de indignação. Dou uma sugestão: ela não deveria se interessar nos milhões de prostitutas da China comunista? Essa prostituição de massa é uma singularidade não explorada da nova China, "socialista com características chinesas", como se diz no Partido. As jovens que fogem da pobreza do campo não encontram na cidade outro recurso a não ser vender o seu corpo: nas mãos das tríades com a cumplicidade da polícia e dos executivos do Partido, são resultado do socialismo ou das características chinesas? Gostaríamos de saber. Li Ang me promete uma resposta.

Taiwan é uma colméia artística. Li Ang, a mais célebre das romancistas chinesas, não está só, essa nação de vinte e dois milhões de cidadãos contribui para a cultura chinesa contemporânea em literatura, cinema, artes plásticas, gastronomia, mais que um bilhão e trezentos milhões de chineses do continente. Lá o regime comunista favorece o folclore e os grandes espetáculos à glória de uma China imutável e paralisada. Os artistas contemporâneos só sobrevivem à margem, ou, quando prosperam, é graças aos amadores ocidentais. Chinesa do continente, Li Ang teria podido publicar o seu livro

Matar o seu marido? Hoje, talvez; não há vinte e cinco anos. Provavelmente, ela teria ficado muda ou teria sido mandada para a prisão. Gao Xingjian só pôde publicar os romances que lhe valeram o prêmio Nobel exilando-se na França; se continua produzindo teatro e ópera, é na França e em Taiwan. A tirania, entre outras conseqüências nefastas, nega a milhares de artistas a tentação ou a possibilidade de se expressar. "É Mozart que se assassina."

A China comunista assassina muito do que há de Mozart, Li Ang e Gao Xingjian; mas, o regime engole quantias consideráveis em salas de espetáculo onde nada acontece. A Ópera de Shaghai acolhe em 2005 as comédias musicais da Broadway, e a de Pequim, um gigantesco ovni de titânio aterrissado ao lado da Cidade Proibida, obra de Paul Andreu, ficará pronta antes que se saiba o que se programará para exibição. Os europeus que se gabam de gostar da cultura chinesa, entretanto, se precipitam para Pequim; poucos são os que vão para Taipei.

Taiwan é mesmo chinesa?

Taiwan seria menos chinesa por ser democrática? Seria conveniente que a China, para ser verdadeira, fosse tiranizada por um imperador, um ditador, um comissário político? A China só seria grande se fosse uniforme, governada a partir do centro por uma mão de ferro dentro de uma luva confucionista ou marxista, o resto seria dissidência ou secessão?

O regime comunista gostaria que os ocidentais engolissem duas falsas idéias ao mesmo tempo: a unidade e a tirania como autenticamente chinesas. Desejada pelo Partido, essa cumplicidade com os homens de Estado e os homens de negócios ocidentais se baseia em uma impostura: os dirigentes chineses se colocam como seguidores de uma civilização que destruíram parcialmente. "As autoridades de Pequim, explica Li Ang, brincam com o vocabulário: confundem deliberadamente China e China." Nas línguas ocidentais, só há um termo, mas, em chinês, distingue-se *zhong guo* e *zhong hua*, a China como Estado e a China como civilização (*hua* significa a essência). Por admiração diante da "Grande China", como se diz no Ocidente no meio dos negócios e nos da política, louva-se a "China-Estado" com medo de ofender a "China essencial". O que convém aos dirigentes de Pequim, que podem acusar os habitantes de Taiwan de trair a China essencial sendo que se limitam a recusar a servidão em relação a um Estado que julgam ilegítimo.

Os próprios chineses não se enganam: Li Ang ou qualquer chinês que vive em Pequim, Taipei, Paris ou São Francisco deve reivindicar a sinitude como civilização e se recusar a se dobrar diante das autoridades do momento em Pequim. Pode-se ainda pensar que, como Li Ang é letrada, ela é mais chinesa em Taipei do que os iletrados que governam em Pequim. Compreende-se que estes últimos ficam bravos quando não se aceita o seu monopólio da civilização.

Devemos aprender a distinguir a China da China, e, atrás da China como civilização, a distinguir nações diversas por causa de sua história, línguas e culturas: a China é comparável a todo o Ocidente e não a um só de seus povos. Há uma civilização chinesa como existe uma civilização ocidental. Da mesma forma que um ocidental será francês, cristão, bretão, italiano, judeu, muçulmano..., um chinês será taoísta, budista, confucionista, muçulmano ou cristão, falando a língua de Cantão ou de Shanghai (entre o cantonês e o mandarim, língua oficial e língua do norte, a distância é comparável àquela que separa o francês do italiano). Li Ang é verdadeiramente chinesa porque ela nasceu em Taiwan, de língua mandarina (China do norte) e de Taiwan (China do sul), porque é agnóstica, mas, acredita em fantasmas ("como todo mundo, diz, em especial em julho"), porque fala inglês, por ser cidadã de seu tempo.

Sobre a religião em democracia

Em Keelung, grande cidade portuária ao norte de Taipei, onde um cemitério abriga os restos de centenas de marinheiros que Jules Ferry e Courbet conduziram em 1885 à conquista de Formosa, mestre Chen explica-me como renunciou a seu laboratório de farmacêutico para abrir um templo. Constatando que, em seu bairro modesto, os clientes de sua farmácia precisavam de conforto espiritual mais do que de medicamentos, ele instalou, no terceiro andar do imóvel onde se encontrava o laboratório, um panteão dos deuses taoístas e uma coleção de objetos rituais. Coberto com o seu manto pomposo que lhe confere poderes mágicos e uma bela figura, Chen recebe os fiéis que se encontram infelizes, os orienta para o deus adequado e recomenda as invocações apropriadas. Para tanto, tem os conhecimentos e sabe os ritos que seu pai lhe transmitiu. Para cada voto – trabalho, saúde, amor – há uma fórmula. Não se paga adiantado, diz o mestre: ao voto corresponde uma promessa – em geral um dom – executada se for satisfeita. Mestre Chen diz que só trabalha com pessoas vivas; para o funeral, ele orienta as famílias para os budistas. Entre budistas e taoístas, os chineses dividem os papéis. As relações não são tão boas com os xamãs que são numerosos em Taiwan. "Eles não têm formação teológica", protesta Chen. Esses especialistas em transe, que sabem comunicar com os mortos, são talvez charlatões, mas os habitantes de Taiwan apreciam os seus serviços.

Perguntando ao mestre Chen sobre o que me parece, como para muitos ocidentais, uma falta de compaixão na sociedade chinesa, eu lhe pergunto que lugar a comiseração e a caridade ocupam no taoísmo. A questão o pega desprevenido; ele busca uma resposta adequada e dá uma prova irrefutável do espírito de compaixão taoísta: "Sob a dinastia dos Tang, como a peste ameaçava a China, todos os padres taoístas aceitaram proceder gratuitamente aos ritos de exorcismo: a peste se foi." Os Tang, não foi há mil anos? Então, o mestre Chen propõe uma manifestação mais recente da compaixão taoísta: em 2002, quando a pneumonia (SRAS) ameaçou Taiwan, "os padres taoístas invocaram novamente os deuses para o bem comum, gratuitamente".

A resposta não nos satisfaz, sem dúvida porque as religiões chinesas não obedecem aos mesmos imperativos que o Ocidente cristão; sob a influência cristã, o comportamento ocidental é em princípio ditado pelos sentimentos e amor do próximo. As religiões chinesas, confiando pouco nos sentimentos, que são fugitivos, e no amor, que é efêmero, preferem as regras: fazer o bem no Ocidente é amar; na China, é seguir a regra. Como os rituais foram aniquilados e o amor foi pouco difundido, isso pode explicar que na China comunista a crueldade é dominante nas relações sociais.

Na China continental, os viajantes ocidentais ficam extasiados com a liberdade religiosa restaurada depois de cinqüenta anos de repressão; mas a comparação com Taiwan ilustra a que ponto trata-se na China comunista de uma liberdade condicional, sob estreita vigilância. Pois, uma China verdadeiramente livre pareceria Taiwan com seus mestres, seus padres e xamãs. Quase todas as pessoas de Taiwan passam pelo templo, oram, consultam, invocam; não tomam decisão importante sem consultar os oráculos, os imortais e os xamãs. A essas antigas práticas vêm se acrescentar as igrejas católicas, templos protestantes, pentecostalistas onde os fiéis formulam pedidos tão práticos quanto para os taoístas. Os deuses de Taiwan estão em concorrência e os chineses os tratam com a mesma familiaridade que os hindus tratam os seus: entregues a si mesmos, os chineses são místicos, crentes ou supersticiosos, segundo o julgamento de valor que cada um atribui a seus cultos.

A modernização econômica não atingiu de forma alguma os seus cultos, ao contrário; os empresários bem sucedidos fazem questão de edificar novos templos mais brilhantes que os antigos. Como na China antiga, são geralmente sedes de associações de comerciantes, centros de negócios e de espécies de consórcios a partir dos quais os fiéis se lançam à conquista dos mercados.

Como o Japão, a Coréia ou os Estados Unidos, Taiwan demonstra que o progresso não destrói as religiões: é o anticlericalismo que o faz. A religiosidade dos taiwaneses os aproxima mais dos Estados Unidos do que da China comunista. Como os americanos, comunicam pessoalmente com os deuses. O xamã é em Taiwan o equivalente do pregador nos Estados Unidos.

Para o viajante ocidental decidido a não ver esses deuses da China, é possível, inclusive em Taiwan, encontrar confucionistas e desprezar diante deles as superstições populares. Um deles, que foi embaixador na Europa – os confucionistas são geralmente altos funcionários – convidou-me para visitar no norte de Taiwan um templo de cachorros: "O senhor percebe, como que ridicularizando, essas pessoas veneram uma dúzia de cachorros domésticos que transformaram em deuses!" Fui nesse santuário, diante do mar; os fiéis queimam incenso diante de um cachorro idolatrado. A tradição exige que se esfregue a sua estátua de bronze com uma folha de papel onde consta um pedido; cada parte do corpo do cachorro traz um certo tipo de felicidade: as orelhas para a saúde, o focinho para uma moradia... Os peregrinos invocavam a estátua, ou o princípio de fidelidade ao qual esse templo se destinava? O cachorro antigamente se juntava ao seu mestre, um pescador que se afogava no mar.

Ler a história da China como um conflito sem fim entre rebeldes taoístas e burocratas confucionistas é possível, ficando ao mesmo tempo maravilhados que os primeiros nunca derramaram sangue em nome de suas crenças: a coexistência pacífica de várias visões de mundo é o ponto de partida de todo pluralismo político.

Como nascem as democracias

Ma Ying-jeou decidiu impor-me uma aula sobre a democracia na China. Caso alguns ainda não saibam que o seu nome significa "cavalo", o seu escritório de prefeito de Taipei está cheio de todos os tipos de representações de cavalos: quadros, esculturas, base de abajur, tapetes... Ma deve grande parte de sua eleição à prefeitura às mulheres: aos sessenta anos, ele tem a reputação de ser o político mais sedutor de Taiwan. E está pouco acostumado a ser interrompido...

O discurso de Ma é sobre a diversidade dos modelos democráticos nas várias Chinas. Para sua demonstração, ele decompõe a democracia em três elementos constitutivos: a liberdade, o estado de direito e o sufrágio universal. Nenhuma nação chinesa não reúne ainda esses três elementos.

Hong Kong? Esse é um exemplo de estado de direito instaurado pelos britânicos; apesar da incorporação do território à China comunista em 1997, a liberdade de expressão como a da imprensa e a de empreender permanecem incontestadas. Porém, o governo de Hong Kong não é eleito; designado pelas autoridades de Pequim, só é aconselhado por uma assembléia sem poderes e a metade dos membros é eleita por sufrágio universal. Hong Kong é, portanto, um país chinês parcialmente democrático.

Singapura? Uma outra herança britânica, há estado de direito também; porém, as liberdades são limitadas, tanto a da imprensa quanto o direito de empreender. O governo é eleito por sufrágio universal, mas, opor-se a ele é um desafio; o mesmo partido reina desde a fundação do Estado em 1963. A democracia na China, comenta Ma, é sempre uma questão de nível.

Onde se situa Taiwan nessa escala? As funções políticas locais e nacionais são todas eletivas; o antigo partido dominante, o Kuomintang, perdeu o seu monopólio; as campanhas eleitorais são corrompidas pela compra de votos, mesmo assim são extremamente disputadas. Na esfera da economia, a liberdade é completa. Na mídia? A liberdade é excessiva, diz Ma que suporta com dificuldade ser criticado. Taiwan é um estado de direito? Ainda não. Fraude, corrupção e relações feudais regem os comportamentos; as solidariedades tradicionais, o clã, a família, predominam sobre o respeito da lei. Porém, não se trata, segundo Ma, de traços culturais chineses; ele vê nisso uma incapacidade da autoridade. Desde que é prefeito de Taipei, ele tem demonstrações dessa situação: o código das estradas é respeitado porque a polícia está presente e porque as multas são pesadas. Os chineses, conclui Ma, são como todo o mundo; respeitam os faróis quando há uma sanção; isso não tem nada a ver com a cultura chinesa.

Há ainda a China continental, sem eleições, sem liberdade e sem estado de direito. Tantas Chinas, tantas experiências, tantas formas de democracia ou falta dela. É preciso concluir a partir daí que há ausência de determinismo cultural; a democracia, diz Ma, isso se aprende.

O discurso de Ma seria apropriado se não fosse chinês, pois, existe na China uma outra concepção da ordem que subordina o comportamento certo dos indivíduos à moralidade dos dirigentes: bastaria que o soberano fosse justo para que toda a sociedade ficasse harmoniosa. Essa idealização de uma China clássica; a qual não se sabe se um dia existiu, é valorizada por certos sinófilos que vêem nela uma alternativa para a ordem ocidental: segundo essa concepção orientalista, no Ocidente a obrigação seria exterior ao indivíduo, proveniente da lei, enquanto que na China ela seria interiorizada. Debate filosófico apaixonante, mas que interessa pouco aos chineses contemporâneos. Ma Ying-jeou, que compôs para si mesmo um personagem moral, conhecido por seu combate contra a corrupção, não imagina uma outra ordem que não seja o estado de direito ocidental. Esse estado de direito lhe parece uma norma universal cuja origem tem pouca importância. Se quiséssemos, poderíamos imaginar que o direito sempre foi chinês, visto que antigamente o imperador editava leis penais. Porém, muito mais determinante, observa Ma, é o fato de que a China tenha tido relações seguidas com o Ocidente há um século. Ela só pode pertencer a uma comunidade mundial moldada pelo Ocidente: não há alternativa realista para suas normas.

Ma Ying-jeou, mensageiro da democracia? Eu o encontrei em 1986: na época ele era um jovem secretário do Kuomintang, o partido no poder; hoje ele é o presidente. Ele tinha esquecido essa primeira conversa, eu guardei minhas anotações. Em 1986, toda pesquisa em Taiwan falava sobre o "milagre econômico"; ainda não havia interesse pela democracia. Vinha-se aqui para compreender como os taiwaneses haviam escapado da pobreza, enquanto que os chineses do continente estagnavam. As receitas desse milagre eram simples: propriedade privada, abertura para o mercado mundial, liberdade de empreender, fiscalismo moderado, moeda estável. Na minha pesquisa da época, eu seguia o agrônomo René Dumont, fundador do movimento ecologista na França, que acabava de dedicar (porém, com trinta anos de atraso) uma obra à reforma agrária em Taiwan – o exemplo, escreveu, que devia inspirar o terceiro mundo. Essa reforma agrária imposta pelos americanos, mas, aplicada pelo Kuomintang era totalmente de inspiração liberal: as grandes propriedades foram confiscadas, porém, os proprietários foram indenizados e se converteram em empresários industriais. Os camponeses puderam assim ter acesso à terra liberada, porém, deviam comprá-la a crédito, para compreender o seu valor econômico e explorá-la de forma racional. A reforma enaltecida por Dumont e que contribuiu tanto para o desenvolvimento econômico, agrícola e industrial de Taiwan foi conduzida exatamente na mesma época em que houve a coletivização das terras na China comunista e o assassinato dos proprietários de terras. Esse modelo liberal de Taiwan foi globalizado, exceto na China continental que continua a rejeitar a propriedade privada, em especial a da terra.

Nessa época, Ma Ying-jeou, que acabava de voltar dos Estados Unidos, começava as suas frases com "O doutor Sun Yat-sen disse", como os confucionistas citam o seu mestre e os maoístas no tempo do *Livro Vermelho*. Acreditava, então, que havia uma única verdade e que vinha dos pensamentos, por sinal vagos, do fundador do Kuomintang. Expulso da China continental pelo exército de Mao Tsé-Tung, o Kuomintang se voltou para Taiwan onde impôs a sua ditadura à população local. 90% chinesa, esta população havia imigrado há várias gerações e se revoltara várias vezes contra os ocupantes; as repressões foram violentas – a última ocorreu em 1979 em Kaohsiung. Mas, o Kuomintang, partido dominante, nunca foi, em Taiwan, um partido único; a sua doutrina não deixou de ser republicana. Em 2000, o candidato da oposição, o Partido democrata popular, foi eleito presidente da República contra o do Kuomintang. Desde então, o antigo partido dominante se converteu em partido democrático. Ma, candidato vitorioso na prefeitura de Taipei, será candidato à presidência da República. A República da China, em Taiwan, obedece agora ao princípio banal da alternância.

Esse precedente valeria para a China continental? Veremos em Pequim um Ma Ying-jeou, fruto da nova geração, em um partido comunista convertido, enfrentar um adversário liberal, com armas iguais, sob o olhar de uma imprensa livre? Verdade deste lado do estreito de Taiwan, verdade do outro lado?

Como as ditaduras acabam: o precedente de Taiwan

O cenário de uma democratização da China continental ao final de uma evolução natural, à maneira de Taiwan, uma transição da liberdade econômica à liberdade política, é certamente sedutor: ele confere um sentido à história, e no Ocidente ele dá segurança. Essa feliz transição convida a que se prossigam as relações com a China comunista em nome da moral, uma vez que o desenvolvimento das trocas comerciais conduzirá à democracia; Taiwan e Coréia seriam uma prova disso. Devemos lembrar que ouvimos a mesma ladainha dos promotores do comércio com a União Soviética nos anos 1980: o comércio não devia derrubar o muro de Berlim? Mas não foi isso o que se produziu na URSS nem na Europa central: foi a pressão militar americana e não o comércio que desbancou a ditadura. O cenário de Taiwan tampouco se mostra adequado para ser aplicado à China comunista; o antigo regime autoritário de Taiwan nunca pertenceu à mesma categoria totalitária que o partido comunista. Os regimes autoritários podem evoluir em direção à democracia: assim foi com o Chile de Pinochet, Taiwan sob Tchang Kaï-chek, a Coréia do Sul, enquanto que os regimes totalitários (nazista, soviético baatista...) jamais evoluem. As tiranias totalitárias somente desaparecem sob a pressão de forças exteriores, quer militares, quer econômicas.

Tchang Kaï-chek não era Mao Tsé-Tung. Ele recusava qualquer evocação de uma autonomia para Taiwan, mas, afora o dogma da China unitária, o Kuonmintang não era o partido comunista. Ele não negava o princípio da democracia, mas a "diferia" em nome do estado de guerra. A sociedade civil de Taiwan nunca foi destruída; a economia era livre, fundada sobre a propriedade privada da terra, do comércio e das empresas. Os artistas de Taiwan jamais foram obrigados a submeter-se a uma ideologia ou a normas estéticas oficiais. As atividades religiosas, taoístas, budistas ou cristãs, não sofreram ameaças. Numerosas Igrejas – em particular as presbiterianas – militaram em favor da democracia sem serem atormentadas. Tchang Kaï-chek inclusive não tinha condição de reprimi-las, pois era cristão e aliado dos Estados Unidos. Como na Coréia do Sul e em Hong Kong, as Igrejas cristãs mantiveram um papel modernizador em favor da justiça social, da ajuda aos pobres, da medicina, da alfabetização.

Nos tempos da ditadura, a sociedade em Taiwan conservava, portanto, uma autonomia e certas liberdades, ou mesmo *a* liberdade. Concluiremos disso que a passagem da ditadura à democracia era inelutável em Taiwan, através da prosperidade? Não foi o que aconteceu na Coréia do Sul? Mas esse cenário de uma passagem necessária à democracia ao atingir-se um certo patamar de renda por habitante não permite a compreensão da razão pela qual Singapura – uma China prospera – não é democrática. Nem por que razão a Índia, que é pobre, é democrática. Na realidade, a sociedade de Taiwan conseguiu sua transição unicamente em razão da pressão exterior dos Estados Unidos: quando o governo dos Estados Unidos reconheceu o regime comunista de Pequim em 1976, Taiwan só podia sobreviver caso se transformasse em uma democracia exemplar, uma China moral perante uma China totalitária. O filho de Tchang Kaï-chek, seu sucessor, compreendeu isso; na mesma época os ditadores da Coréia do Sul tomaram consciência de que os Estados Unidos não mais dariam suporte a seu país contra a Coréia do Norte a menos que passasse a representar claramente o campo da liberdade contra o da tirania.

Também foi decisiva a formação dos habitantes de Taiwan nos Estados Unidos: desde os anos 1960, as elites tomaram gosto naquele país pela democracia. Pode-se imaginar uma contaminação parecida no caso da China continental? O número de estudantes que retornam dos Estados Unidos continua limitado, pois, a maior parte deles permanece lá, e aqueles que voltam não atingiram ainda a idade de assumir responsabilidades públicas. Daqui a vinte anos talvez, os executivos políticos chegarão a renovar o partido comunista desde dentro? Algumas pessoas na China apostam nessa evolução biológica, mas trata-se somente de uma aposta.

Entre Taiwan e a China continental, as condições econômicas, sociais ou religiosas não são de forma alguma comparáveis: o partido comunista chinês não é o equivalente do Kuomintang, não há nenhuma pressão internacional sobre o governo de Pequim para que renuncie à tirania. Na verdade é o inverso: existe hoje uma real aliança de fato, em nome da estabilidade internacional e com o objetivo de explorar a mão-de-obra camponesa chinesa, entre o PCC e os dirigentes políticos ou industriais ocidentais. Enquanto a exigência democrática foi um imperativo para Taiwan e a Coréia do Sul, ela inexiste para o partido comunista chinês. Portanto, seria muito improvável, em Pequim, a metamorfose feliz e espontânea da crisálida comunista em borboleta pluralista.

O mito dos valores asiáticos

Em troca da sua conversão à democracia, o povo de Taiwan se considera mal recompensado: os governos ocidentais os tratam como párias ou como quantidade desprezível. Esse é o caso até mesmo do Vaticano, que imaginaríamos motivado por considerações morais, mas que na verdade prepara a ruptura de suas relações diplomáticas com Taipei para instalar um núncio apostólico em Pequim. Quer dizer que Pequim vale bem uma missa, mas sobre os direitos humanos, não se faz nenhuma menção! Taiwan se pergunta o que a democracia traz de positivo. Também na política interior reina o desencantamento: a corrupção persiste, particularmente no momento das eleições, e no Parlamento de Taipei, quando as pessoas não saem no braço, elas se insultam. A televisão de Pequim nunca deixa de difundir o espetáculo dessas pancadarias.

A democracia decepciona o povo de Taiwan porque eles esperavam muito dela? Impregnados por uma educação de base confucionista, os chineses são inclinados a mistificar os governantes. Os taiwaneses estariam mal preparados para a mediocridade da democracia? "Eles vão se habituar à democracia, me diz Shih Ming-teh, é uma questão de tempo."

Shih Ming-teh, pouco conhecido no Ocidente, é um ícone na Ásia; ele pertence ao panteão dos combatentes pela liberdade, tal como Aung San Suu Kyi na Birmânia, Benito Aquino nas Filipinas ou Wei Jingsheng na China; em Taiwan, ele faz o papel que Mandela fez na África do Sul ou Walesa na Polônia. Um homem da resistência, um símbolo, um destino.

Com a idade de vinte e um anos, Shih Ming-teh foi acusado de complô contra a ditadura do Kuonmitang, foi torturado e encarcerado. Como estudante pouco politizado, ele participava somente de um círculo de discussão entre jovens de sua idade que achavam que a ditadura era pesada. Libertado em 1990 – tinha então quarenta e nove anos – Shih Ming-teh não é mais o mesmo homem. Como utilizara seu tempo de lazer forçado para se instruir e escrever, tornou-se, na sua cela, o símbolo da resistência taiwanesa, o inspirador do partido democrático que desalojaria o Kuomintang. Como fiz com Wei Jeingsheg, eu lhe pergunto como pôde resistir à tortura, solitária, greve de fome. A fé cristã o ajudou: mas passou do catolicismo ao protestantismo, porque a Igreja não o apoiou, enquanto que os presbiterianos o defenderam. Além dessa gratidão, Shih Ming-teh prefere, confessa, "dirigir-se a Deus diretamente, ao invés de passar por padres que sabem menos que ele". Shih Ming-teh também resistiu porque "gosta da vida": nos piores momentos, nunca duvidou que a vida fosse boa. Em liberdade, decidiu aproveitar a vida. Ao contrário de um Walesa ou Mandela, Shih Ming-teh não exerce nenhuma responsabilidade política: elegante, um pouco dândi, assediado por jovens admirativas, parece mais um ator taiwanês do que um herói da república. Quando vejo que está bem, com seus sessenta e quatro anos, sem rugas nem cabelos brancos, ele me explica rindo que dezenove anos na geladeira conservaram-no intacto...

Shih Ming-the não é só um playboy que usa a sua notoriedade; o seu combate continua, mas de uma forma diferente. "A democracia, diz, deve ser jubilação." Se os taiwaneses conquistaram a sua liberdade, é para que possam aproveitá-la; é importante falar bem alto, dizer o que se pensa, adotar comportamentos extravagantes, fazer tudo o que era proibido antes e o resto na China popular. Também é preciso perdoar. "Eu lhes perdôo", essas foram as primeiras palavras de Shih Ming-teh, eleito deputado em 1995, endereçadas aos representantes do Kuomintang, seus carrascos de ontem, reduzidos ao papel de opositores.

Perdoa porque é cristão? Shih Ming-teh acha a minha pergunta estúpida: "Os ocidentais não se cansam de buscar uma relação entre a história, a cultura, a religião e a democracia. Na Ásia, queremos a democracia porque ela funciona, quer para os ocidentais, indianos, japoneses, quer para os coreanos."

Em seu exílio americano, Wei Jingsheng nos dera a mesma resposta sobre a China popular: os democratas na Ásia querem a democracia porque ela funciona, enquanto que no Ocidente alguns a contestam em nome de "valores asiáticos". Quando nos perguntam sobre os requisitos culturais da democracia, fazemos a brincadeira dos déspotas que agitam esses valores asiáticos e explicam aos ocidentais beatos que os "orientais" pensam de forma diferente. Ouçamos Shih Ming-teh ou Wei Jingsheng: melhor que nós, eles sabem o que é bom ou não para os seus povos.

Shih Ming-teh não nega a morosidade dos taiwaneses nem a sua decepção; tanto uma quanto outra provêm de um mal-entendido, não sobre a democracia, mas sobre as instituições. Sem refletir, sob a influência dos Estados Unidos, Taiwan adotou um regime presidencial inadequado à situação local. Na realidade, Taiwan é uma sociedade dividida por uma linha não ideológica, mas, étnica: nas democracias maduras, a opinião se divide conforme as convicções ideológicas, porém, os escrutínios taiwaneses colocam os taiwaneses de Taiwan contra os taiwaneses do continente. As eleições se tornam uma guerra quase tribal onde a raça predomina sobre a classe. O partido democrata, o dos taiwaneses de Taiwan, milita pela independência em relação à China continental e cultiva uma identidade local um tanto quanto folclórica; do outro lado, o Kuomintang agita a sua identidade chinesa e sua ligação a uma China eterna. Entre esses dois campos "identitários", somente um regime parlamentar, segundo Shih Ming-teh, poderia obrigar à negociação, enquanto que o presidencialismo conduz ao enfrentamento.

Essa controvérsia parece técnica, porém, é mais do que isso: em muitas nações, vemos a democracia se destruir porque as instituições, importadas em geral dos Estados Unidos, não correspondem às mentalidades nem às questões locais. O tema da democracia em si não pode ser separado da questão sobre a natureza parlamentar ou presidencial, federal ou unitária, do regime. Da mesma forma que Wei Jingsheng não imagina uma democracia na China que não seja federal, Shih Ming-teh só a concebe parlamentar. Em um regime parlamentar, ele espera que se esqueça a etnia para interessar-se aos debates econômicos e sociais. Uma direita e uma esquerda em Taiwan? "Impossível! Shih Ming-teh cai na gargalhada. Ninguém pode ser de esquerda em Taiwan": a esquerda, é o socialismo, ou seja, o comunismo, ou ainda a China de Pequim.

A República da China poderia desaparecer?

Existe no mundo uma outra democracia tão ameaçada quanto Taiwan na sua própria existência? Israel, sem dúvida, um Estado com o qual muitos taiwaneses se identificam. Mas, para os inimigos de Israel, essa nação deveria ser apagada do mapa, enquanto o governo de Pequim só reivindica a anexação de Taiwan, não a sua destruição. Para os taiwaneses que vivem sob a ameaça dos mísseis posicionados na província de Fujian, a trezentos quilômetros de sua costa, essa diferença de destinos parece fútil.

Antes de nos preocuparmos com essa ameaça militar sobre Taiwan e, além disso, sobre o mundo asiático, perguntemo-nos sobre o valor da reivindicação de Pequim. Em termos de direito, não vale muito. Taiwan foi progressivamente ocupada por chineses do continente a partir do século XV, antes de se tornar uma colônia japonesa em 1895. Em 1945, os japoneses a devolveram para o governo de Pequim. Mas qual? O partido nacionalista de Tchang Kaï-chek ou o partido comunista de Mao Tsé-Tung que o substituiu quatro anos mais tarde? Na verdade, Taiwan se desenvolveu durante séculos como uma nação autônoma, chinesa, porém diferente, sem jamais ter sido governada desde Pequim. A exigência de reunificação dos comunistas é, portanto, mais simbólica que jurídica: um acerto de contas definitivo com o exército do Kuomintang, a vontade de recuperar os tesouros da China imperial depositados no museu de Taipei, a afirmação megalomaníaca do poder comunista sobre uma Grande China que já incorpora os tibetanos e os ouïghhours. Como em relação ao Tibet ou o Turquestão oriental, a reivindicação sobre Taiwan só é um desejo de império; se o regime de Pequim não fosse comunista, provavelmente ele deixaria de ser imperialista ou o seria de uma maneira mais complacente. Uma organização confederada, aos moldes dos Estados Unidos ou da União Européia, como o propõem democratas chineses, no lugar de uma ameaça militar uma negociação civilizada. Estamos longe disso.

A ameaça é real? Não há a menor dúvida de que o exército da China popular poderia destruir Taiwan. Destruí-la, mas, não conquistá-la: a esperança dos taiwaneses reside nessa diferença. Os foguetes destruiriam a ilha, mas, a frota chinesa parece incapaz de dominá-la; o exército comunista seria incapaz também de conter uma população que resistiria. Num cenário otimista, não tendo nenhum interesse em destruir Taiwan, que não os ameaça, e não tendo a capacidade de colonizar os taiwaneses, os comunistas ficariam reduzidos a persegui-los. As bravatas de Pequim mexem com os nervos dos taiwaneses, mas a sua República não parece estar verdadeiramente ameaçada. Esse sentimento prevalece em Taiwan, e ajuda seus habitantes a viver como se a China comunista fosse mais uma realidade virtual do que vizinha.

Esse raciocínio benigno só vale se o governo de Pequim permanecer racional: hoje, ele é, sabendo que um ataque contra Taiwan destruiria a ilha, mas arruinaria todo o crédito da China de Pequim. Mesmo assim, o governo comunista chinês nem sempre foi previsível; nos anos 1960 contra a Índia, em 1979 contra o Vietnam, seu exército se aventurou em campanhas de intimidação que, no que se refere à segunda, foi um desastre. Durante o Ano do Galo, o chefe do estado-maior em Pequim declarou que não hesitaria, em um conflito com Taiwan, em paralisar os Estados Unidos com um ataque nuclear. O que pensar disso? Aqueles que apostam na racionalidade do partido comunista acham que não é preciso preocupar-se nem com as provocações nem com o aumento dos gastos militares chineses. Essa "modernização" da defesa só teria como objetivo proteger a fachada marítima da China onde estão concentradas as suas atividades econômicas. O exército chinês e seus equipamentos balísticos só constituiriam uma versão modernizada da Grande Muralha; esta só foi defensiva, e durante a sua longa história, não teve nenhuma utilidade militar. Contra que inimigo, que novos bárbaros a China deveria se premunir? O Japão, os Estados Unidos? Ou os bárbaros do interior: os democratas? Depois do massacre de Tiannmen pelos militares, Deng Xiaoping, que o ordenara, agradeceu aos oficiais que constituíam, diz, "uma muralha da China de aço".

Um outro cenário otimista: o exército chinês teria como objetivo obrigar o mundo a levar a China a sério. O governo de Pequim seria o único membro do Conselho de segurança cuja opinião sobre as questões do mundo conta pouco, pois, ao contrário dos Estados Unidos, dos europeus e da Rússia, ele não teria a faculdade real de apoiar a sua posição através do uso de armas. Esse exército chinês que não ameaçaria ninguém não teria outra ambição a não ser defensiva e diplomática?

Essa análise, a mais tranqüilizadora, conta com a racionalidade do exército, que foi – lembremo-nos – incerta no passado e que é imprevisível no futuro. Ela também faz abstração do fato de que o exército chinês já ocupa a China, no seu centro e na sua periferia colonial, que divide o poder do Partido mais do que depende dele, e que permanece, como em 1989, o último guardião do regime comunista contra os seus cidadãos. Não se sabe se um dia esse exército vai ameaçar todo o planeta; enquanto isso, esse exército só pesa sobre os chineses, tibetanos e ouïghours. É bom que os Estados Unidos e o Japão garantam a liberdade dos taiwaneses contra o exército chinês, mas, quem protegerá os tibetanos, os ouighours e os chineses contra esse mesmo exército?

Ao invés de nos preocuparmos com uma agressão chinesa contra o mundo livre – perigo teórico e longínquo – perguntemo-nos mais sobre o apoio do mundo livre a um complexo militar comunista que mantém um bilhão e trezentos milhões de habitantes como reféns.

11
Uma moral

Este Ano do Galo que eu havia inaugurado com Wei Jingsheng, o democrata emblemático, eu o terminava em Pequim acompanhado pelo romancista chinês mais popular: Jiang Rong. *O Totem do lobo,* pelo segundo ano consecutivo, é a obra mais vendida em seu país – quatorze milhões de exemplares, treze milhões em edições piratas. Esse livro é o único que escreveu, mas, tem seiscentas páginas e o autor lhe dedicou dez anos. Jiang Rong é um defensor da rebelião: em conflito com o Partido desde a sua juventude, o pseudônimo que escolhe ilustra bem o seu combate. Poderíamos traduzi-lo por "Bárbaro do norte", como um desafio à China clássica. Se não se proíbe a venda de Jiang Rong, como outros autores hostis ao Partido, é por causa do seu sucesso: o governo teve que tomar conhecimento, mas Jiang Rong não dá nenhuma entrevista na China, nunca aparece na mídia.

Lobos e dragão, os dois totens da China

Como explicar essa recepção d´*O Totem do lobo*? Primeiramente, a obra só conta histórias de caça aos lobos nas estepes da Mongólia; o jovem Jiang Rong fora enviado para lá nos anos sessenta para completar a sua educação na escola das massas. Porém, durante os dez anos que passou ao lado dos últimos nômades das estepes, guardou uma lição diferente daquela desejada pelo Partido: que não existia uma, mas, duas civilizações na China, a dos nômades (dos bárbaros, segundo a história oficial) e a dos camponeses. Os primeiros se identificaram com o lobo, o seu totem; como o lobo são "astuciosos, livres, dignos e independentes". Os outros são "carneiros", camponeses passivos, diz Jiang Rong, fechados pelo confucionismo, depois pelo marxismo em uma prisão ideológica. O totem do camponês chinês é o dragão, o animal mítico que faz vir a chuva indispensável para as colheitas.

A partir de sua experiência e de suas observações, Jiang Rong construiu uma epopéia literária, uma Odisséia da China e uma reescritura de sua dupla história. Quando os chineses se portam como "lobos", ele nos explica, a China é grande; quando se comportam como "carneiros", caem no jugo do primeiro que vem, invasor bárbaro, ocidental, japonês ou o partido comunista. Para o autor, francamente antimarxista, é a cultura e não a economia que determina o destino das nações.

Jiang Rong seria um Soljenitsyne chinês? Seu livro é ao mesmo tempo uma lenda de lobos das estepes e uma exaltação do lobo como totem da liberdade: um elogio da cultura nômade, contra a tradição camponesa. O enfrentamento de duas concepções do homem, o lobo contra o dragão: essa seria a verdadeira história da China e a razão do sucesso de Jiang Rong, especialmente junto aos jovens leitores que se identificam com os lobos.

Inúmeros sites da internet também se dedicam a esse combate mítico que permite aos leitores entusiastas contornar a censura pela metáfora. Dessa efervescência nacional acerca do *Totem do lobo*, Jiang Rong conclui que os chineses encontram a sua verdadeira natureza: "No carneiro chinês, o lobo desperta." Para sair da condição de carneiro e ir para a de lobo, bastaria livrar-se das vestes do carneiro, o confucionismo e o marxismo.

Mostrei a Jiang Rong que o lobo no Ocidente não tem boa reputação: come as menininhas, e nos dias de hoje, é a imagem de um "neoliberalismo selvagem". Mas, Jiang Rong é favorável ao neoliberalismo, à economia de mercado e à globalização: essa "civilização dos lobos" que apavora tanto os europeus e alguns velhos chineses, parece para seus leitores eminentemente desejável. As autoridades comunistas prefeririam manter uma sociedade de carneiros, mas as gerações jovens que sonham com independência não querem mais; eles o teriam demonstrado designando Srta. Li – uma "loba", diz Jiang Rong.

A Srta Li? O escritor rebelde elogia aqui a cantora amadora que, no último mês de agosto, ganhou o concurso de *Supergirl* no canal de televisão de Hunan. Jiang é fã de Li Yuchun, e sua mulher, escritora também, não deixou de ver um episódio do que foi o programa de televisão mais popular na China – como o *American Idol* (nos Estados Unidos) e *Star Academy* (na França) nos quais se inspira. Isso também é a globalização: os dois fenômenos marcantes do Ano do Galo não foram *Supergirl* e *O Totem do lobo*? Jiang Rong associa os dois: para compreender aonde vai a China, ele nos convida a nos interessar por essas fascinações populares e compreender a sua coerência. *Supergirl* marcou o triunfo democrático de uma chinesa comum, liberada e cheia de energia, contra as bonecas modelo que o Partido impõe nos canais da televisão pública.

Assim termina o Ano do Galo, para dar lugar ao Ano do Cachorro. Sobre este último diálogo entre lobos e dragão, o tempo das despedidas para a China se aproxima em um lugar que Jiang Rong escolheu, emblemático da Nova China: McDonald's. Situado em um estacionamento, ele fica em frente ao palácio de Verão, residência imperial construída em 1750 por jesuítas arquitetos seguindo o modelo de Versailles, saqueada em 1860 por uma tropa francesa e britânica. Há muito tempo, a China não está mais fora do mundo, ela é do nosso mundo: os debates e as aspirações dos chineses podem ser formulados de forma diferente dos da Europa, assim como as histórias dos lobos e do dragão, mas, não são essencialmente diferentes dos nossos; os chineses não são diferentes nem estão em outro lugar. Os seus desejos, sofrimentos, alegrias são nossos; não temos nenhum direito de condená-los à alteridade nem de negar-lhes desejos comuns, nem o desejo de um café ruim *made in USA* nem o da liberdade de expressão. A China não é mais exótica; só o partido comunista chinês continua sendo exótico. Por quanto tempo?

Aonde vai a China? Quatro cenários, da revolução ao statu quo

Recusando-nos a profetizar sobre esse continente inalcançável, contentemo-nos em descrever os quatro cenários do futuro que dominam a sinologia atual. Todos nos parecem improváveis, e aquele que poderia se impor, o quinto, ainda não foi escrito.

Uma revolução a mais? A China inteira está sacudida por rebeliões: durante este ano, nós as constatamos e relatamos. A soma dessas revoltas fará uma revolução? A terceira em um século, depois da queda do Império em 1911, e a da República em 1949? Visionários acreditam nesse cenário número um. Porém, por mais profundo que seja o descontentamento de centenas de milhões de chineses, essas rebeliões não se comunicam entre si, não constituem um movimento unitário, não têm nem um líder nem um programa. Como o Partido conseguiu fragmentá-las, elas não parecem sacudi-lo, tampouco são suficientemente grandes para resistir à polícia ou ao exército.

Os movimentos religiosos representam uma ameaça mais séria? O precedente histórico da derrocada das dinastias por grandes explosões místicas não parece que vai se reproduzir: as religiões e as seitas ativas no seio da sociedade chinesa satisfazem mais um desejo de redenção individual ou de solidariedade coletiva do que constituem um perigo milenar. A supressão do Falungong demonstra também que o Partido não se deixará desestabilizar por projetos apocalípticos: nesse sentido, o seu domínio das técnicas de repressão o situa neste momento num patamar superior ao dos sobressaltos das massas. Um cenário revolucionário parece ainda menos provável quando se sabe que o povo fica paralisado pelo medo da violência: os chineses temem a guerra civil mais ainda do que detestam o Partido. Este os convenceu de que representava o pior dos regimes, mas diferente de todos os outros: nenhum motim, camponês em revolta, operário em greve, candidato ao martírio religioso ousa propor outra alternativa. O desejo de democracia liberal? Fica confinado aos meios intelectuais, o Partido está atento.

Tendo afastado o cenário número um, vejamos uma segunda catástrofe: a bancarrota. É certo que o crescimento da China não continuará no ritmo atual, por causa dos estrangulamentos que a natureza imporá e da má gestão: falta de energia, de água, de mão-de-obra qualificada, poluição, pandemias provocadas pela concentração das populações sem regras de higiene. Por outro lado, o Partido não domina os dois motores do crescimento chinês: a demanda dos consumidores americanos e o índice de poupança dos chineses. Basta que os americanos deixem o mercado chinês e que os poupadores coloquem a sua poupança em outro lugar que não sejam os bancos para desencadear uma cascata de falências e fazer o país mergulhar no caos. Em teoria, seria possível reconstruir uma economia mais fundada no mercado interior, porém, somente depois de uma longa transição; nesse meio tempo, o Partido perderia a sua legitimidade que ele mesmo indexou conforme o índice de crescimento.

Esse cenário número dois conduziria à democracia? Diríamos de preferência que um governo militar se substituiria ao Partido para parar as desordens e impedir que as províncias proclamem a sua independência, como o Tibet, Turquestão, Fujian ou a província de Cantão, tentados a unir-se a Hong Kong e Taiwan.

Mas, esse cenário número dois não me parece mais provável que o cenário número um, porque o mundo precisa da produção chinesa; se tivesse que diminuir muito o ritmo, os ocidentais seriam vítimas do encarecimento e da rarefação de seus produtos de consumo corrente. Essa interdependência mundial deveria provisoriamente salvar o Partido.

Vejamos dois outros cenários em voga, mais serenos. O cenário número três: o de uma transição progressiva e organizada em direção da democracia seduzirá a maioria na China e no exterior. Segundo essa antecipação reformista, confrontado a uma sociedade cada vez mais turbulenta e a escolhas cada vez mais complexas, o próprio Partido estaria de acordo com a necessidade do diálogo. O princípio da negociação predominaria sobre o princípio de autoridade; os comunistas se organizariam espontaneamente em correntes distintas, liberais e partidários do estatismo, que se tornariam então novos partidos políticos. O Partido conseguiria dessa forma mais uma metamorfose, passando da revolução ao totalitarismo, do totalitarismo ao autoritarismo e do autoritarismo à democracia liberal. Não é a direção que as eleições locais indicam, um começo de direito e de justiça, os debates de sociedade que surgem na mídia, e o Livro branco sobre a democracia publicado durante o Ano do Galo?

Para esse cenário rosa falta um calendário: o Partido evita qualquer comprometimento preciso sobre essas evoluções, e subordina a democratização a "características chinesas" e outras "transições", sinônimos de dia de São Nunca e álibis para a eternidade.

Portanto, é improvável que o Partido se comprometa voluntariamente com uma transformação que conduziria em pouco tempo a sua eliminação: uma democratização substituiria os tecnocratas atuais por representantes dos camponeses majoritários, e ela reorientaria as escolhas econômicas, deixando a obsessão do poder nacional pela busca do bem-estar. Enfim, visto que a transição é o momento mais perigoso para um governo autoritário, a história provou isso muitas vezes, de Luiz XVI a Gorbatchov, por que se aventurar? O reformismo é um desejo; ele é piedoso.

Há ainda um cenário número quatro, possível: o statu quo autoritário. Pode-se não gostar do Partido, ter medo de seu desejo de poder, ficar chocado com o desprezo que tem por seu próprio povo, e ao mesmo tempo reconhecer que busca atingir racionalmente seus objetivos particulares.

Primeiro objetivo: manter-se no poder. Em geral, as ditaduras morrem com os ditadores ou por incapacidade de definir um modo de sucessão. Porém, o Partido chinês se tornou uma dinastia não hereditária onde as gerações se sucedem sem violência; chegou também a mudar de base, passando sem problemas da utopia para o desenvolvimento, do militantismo à expertise, e ao mesmo tempo melhorando as suas capacidades de gestão da economia, da defesa nacional e dos movimentos sociais.

Segundo objetivo: o enriquecimento de seus membros. Sobre esse ponto, o Partido tem talento para aumentar o seu poder e a sua fortuna e ao mesmo tempo o poder nacional do país.

Devemos ficar maravilhados com essas proezas do Partido? Mas, não é a sua eficiência que é contestável, é a sua ambição que é terrível: seus objetivos certamente não são aqueles com os quais o povo chinês sonha, apartidário, se ele fosse consultado. Duvidaríamos que todo indivíduo preferiria a sua felicidade pessoal, uma escola para os seus filhos, um hospital para os dias de sua velhice, um salário decente sem ter que deixar as suas raízes, menos extorsões da parte dos burocratas, a liberdade de expressão, menos despesas militares? Mas, esses chineses não têm voz e não são ouvidos nem no interior nem no exterior; esse povo do silêncio, um bilhão de seres humanos, é a vítima imediata da prodigiosa eficiência do Partido.

Aliás, os chineses, salvo quando tiram proveito diretamente do sistema, não se enganam. Quando podem, em Hong Kong, Taiwan e além-mar, escolhem a democracia liberal: prova de que o modelo comunista não é um modelo universal. Não é nem mesmo para os chineses, sendo que os valores ditos ocidentais – é assim – permanecem uma referência válida para todos os povos.

Em relação aos direitos humanos, o dever dos ocidentais

O cenário número quatro, o statu quo autoritário, sendo provável, mas, insuportável para a maior parte da população chinesa, isso não indica que é definitivamente fora da China que se decidirá o futuro do Partido? Pois, sua legitimidade depende antes de tudo do mundo exterior, que o trata com o respeito que se deve dar ao país esquecendo que o Partido não é a China!

Deveríamos boicotar as trocas comerciais com a China, como pedem certos democratas no exílio? O boicote não é positivo, pois o desenvolvimento da China é desejável: graças a ele, mais de um bilhão de seres humanos poderá um dia escapar da miséria e reconstruir sua civilização; através da globalização econômica e cultural, esse desenvolvimento ao mesmo tempo enriquece o Ocidente. Sendo assim, como agir para que o progresso do país seja útil para as massas e não somente para uma China militar-tecnocrática? Deve-se agir, e pode-se agir?

Se acreditarmos na dignidade, isso aplicado a todas as civilizações, então, devemos nos comportar com coerência e ouvir os democratas chineses. Nós podemos fazer isso. No tempo da União Soviética, era considerado normal e moral dar suporte aos dissidentes russos, ligar o comércio aos progressos realizados no campo do respeito aos direitos humanos, e conter a agressividade militar da URSS. Do mesmo modo, deveríamos boicotar Yahoo até que se desse a libertação do jornalista Shi Tao. Lembremos que ele foi condenado a três anos de prisão por ter enviado um e-mail favorável à democracia e ter sido denunciado à polícia chinesa pela direção dessa empresa americana.

A singularidade da China se oporia a que defendêssemos, desse modo, nossas convicções e os direitos dos chineses que o Partido oprime? Escutemos os chineses silenciosos tal como há pouco tempo nos solidarizamos com seus homólogos da URSS. Ou então, não os escutemos, mas deixemos de fazer de conta que encarnamos valores humanistas.

Para os homens de Estado tanto quanto para os homens de negócios, essa maneira de abordar a China parecerá desprovida de realismo: e ela o é, tal como o foi o movimento dos direitos humanos em apoio aos cidadãos da Rússia e da Europa central oprimidos por seus partidos comunistas. Inclusive é necessário justificar uma escolha moral e um dever crítico? Acrescentemos que o momento convida à ação: reiteremos, nestes últimos dias do Ano do Galo, o que havíamos escrito nos primeiros dias a propósito dos Jogos Olímpicos que acontecerão em Pequim em 2008. Será como em Berlim ou Seul? Assistiremos, como em Berlim em 1938, ao triunfo de um Partido perigoso para o seu povo e para o mundo? Ou, tendo em mente o modelo de Seul em 1988, veremos o direito à palavra concedido a todos os chineses?

Isso também depende de nós: o governo de Pequim é muito sensível à sua imagem no Ocidente, dado que os investimentos estrangeiros determinam o crescimento. A ação exterior em favor dos direitos humanos na China é, portanto, eficaz; os chineses são nossos irmãos.

Paris-Pequim, janeiro de 2006

BIBLIOGRAFIA

A bibliografia, não exaustiva, permitiu verificar e detalhar as informações recolhidas durante a pesquisa. Essas obras estão classificadas por ordem alfabética dos autores e remetem aos diferentes capítulos de nosso livro.

Prólogo. A invenção da China
Bergère, Marie-Claire, Bianco, Lucien et Dornes, Jürgen, *La Chine au XXe siècle, de 1949 à aujourd'hui*, Fayard, Paris, 1990.
Domenach, Jean-Luc, *L'Archipel oublié*, Fayard, Paris, 1992.
Domenach, Jean-Luc, *Où va la Chine?*, Fayard, Paris, 2002.
Étiemble, René, *Quarante ans de mon maoïsme (1934-1974)*, Gallimard, Paris, 1976.
Fairbank, John K., *The Great Chinese Revolution, 1800-1985*, Harper&Row, 1986.
Fairbank, John K., *China, a New History*, The Belknap Press of Harvard University Press, 1992.
Granet, Marcel, *La Pensée chinoise*, Albin Michel, Paris, 1968.
Guillain, Robert, *Dans trente ans la Chine*, Seuil, Paris, 1965.
Père Huc, *L'Empire chinois*, Éditions du Rocher, Monaco, 1980.
Ladany, Laszlo, *The Communist Party of China and Marxism, 1921-1985, a Self-portrait*, Hoover institution Press, Stanford, 1988.
Lecomte, Louis, *Un jésuite à Pékin,. nouveaux mémoires sur l'état présent de la Chine, 1687-1692*, Phébus, Paris, 1990.
Levin, Jean, *La Chine romanesque, fictions d'Orient et d'Occident*, Seuil, Paris, 1995.
Leys, Simon, *Essais sur la Chine*, Robert Laffont, Paris, 1998.
Pasqualini, Jean, *Prisonniers de Mao, Sept ans dans un camp de travail en Chine*, Gallimard, Paris, 1973.
Peyrefitte, Alain, *L'Empire immobile ou le choc des mondes*, Fayard, Paris, 1989.
Peyrefitte, Alain, *La Tragédie chinoise*, Fayard, Paris, 1990.
Peyrefitte, Alain, *Un choc des cultures, le regard des Anglais*, Fayard, Paris, 1998.
Short, Philip, *Mao Tsé-toung*, Fayard, Paris, 2005.
Spence, Jonathan D., *Chinese Roundabout, essays in History and Culture*, W.W. Norton&Company, New York, 1992.

Spence, Jonathan D., *The Chan's Great Continent, China in Western Minds*, W.W. Norton&Company, New York, Londres, 1998.

Tsien Tche-hao, *L'Empire du Milieu retrouvé, la Chine populaire a trente ans*, Flammarion, Paris, 1979.

Verdier, Fabienne, *Passagère du silence, dix ans d'initiation en Chine*, Albin Michel, Paris, 2003.

1- Os resistentes

Bastid-Bruguière, Marianne, *L'Évolution de la société chinoise à la fin de la dynastie des Qing, 1873-1911*, Éditions de l'École des Hautes Etudes en Sciences Sociales, Paris, 1979.

Buruma, Ian, *Bad Elements, Chinese Rebels from Los Angeles to Beijing*, Vintage Books, New York, 2002.

Che Muqi, *Beijing Turmoil, More than Meets the Eyes*, Foreign languages Press, Beijing, 1990.

Fang Lizhi, *Abattre la Grande Muraille; science, culture et démocratie en Chine*, Albin Michel, Paris, 1990.

Holzman, Marie et Debord, Bernard, *Wei Jingsheng, un Chinois inflexible*, Bleu de Chine, Paris, 2005.

Lian Heng et Shapiro, Judith, *After the Nightmare, A Survivor of the Cultural Revolution Reports on China Today*, Alfred A. Knopf, New York, 1986.

Lou Sin, *Nouvelles chinoises*, Éditions en langues étrangères, Pékin, 1974.

Sabatier, Patrick, *Le Dernier Dragon, Deng Xiaoping; un slècle de l'histoire de Chine*, Jean-Claude Lattès, Paris, 1990.

Spence, Jonathan D., *Emperor of China, Self-portrait of K'AngHsi*, Vintage books, New York, 1988.

Wei Jingsheng, *Lettres de prison*, Plon, Paris, 1998.

Wu, Harry, *Laogai, the Chinese Gulag*, Westview Press, Boulder, Colorado, 1992.

Zhang Jie, *Ailes de plomb*, Maren Sell&Cie, Paris, 1985.

2- Ervas daninhas

Buck, Pearl, *Pivoine*, Stock, Paris, 1989.

Haski, Pierre, *Le Sang de la Chine, quand le silence tue*, Grasset, Paris, 2005.

Johnson, Ian, *Wild Grass. Three Stories of Change in Modern China*, Random House, New York, 2004.

Kristeva, Julia, *Des Chinoises*, Pauvert, Paris, 2001.

Kristof, Nicholas D. et Wudunn, Sheryl, *China Wakes*, Times Books, Random House, New York, 1994.

Li Zhisui, *La Vie privée du président Mao*, Plon, Paris, 1994.

Shang Yu, *Ripoux à Zhengzhou*, Philippe Picquier, Arles, 2002.

3- Místicos

Aikman, David, *Jesus in Beijing. How Christianity is Transforming China and Changing the Global Balance of Power*, Regnery, Chicago, 2003.

Barry, Theodore de, *Asian Values and Human Rights. A Confucian Communitarian Perspective*, Harvard University Press, 1998.

Chapuis, Nicolas, *Tristes automnes. Poétique de l'identité dans la Chine ancienne*, Librairie You Feng, Paris, 2001.

Chesneaux, Jean, *Sociétés secrètes en Chine*, Julliard, Paris, 1965.

Ching, Julia et Küng, Hans, *Christianisme et religion chinoise*, Seuil, Paris, 1988.

Claudel, Paul, *Correspondance consulaire de Chine (1896-1909)*, Presses Universitaires de Franche-Comté, Besançon, 2004.

Éloge de l'anarchie par deux excentriques chinois, polémiques du IIIe siècle, traduites et présentées par Jean Levi, L'Encyclopédie des nuisances, Paris, 2004.

Entretiens de Confucius, traduits du chinois par Anne Cheng, Seuil, Paris, 1981.

Gernet, Jacques, *Le Monde chinois*, Armand Colin, Paris, 1972.

Gernet, Jacques, *L'Intelligence de la Chine, le social et le mental*, Gallimard, Paris, 1994.

Herrou, Adeline, *La Vie entre soi, Les moines taoïstes aujourd'hui en Chine*, Société d'ethnologie, Université Paris X Nanterre, 2005.

Hsia Chang, Maria, *Falungong, secte chinoise. Un défi au pouvoir*, Autrement, Paris, 2004.

Ladany, Laszlo, *The Communist Party of China and Marxism, 1921-1985, a Self-portrait*, Hoover institution Press, Stanford, 1988.

Levi, Jean, *Le Rêve de Confucius*, Albin Michel, Paris, 1989.

Needham, Joseph, *La Science chinoise et l'Occident*, Seuil, Paris, 1969.

Palmer, David A., *La Fièvre du Qigong; guérison, religion et politique en Chine, 1949-1999*, Éditions de l'École des Hautes Études en Sciences Sociales, Paris, 2005.

Schipper, Kristofer, *Le Corps taoïste*, Fayard, Paris, 1982.

Schipper, Kristofer et Verellen, Franciscus, *The Taoist Canon*, University of Chicago press, 2004.

Shang Yang, *Le Livre du prince Shang*, Flammarion, Paris, 2005.

Spence, Jonathan D., *Le Chinois de Charenton, de Canton à Paris au XVIIIe siècle*, Plon, Paris, 1988.

Spence, Jonathan D., *The Search for Modern China*, Hutchinson, New York, 1990.

Ter Haar, Barend J., *The White Lotus. Teachings in Chinese Religious History*, University of Hawai Press, Honolulu, 1999.

Tu Weiming, Hejtmanek, Milan et Wachman, Alan, *The Confucian World Observed: a Contemporary Discussion of Confucian Humanism in East Asia*, Institute of culture and communication, the East-West center, Honolulu, 1992.

Yang Huilin, *Christianity in China*, M.E. Sharpe, New York, 2004.

Yuan Bingling, *Chinese Democraties, a Study of the Kongsis of West Borneo (1776-1884)*, CNWS, Pays-Bas, 2000.

4- Os humilhados

Bernstein, Thomas et Xiabo Lu, *Taxation without Representation in Contemporary Rural China*, Cambridge University Press, 2003.

Bianco, Lucien, *Jacqueries et révolutions dans la Chine du XXe siècle*, Éditions de la Martinière, Paris, 2005.

Bobin, Frédéric et Zhe Wang, *Pékin en mouvement*, Autrement, Paris, 2005.

Fei-Ling Wang, *Organizing through Division and Exclusion, China's Hukou System*, Stanford University Press, 2005.

Scott, James C., *The Moral Economy of the Peasant; Rebellion and Subsistance in Southeast Asia*, Yale University Press, 1976.

Theroux, Paul, *Sailing through China*, Michael Russel, Salisbury, 1983.

5- Os explorados

Cohen, Philippe et Richard, Luc, *La Chine sera-t-elle notre cauchemar?*, Mille et une nuits, Paris, 2005.

Izraelewicz, Erik, *Quand la Chine change le monde*, Grasset, Paris, 2005.

Jung Chang et Halliday, Jon, *Mao, the Unknown Story*, Jonathan Cape, Londres, 2005.

6- O falso desenvolvimento

A Cheng, *Le roman et la vie*, Éditions de l´Aube, Paris, 1995

Bastid-Bruguière, Marianne, *Aspects de la réforme de l'enseignement en Chine au début du XXe siècle*, Mouton, Paris/La Haye, 1971.

Cayrol, Pierre, *Hong Kong, dans la gueule du dragon*, Philippe Picquier, Arles, 1997.

Economy, Elizabeth C., *The River Runs Black, the Environmental Challenge to China's Future*, Cornell University Press, Ithaca&Londres, 2004.

Godement, François, *Dragon de feu, dragon de papier, l'Asie at-elle un avenir?*, Flammarion, Paris, 1998.

The Korean Association for Communist Studies, «China's Reform Politics, Policies and their Implication», *Study Serie* n° 5, Sogang University Press, Séoul, 1986.

Ma Hong, *New Strategy for Chinese Economy*, New World Press, Beijing, 1983.

Mc Gregor, James, *One Billion Customers. Lessons from the Front Lines Doing Business in China*, Free Press, New York, 2005.

Oshima, Harry, *Economie Growth in Monsoon Asia, a Comparative Survey*, University of Tokyo Press, 1987.

Qiu Xiaolong, *Mort d'une héroïne rouge*, Points, Paris, 2003.

Scalapino, Robert, *The Politics of Development, Perspectives on Twentieth Century Asia*, Harvard University Press, Londres, 1989.

Smil, Vaclav, *China's Past, China's Future: Energy, Food, Environment*, Routledge Curzon, Londres, 2004.

Xie Baisan, *China's Economie Policies, Theories and Reforms since 1949*, Fudan University Press, 1991.

7- *Sombras da democracia*

Balazs, Étienne, *La Bureaucratie céleste, recherche sur l'économie et la société de la Chine traditionnelle*, Gallimard, Paris, 1968.

Béja, Jean-Philippe, *À la recherche d'une ombre chinoise. Le mouvement pour la démocratie en Chine (1989-2004)*, Seuil, Paris, 2004.

Macciocchi, Maria-Antoinetta, *De la Chine*, Seuil, Paris, 1971.

8- *O Estado selvagem*

Attané, Isabelle, *Une Chine sans femmes?*, Perrin, Paris, 2005.

Chen Lichuan et Thimonier, Christian, *L'Impossible Printemps; une anthologie du printemps de Pékin*, Rivages, Paris, 1990.

Courtois, Stéphane, Werth, Nicolas, Panné, Jean-Louis, Paczlcowski, Andrezej, Bartosek, Karel et Margolin, Jean-Louis, *Le Livre noir du communisme*, Robert Laffont, Paris, 1997.

Link, Perry, *Evening Chats in Beijing, Probing China's Predicament*, W.W. Norton&Company, Londres et New York, 1992.

Mo Yan, *Le Pays de l'alcool*, Seuil, Paris, 1993.

Nathan, Andrew et Link, Perry, *The Tienanmen Papers: the Chinese Leadership's Decision to use Force Against their Own People*, Public Affairs books, New York, 2000.

Sharping, Thomas, *Birth Control in China, 1949-2000, Population Policy and Demographic Development*, Routledge Curzon, Oxon, 2003.

Xiaobo Lü, *Cadres and Corruption, the Organizational Involution of the Chinese Communist Party*, Stanford University Press, Californie, 2000.

Xiran, *Chinoises*, Philippe Picquier, Arles, 2005.

Yan Sun, *Corruption and Market Relations in Post-reform Rural China. A Micro-analysis of Peasants, Migrants and Peasant Entrepreneurs*, Routledge Curzon, Londres et New York, 2003.

9- Fim de Partido

Balme, Stéphanie, *Entre soi, l'élite du pouvoir de la Chine contemporaine*, Fayard, Paris, 2004.

Dillon, Michael, *Xinjiang - China's Muslim Far Northwest*, Routledge Curzon, Oxon, 2004.

Écrits édifiants et curieux sur la Chine au XXIe siècle. Voyage à travers la pensée chinoise contemporaine, dirigé par Marie Holzman et Chen Yan, Éditions de l'Aube, Paris, 2003.

Griesttays, Peter, *China's New Nationalism. Pride, Politics and Diplomacy*, University of California Press, Berkeley, 2004.

Mitter, Rana, *A Bitter Revolution, China's Struggle with the Modern World*, Oxford University Press, 2004.

Nathan, Andrew et Giley, Bruce, *China's New Rulers: the Secret Files*, New York Review of Books, New York, 2002.

Wang Hui, *China's New Order*, Harvard University Press, Cambridge, 2003.

10- Republicanos

Ang Li, *Tuer son mari*, Denoël, Paris, 2004.

Bergère, Marie-Claire, *Sun Yat-sen*, Fayard, Paris, 1994.

Bo Yang, *The Ugly Chinaman and the Crisis of Chinese Culture*, Allen&Unwin, Londres, 1980.

Cabestan, Jean-Pierre et Vermander, Benoît, *La Chine en quête de ses frontières. La confrontation Chine-Taiwan*, Presse de Sciences Po, Paris, 2005.

Campbell, William, *Formosa under the Dutch*, SMC Publishing INC, Taipei, 1903.

Chee Soon Juan, *To be Free,. Stories from Asia's Struggle Against Oppression*, Monash Asia Institute, 1998.

Chen Ruoxi, *The Execution of Mayor Yien and Other Stories from the Great Proletarian Cultural Revolution*, Indiana University Press, Ithaca & Londres, 2004.

Chu Hsi-Ning, Chu T'Ien-Wen et Chu T'Ien-Hsin, *Le Dernier Train pour Tamsui et autres nouvelles*, Christian Bourgois éditeur, Paris, 2004.

Dumont, René, *Taiwan, le prix de la réussite*, Seuil, Paris, 1987.

Gao Xinjiang, *Le Livre d'un homme seul*, Éditions de l'Aube, Paris, 2004.

K.T. Li, *The Experience of Dynamic Economic Growth on Taiwan*, Mei Ya Publications, INC, Taipei, 1976.

Kuo, Shirley, Ranis, Gustav et Fei C.H., John, *The Taiwan Success Story, Rapid Growth with Intense Distribution in the Republic of China,* 1952-1979, Westview Press, Boulder, Colorado, 1981.

Kuo, Shirley, *The Taiwan Economy in Transition*, Westview Press, Boulder, Colorado, 1983.

Martin Ahern, Emily et Hill Gates, *The Anthropology of Taiwanese Society*, Caves Books, Taipei, 1981.

Peng Ming-Min, *A Taste of Freedom, Memoirs of a Formosan Independence Leader*, Taiwan Publishing Co, 1972.

Scobell, Andrew, *China's Use of Military Force*, Cambridge University Press, 2003.

11- *Uma moral*

Gordon, Chang, *The Coming Collapse of China*, Random House, New York, 2001.

Hu Ping, *La Pensée manipulée, le cas chinois*, Éditions de l'Aube, Paris, 1999.

Hu Ping, *Chine: à quand la démocratie? Les illusions de la modernisation*, Éditions de l'Aube, Paris, 2004.

State and Society in XXIst Century China. Crisis, Contention and Legitimation, publié par Peter Hays Gries et Sanley Rosen, Routledge Curzon, Londres et New York, 2004.

Revistas:

Chinese Cross Currents, publicada por Macau Ricci Institute.

Perspectives chinoises, publicada pelo Centre français d'études de la Chine à Hong Kong.

Site: www.hrichina.org (Human Rights in China)

Transcrições dos nomes chineses:
Pequim em lugar de Beijing, e Cantão em lugar de Guangzhou.
Valor do yuan: dez yuans valem aproximadamente um euro.

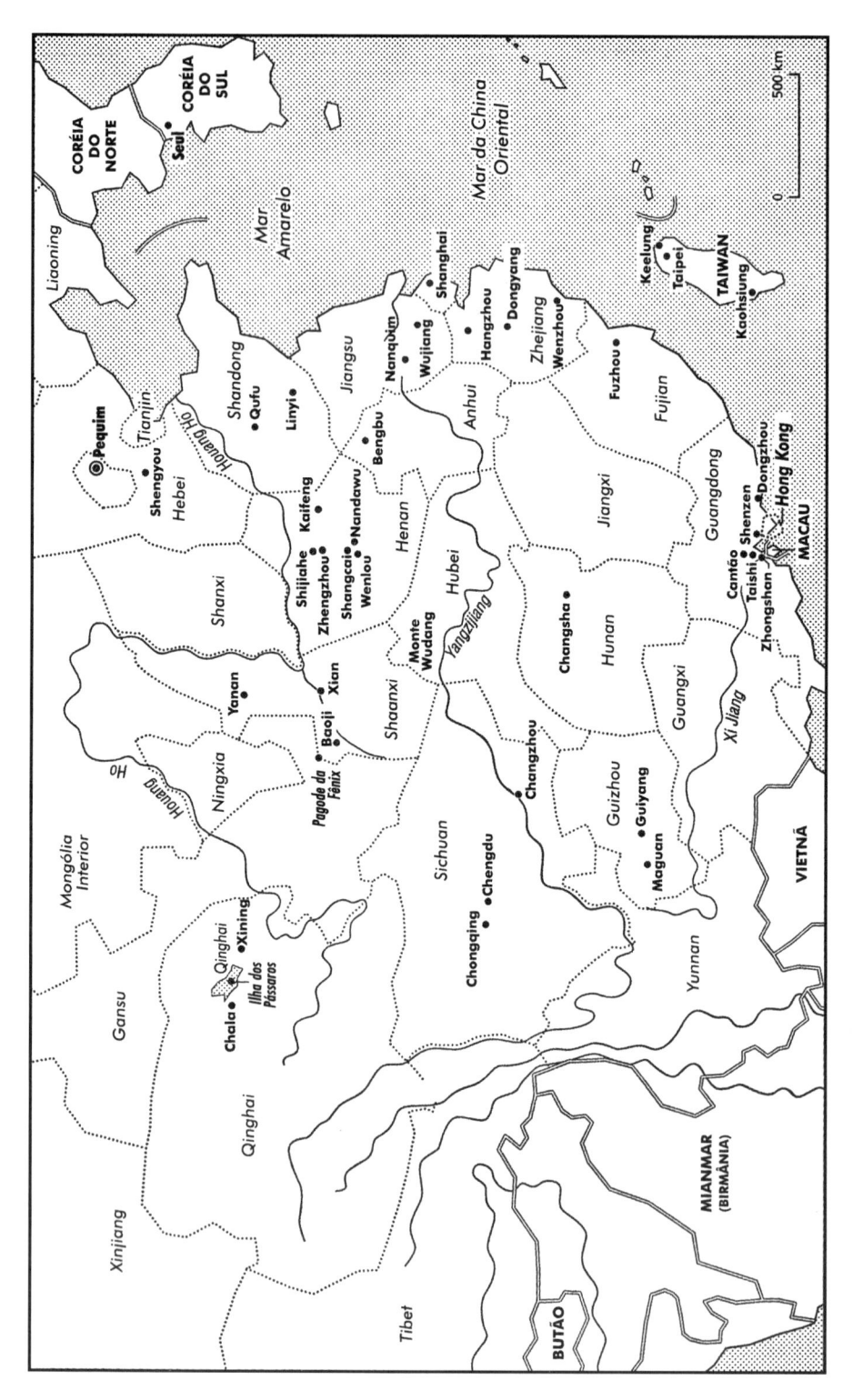

MAPA DOS LUGARES CITADOS

ÍNDICE DOS LUGARES CITADOS

Anhui: 184
Baoji: 69-72, 94, 97
Bengbu: 184
Birmânia: 224
Cantão: 30, 51, 54, 56, 59, 62-64, 113, 115-116, 118, 121, 123, 127, 135, 157, 184, 217, 232
Chala: 149-152, 155-158
Changsha: 171
Changzhou: 184
Chengdu: 92, 162
Chongqing: 184
Coréia do Sul: 45, 146, 222-224
Coréia do Norte: 32, 197, 223
Daqing: 194
Dongyang: 106
Dongzhou: 106, 113, 166, 210
Formosa: 217
Fujian: 24, 184, 226, 232
Fuzhou: 79, 82-83
Gansu: 94
Guangdong: 124
Guangzhou, ver Cantão
Guiyang: 158
Guizhou: 157, 159
Hangzhou: 62, 205
Hebei: 105
Henan: 10, 23, 49-57, 102, 183
Hong Kong: 21, 31, 39, 45, 62, 65, 102-107, 116, 118, 125-128, 135, 161, 164, 166-167, 177, 182, 197
Hubei: 81
Hunan: 58, 164, 230
Ilha dos pássaros: 152
Índia: 22, 73, 76, 80, 95-96, 103, 140-146, 169, 201, 223, 227
Japão: 12, 21, 24, 39, 42, 79, 80, 93, 116, 117, 119, 124, 128, 133, 135, 171, 197-201, 219, 228
Jiangxi: 24
Kaifeng: 64
Kaohsiung: 222
Keelung: 217
Linyi: 10, 169, 170
Luwan: 183
Macao: 137, 177
Maguan: 157-159
Mongólia Interior: 183
Nandawu: 54

Nanquim: 180, 198-200
Pagode da Fênix: 94-96, 99-100, 102, 115
Pequim: 9-10, 17, 20-21, 24, 27-28, 30, 32-36, 38-41, 44-47, 50, 52, 54-57, 60, 62-64, 66, 74-75, 79-81, 86, 88, 91, 93, 100, 102-108, 110-112, 124, 126-127, 131, 134, 142-143, 147-148, 153-154, 160-161, 166-170, 173, 178, 180, 182-184, 186, 189, 193, 196-200, 204, 210, 213, 216-217, 220, 222-224, 226-229, 235
Pudong: 193-194
Qinghai: 149, 152, 157
Qufu: 77
Seul: 24, 235
Shaanxi: 69, 71-72, 93-95, 102, 178
Shandong: 10, 77, 102, 168, 169
Shangcai: 31, 52, 53
Shanghai: 47, 49-50, 56, 63, 73, 91, 102, 103-104, 120, 123, 125, 126, 127-128, 135, 142-143, 146, 168, 183, 185-186, 188-189, 193-194, 197, 217
Shengyou: 105
Shenzen: 197
Shijiahe: 183
Sichuan: 163, 168
Taishi: 113
Taipei: 32-33, 64, 84, 213-214, 216-217, 219-220, 222, 224, 227
Taiwan: 11, 17, 24, 31-32, 35, 45, 59-60, 64, 72, 76, 83-84, 115, 117-119, 135, 146, 172, 177, 182-184, 196, 201, 210, 213-224, 226-228, 232, 234
Tibet: 31, 81, 92, 147, 149, 155, 227, 232
Vietnam: 196, 210, 227
Wenlou: 53-54
Wenzhou: 44
Wudang (monte): 81
Wujiang: 194
Xian: 56, 101, 196-197
Xidan: 27
Xining: 152
Xinjiang: 31-32, 183
Yanan: 178
Yunnan: 50, 146
Zhejiang: 106, 109
Zhengzhou: 49, 51, 55
Zhongshan: 115

ÍNDICE DOS NOMES

A Cheng: 131
Amyarta Sen: 141-142
Andreu, Paul: 193, 216
Aquino, Benito: 224
Aragon, Louis: 66
Aung San Suu Kyi: 224
Balazs, Étienne: 202, 209
Balme, Stéphanie: 162
Bao Jingyan: 76
Barthes, Roland: 20, 215
Béchu, Antoine: 193
Bernstam, Michaiel: 139
Bianco, Louis: 105
Buda: 20, 44, 71, 73, 76, 141
Bourdieu, Pierre: 209
Buck, Pearl: 64-65
Bush, George W.: 30
Caiban: 149, 151
Cairang: 149-151
Cao Siyuan: 191
Cardonnel, Jean: 209
Carter, Jimmy: 156
Chai Ling: 35
Chang Hing-ho: 21
Chavannes, Édouard: 209
Chen Guangcheng: 11, 168-169
Chen Xin: 143-144
Ching Cheong: 182
Chirac, Jacques: 36, 167, 210
Claudel, Paul: 82, 195
Clinton, Bill: 31, 53-54, 59
Cohn-Bendit, Daniel: 32-33
Colombo, Cristóvão: 147
Confúcio: 19, 30-31, 33, 38, 71, 73-75, 77-79, 112, 117, 201-203, 209-210
Courbet, Amédée: 217
Dalai Lama: 36, 57
Dang Guoying: 108-110
Demiéville, Paul: 209
Deng, Xiaoping: 15, 27-28, 34, 41-43, 70, 99, 105, 140, 155, 166, 176, 179, 187, 195, 202, 210, 228
Ding Yfan: 112
Ding Zilin: 5, 34, 165-167
Domenach, Jean-Luc: 29, 209
Du Hongqui: 184
Dumont, René: 221

Du Weiming: 17, 203
Engels, Friedrich: 120, 186
Fang Lizhi: 35
Fei-Ling Wang: 103
Feng Lanrui: 36-37, 39-41
Ferry, Jules: 217
Gama, Vasco (da): 147
Gandhi, Mohandas: 145
Gandhi, Rajiv: 140
Gao Xingjian: 216
Gao Yaojie: 49
Gengis Khan: 32
Gide, André: 66
Giscard D'Estaing, Valéry: 208
Gorbatchov, Mikhaïl: 33, 40, 46, 162, 208, 233
Granet, Marchel: 209
Han Dongfang: 161-163
Han Qiui: 104
Hao Lina: 168-170
Havel, Vaclav: 31, 46
He Depu: 46-47
He Qing: 205-206
He Weifang: 173-174
Holzman, Marie: 17, 209
Hu Jia: 10, 56-57
Hu Jintao: 78
Hu Ping: 24
Huang Jinqin: 184
Huang Kecheng: 178
Huntington, Samuel: 205
Jambet, Christian: 21
Jiang Lianjie: 166
Jiang Qing: 178
Jiang Rong: 229-231
Jiang Zemin: 187
Jiren: 149, 151-152
Jullien, François: 76, 209
Kahn, Hermann: 117
Kangxi: 63
Kim Dae Jung: 45
King, Martin Luther: 45
Kristeva, Julia: 214-215
Lacan, Jacques: 20
Laozi (Lao-Tsé): 75
Lardreau, Guy: 21
Lecomte, Louis: 73-74
Lee Kwan Yu: 204

Leibniz, Gottfried: 19, 74
Lévi, Jean: 76
Li: 69-73
Li Ang: 213-217
Li Changchun: 57
Li Dan: 55-57
Li Fan: 153
Li Hogzhi: 84
Li Lulu: 105
Li Peng: 166
Li Yuchun: 163-164, 230
Liu Di: 46-47
Liu Fengyan: 174, 176-177, 179
Liu Qing: 28
Liu Xia: 64-67
Liu Xiaobo: 65-66
Locke, John: 29
Luiz XVI: 233
Ma Ying-jeou: 219, 221-222
Macciocchi, Maria-Antonietta: 20, 214
Maquiavel, Nicolau: 112
Magalhães, Fernando (de): 147
Malraux, André: 66
Mandela, Nelson: 29, 31, 224-225
Mao Yushi: 131-138
Mao Tsé-Tung: 21, 27-28, 34, 36, 38, 40-41,43, 45, 49, 61-63, 70, 73, 77, 91, 98, 101-102, 105, 125-126, 146, 155, 158-159, 176, 178-179, 186, 195-196, 199, 200, 202-203, 206-208, 221-222, 227
Marx, Karl: 73, 77, 98, 119-120, 176, 186, 202
Maspero, Henri: 209
Mencius: 79, 181, 203
Michnik, Adam: 46
Ming (dinastia): 147-148
Mo Yan: 34, 163
Molière: 21
Montesquieu: 29, 74
Navarrete: 123
Nowak, Manfred: 87
Pan Wei: 200-204
Pan Xiuming: 60
Peyrefitte, Alain: 17, 20, 33, 35, 208-209
Pimpaneau, Jacques: 209
Pinochet, Augusto: 222
Platão: 75
Pu Zhiqiang: 160
Qin Shi Huangdi: 196
Ricci, Mateo: 62, 73-74
Richard, Timothy: 73
Riefensthal, Leni: 197

Rolland, Romain: 66
Ryckmans, Pierre (ou Leys, Simon): 21, 35, 209
Sartre, Jean-Paul: 19, 21, 66
Schipper, Kristofer: 17, 77
Shi Tao: 7, 58-59, 234
Shih Ming-the: 225
Soljenitsyne, Alexandre: 230
Sollers, Philippe: 20, 215
Soros, George: 47
Stalin, Joseph: 21, 29, 35, 41, 66, 197
Sun Yat-sen: 31, 39, 73, 181, 221
Taiping: 87
Tang (dinastia): 218
Tchang Kaï-chek: 222-223, 227
Tocqueville, Alexis (de): 41, 42
Vandermeersch, Léon: 117
Védrine, Hubert: 210
Viénet, René: 17, 21
Voltaire: 9, 19, 20, 31, 74
Walesa, Lech: 27, 47, 161, 224-225
Wang: 188-189, 214
Wang (Mgr): 71, 72
Wang Dan: 35
Wang Yi: 92, 162-163
Wei Jingsheng: 30-32, 36, 42-43, 162, 208, 224-226, 229
Wuer Kaixi: 32-36, 42, 213
Xiao Weibin: 184
Yeltsin, Boris: 40
Yu Jie: 41-45, 72, 162, 199
Zeng Peiyan: 184
Zhao Ziyang: 33
Zhang Yimou: 197
Zhang Yu: 31, 52
Zheng Enchong: 183
Zheng He: 146-148
Zhou, Raymond: 164

Dados Internacionais de Catalogação na Publicação (CIP)
(Câmara Brasileira do Livro, SP, Brasil)

Sorman, Guy
    O ano do galo : verdades sobre a China / Guy Sorman ; tradução de Margarita Maria Garcia Lamelo. – São Paulo : É Realizações, 2007.

    Título original: L'année du coq : chinois et rebelles
    Bibliografia.
    ISBN 978-85-88062-47-4

    1. China - Condições sociais 2. China - Política e governo 3. Dissidentes - China I. Título.

07-9160   CDD-323.0440951

Índices para catálogo sistemático:
    1. Dissidentes : China : Ciências políticas   323.0440951

Este livro foi impresso pela Prol Editora Gráfica para É Realizações, em novembro de 2007. Os tipos usados são da família Goudy OldStyle, e Vintage Typewrite. O papel do miolo é chamois bulk 90g, e da capa supremo 250g.